中央大学経済研究所
創立 40 周年記念シンポジウム

アジア経済のゆくえ
　　――成長・環境・公正――

井村進哉・深町英夫・田村威文　編

中央大学経済研究所
研究叢書 40

中 央 大 学 出 版 部

経済研究所創立40周年記念号の刊行にあたって

　中央大学経済研究所は，2004年6月26日に創立40周年を迎えた．高度成長期の最中，千代田区神田駿河台において小さいながらも志高く発足し，以来，研究会・部会を中心に共同研究体制を組み，日本ならびに世界経済に関する理論的・実証的研究を行なってきた．この間，共同研究の成果を研究叢書や年報として毎年刊行し，同時に，各研究員のリサーチ・ペーパーやディスカッション・ペーパーも多数公表し，内外から高い評価を得ている．

　私どもは，創立40周年という節目にあたり，研究活動のさらなる発展をめざし，2回にわたる記念シンポジウムを企画した．第1回は，2003年11月29日に「戦後東アジアの経済発展─21世紀の視点から」をテーマに開催した．戦後東アジアの経済発展を今日的視点から意義づけ，その内実と方向性について洞察していこうとするものであり，同時にそれは，戦後日本経済の発展過程をアジア的視野で見直すことでもあった．第2回は，第1回の成果を踏まえ，創立40周年記念日にあたる2004年6月26日に，「アジア的経済システムを問う」をテーマに掲げ開催した．そこでは，アジアならびに日本経済の構造的制度的特質を把握し，その問題点や課題を明確にすることを課題とし，とくに現代アジアの抱える重要問題として，コーポレート・ガバナンス，地域経済統合と経済成長，さらに環境政策・環境問題について集中的検討を加え，論議を深めた．

　世界の政治経済情勢が大きく転換を遂げつつある今日において，21世紀のアジアを見据えたこれら2つの記念シンポジウムは，研究の最前線で活躍されている方々の熱のこもったご報告と，参加された多くの皆さまの真摯な議論の展開によって，貴重な成果をあげることができた．

本書は，この2つの記念シンポジウムの成果を一書にまとめたものである．シンポジウムの開催ならびに本書の刊行にあたっては，実に多方面から多くの方々のご支援，ご協力を賜った．シンポジウムに際し，中央大学経済学部創立100周年記念事業委員会から共催をいただき，中央大学学員会白門経友会のご後援を頂戴した．シンポジウムのコーディネーターとして，井村進哉，長谷川聰哲，深町英夫，藪田雅弘の諸氏にご尽力いただき，パネリスト・ディスカッサントの方々には，多忙ななかにあってご報告をご快諾いただいた．また，成果刊行にあたっては，シンポジウムの熱気を世の多くの皆さまにお伝えするべく，井村進哉，田村威文，深町英夫の3氏に編集の労を取っていただき，『アジア経済のゆくえ―成長・環境・公正』という本書の誕生に結びつけていただいた．さらに，記念シンポジウムの企画・立案から本書の刊行にいたるまで万般にわたり，経済研究所創立40周年記念事業企画委員会ならびに研究所合同事務室に多大なご努力をいただいた．

　私どもが40周年の記念すなわちコメモレイションを刻むことで，研究員の皆さまが新たなる学問的展開のエネルギーを沸き立たせ，経済研究所が学術発信の場としてますます発展していくことを確信しつつ，これまで中央大学経済研究所40年の道のりを支えてこられた多くの皆さまに，深甚なる謝意を表したい．

　2005年6月

中央大学経済研究所
所長　長野　ひろ子

目　次

経済研究所創立 40 周年記念号の刊行にあたって

第Ⅰ部　戦後東アジアの経済発展——21世紀の視点から——

は し が き ……………………………………………深町　英夫… 3
第 1 章　毛沢東時代の工業化戦略の再検討
　　　　　——その特質と改革開放の初期条件—— …………呉　暁　林… 5
　　　コメント（長谷川幸生）リプライ（呉　暁　林）
第 2 章　東アジア経済のプレゼンス拡大と
　　　　域内相互依存関係の進展
　　　　　——貿易・投資関係を中心に—— …………文　大　宇… 25
　　　コメント（栗林　世）リプライ（文　大　宇）
全体討論のまとめ ………………………………………深町　英夫… 51
ま　と　め ……………………………………………姫田　光義… 55

第Ⅱ部　アジア的経済システムを問う

は し が き ……………………………………………井村　進哉… 63
第 3 章　アジア的経済システム・アジア的
　　　　コーポレート・ガバナンス
　　１．アジアと日本
　　　　　——企業統治制度の農業・農村的基礎—— …………寺西　重郎… 69
　　　コメント（金子貞吉）リプライ（寺西重郎）

2．東アジアのコーポレート・ガバナンス
　　　　　——家族支配構造の特徴と問題点を中心に—— ………花崎　正晴… 96
　　コメント（首藤　恵）リプライ（花崎正晴）
　　第3章まとめ …………………………………………………井村　進哉…135
第4章　アジアの地域経済統合と経済成長
　1．日中地域経済統合とアジアの経済成長
　　　　　——日本経済への影響—— ……………長谷川聰哲　篠井　保彦
　　　　　　　　　　　　　　　　　　　　　　　今川　健　小野　充人…139
　2．中国の台頭と日本経済
　　　　　——その展望とチャレンジ—— …………………阿部　茂行…172
　　コメント（木村福成）リプライ（長谷川聰哲，阿部茂行）
　　第4章まとめ ………………………………………………長谷川聰哲…197
第5章　アジアの経済システムと環境問題
　1．アジアの地域環境ガバナンス
　　　　　——グリーン課税と資金の再配分機構—— ……………田中　廣滋…207
　2．インドシナ半島の生態系と社会開発 …………………緒方　俊雄…218
　3．アジアの経済システムと環境問題 ………………金　一中…241
　　　　　　　　　　　　　　　　　　　　　　　　　（訳：藪田雅弘）
　　コメント（藪田雅弘）リプライ（田中廣滋，緒方俊雄，金一中）
　　第5章まとめ ………………………………………………藪田　雅弘…266

あ と が き

〔資料〕
　中央大学経済研究所
　　創立40周年記念シンポジウム・プログラム

第Ⅰ部

　　戦後東アジアの経済発展
　　　――21世紀の視点から――

はしがき

　近代以来，アジアという存在は日本人が自己を映し出す鏡であった．それは，時に「脱亜入欧」を試みる際に身をもぎ離すべき嫌悪・侮蔑の対象として表象され，時に西洋・欧米に対抗すべく「同文同種」の連帯・団結を求める対象として観念され，また時にこの両種の相矛盾する情念がないまぜになった，「近代化の使命感」に基づく指導・啓蒙の対象として認識された．どのようなアジア像が思い描かれるにせよ，それはほかならぬ日本人自身の願望としての，自己像と表裏一体をなすものだったのである．
　第2次世界大戦後，東アジアは冷戦構造のなかで東西両陣営に分断され，東側陣営に属した中国大陸・北朝鮮・モンゴルと，西側陣営に属した日本・台湾・韓国との経済に対して，左右双方の立場から各々対照的な像が描かれた．やがて，1980年代に入り台湾・韓国がNIESとして顕著な経済発展を見せ，中国大陸（後にはモンゴルも）が市場経済に移行すると，これが「社会主義の失敗，資本主義の成功」ととらえられ，バブル経済の多幸症的狂騒のなかで「儒教資本主義」・「雁行型発展」・「日本型経営」等の，幾分かの自己満足を含んだ議論が唱えられた．しかし，1990年代のいわゆる「失われた10年」に入ると日本人は，アジア経済の指導者・牽引車としての自信を次第に喪失するとともに，金融危機を契機にNIESやASEAN諸国の経済が持つ脆弱さに改めて目を

向ける一方で，多くの問題点を抱えながらも着実な成長を続けることにより，周辺諸国への影響力すら獲得しつつある中国大陸を，日本に取って代わりうる脅威と見る論調も現れてきた．

　このような経緯を振り返る時，日本人のアジア経済に対する認識は，まさに日本経済自体の状況に強く規定されてきたことに気づかずにはおれない．その日本経済が行き詰まって明確な自己の将来像を描けずにいる今日，アジア経済認識もいささか混沌としているようだ．当研究所の創立 40 周年を迎えるにあたり，記念シンポジウム（第 1 回）のテーマを「戦後東アジアの経済発展―21 世紀の視点から」と定め，同時代的認識が不可避的に持つ制約を離れて今一度，これまでに東アジア経済が辿ってきた発展過程を今日の視点から回顧することにより，その将来の方向性を探る契機としたい．その際に，日本を熟知しながらも日本人とは異なる視点に立つ，在日アジア人研究者の発言に耳を傾けることは大いに有意義であろう．

　注目すべき問題として，2 点をあげておきたい．第 1 点は，経済発展の過程で国家・政府が果たす役割である．資本主義か社会主義かという経済体制の相違を問わず，後発国の近代化に際して国家・政府の果たす主導的役割はかねてから指摘されており，これは「開発独裁」という概念に象徴的に表れているように，民主主義・権威主義・全体主義といった範疇によって論じられることの多い，政治体制発展の問題とも不可分の関係にある．第 2 点は，東アジア経済の自律性である．東アジアの経済発展に際して，アメリカは資本・技術提供者や輸出市場として大きな役割を果たしてきた．無論，これが冷戦時期から今日にまでいたる，アメリカの世界戦略に基づくものであることは言うまでもない．しかし，その結果として形成されてきた東アジア諸国の経済は，アメリカ型経済とは相当に異質なものとなっているのである．これらの問題を歴史的に考察することは，日本を含む東アジア経済の将来を検討する上で大いに示唆的であるだろう．2003 年 11 月開催のシンポジウムが，そのような試みの端緒となることを強く願うものである．

〔深町　英夫〕

第 1 章

毛沢東時代の工業化戦略の再検討
――その特質と改革開放の初期条件――

　今回のテーマは戦後の東アジアの経済発展を，政府の役割や東アジア経済の自立性など今日の視点から見てみようといった趣旨で設定されている．中国の戦後というのは1949年，新中国ができてから以降の時期になる．それを振り返ってみると，50年間の歴史は毛沢東時代の30年，鄧小平時代の20年という区切りになる．毛沢東時代の30年は冷戦構造の影響が大きく，それにソ連とも対立し，国際的に孤立した閉鎖的な状態で，一国社会主義建設を行なってきた．鄧小平時代の20年は，改革開放，経済発展と市場経済への移行がキーワードとなる．改革開放時代は，閉鎖経済から開放経済への移行，そして計画経済から市場経済への移行が行なわれ，これまでの中国経済の非連続的な側面が大きくクローズアップされている．今，毛沢東時代は遠い過去，悲惨なマイナスイメージでしか語られていないが，しかし，改革開放政策の推進，経済成長は過去を踏まえて展開されたものであり，とくに中国共産党の一党独裁と，国家建設と経済発展における政府の強い介入と関与は，変化はあるものの継続している．毛沢東時代に作り上げてきた経済システム，制度の一部が今日にも根強く存続したり，影響を及ぼしたりしていることも事実である．中国経済の特質を考える場合，断絶性と連続性の2つの視点が欠かせない．以下の報告は，歴史の連続的視点から，毛沢東時代の工業化戦略を再検討し，改革開放の

表 1-1 中国各時期国内総生産の年平均成長率

(%)

	GDP 全国	GDP 三線地域	工業部門 GDP 全国	工業部門 GDP 三線地域
一五期（1953~57 年）	9.2	12.22	19.8	10.8
二五期（1958~62 年）	−0.2	−0.20	2.1	4.17
1963~1965 年	15.1	7.03	21.4	12.18
三五期（1966~70 年）	6.9	5.41	11.6	8.78
四五期（1971~75 年）	5.9	5.67	9.0	7.92
五五期（1976~80 年）	6.5	10.96	9.6	13.27
六五期（1981~85 年）	10.8	13.90	9.9	12.65
七五期（1986~90 年）	10.7	—	—	—
八五期（1991~95 年）	11.6	—	—	—
1953~78 年	6.1	—	—	—
1979~98 年	9.8	—	—	—

出所：国家統計局国民経済核算司編（1997）『中国国内生産総値核算歴史資料』（1952~1995），東北財経大学出版社より作成．

初期条件を確認すると同時に，中国経済の特質を考えていきたい．

まず，表1-1を見ながら戦後50年中国の経済史を整理する．1949年中華人民共和国ができた後，3年ぐらいの復興期を経て，53年から57年にかけて計画経済の体制作りを進め，それから毛沢東時代の前期，いわゆる大躍進という時期に入る．大躍進が失敗して調整期に入る．調整期が終わって，65年から毛沢東時代の後期つまり三線建設と地方工業化が展開することになるわけである．GDP成長率で観てみると，第1次5か年計画の始まる53年から78年までの計画経済期の年平均は6.7%であるが，1979年から1998年までの20年間の年平均は9.8%であり，その前の時期を大きく上回り，1980年代以降，中国は高い経済成長を実現していた．

計画経済期と改革開放期の経済的パフォーマンスの大きな違いは結果的に見ると第1次産業および第3次産業の成長率の差であり，また，経済計画期における第1次産業，すなわち農林水産業の2.3%という成長はその大部分がその

間に新規増加した3億6,056万人の人口（79年から98年までの新規増加は2億8,751万人）に相殺された．計画経済期の経済発展の特徴は農産物およびサービスの消費，つまり国民の消費生活が大きな改善を見ないまま，顕著な工業成長が見られた[1]．毛沢東時代は国民生活の向上を犠牲にするまで工業化を追求していたといえよう．

改革開放政策を打ち出してから中国は漸進的な市場移行の改革路線を実施してきた．1978年中国共産党第11期3中全会に提起された政策転換は経済発展と国民生活の向上を最優先するという立場に立ちかえって既存の計画経済管理体制と工業化戦略を是正する（「思想解放」と「実事求是」）ところに最大の意義があり，かつて幾度か試行された改革手法と調整政策を復活させると同時に長らく途絶えていた外貨・外資の利用を再開し，経済特区の設置など対外開放が大胆に実施された．78年から始まった改革開放は，規制緩和と色々な改革を試みた段階を経ており，最初から市場経済化を打ち出して移行したわけではなかった．92年に初めて社会主義市場経済の確立を目指していくという，国家的目標が明確になった．なぜ中国は旧ロシアや東欧の急進的な改革路線と違った改革を実施できたかを比較して考える場合，その初期条件をもう一度検討する必要がある．

中国にはソ連とも資本主義とも違う初期条件が存在していた．すでに，色々な見解が示されている[2]．1つには中国は農民国家であるから農村社会からの移行であり，それに対してロシアは工業社会からの移行であるので，改革の路線が自ら違っていた．第2に，中国は改革開放以前に，すでに分散的な産業構造を持ち，それが漸進的な改革に大きな影響を与えた．しかし，ソ連は，非常に独占的な生産構造を持っていたので，急進的な分娩的な改革を行なわない限りは，その独占的な体制が打破されない．だから路線が違ってくるというのも当然である，という議論である．第3に中国は改革開放以前もかなり分権化されて，国内の工業製品市場は全体的に競争的な構造を持っていた．その競争を抑制する力が弱まれば，つまり規制緩和をすれば，競争が始まる可能性が大いにあった．中国の改革後の激しい競争をもたらした初期条件，いわゆる毛沢東

時代の遺産としては，農村工業化が広範に進展してきた．相当な規模を有する軍事工業が新しい競争相手として民需生産に転換・参入し，テレビや冰蔵箱に象徴された家電産業など新産業の勃興と発展を促した．地方工業化の進展により，各省，市，自治区のフルセットの工業体系が形成されて，色々な産業のなかに競争が存在していたと要約することができる．

1978年以前の中国には集権的制度的枠組みと経済運営の分権化と分散化の不一致が存在していたと石原享一氏は指摘している．石原（1990）によると，中国の経済システム制度的枠組みから見て経常的経済決定の中央への集中，計画機構のヒエラルヒー，命令形態による決定の伝達，実物単位による経済計算と計画編成，国有セクターにおける貨幣の受動的役割など集権的標識をすべて備えていて，資金・生産物・労働力などの資源配分において中央統制が貫徹していたと通常見なされていた．しかし，計画管理，財政，労働の3分野の運営実態からみると分権化・分散化が相当進展していた．従来の計画体制の枠組みの下で，その枠組みを突破するような実態が徐々に醸成されていた．1980年代の地方や企業への分権化・市場経済などの面での大きな変貌は改革後の制度変革によってはじめて起こったものではないとしている．

中国の計画管理システムは生産・流通・分配の諸過程を行政的に統制し，財政と労働制度が資金と人的側面からシステムを支えるものである．計画化は2つの管理系統を通じておこなわれてきた．すなわち，中央主管官庁系列による縦割りの管理（「条々」）と地方政府主導の地域的管理（「塊々」）である．計画管理システムは1954年と1960年代初めの2回の集権化と1958年と1970年の2回の分権化が繰り返されたと石原先生が見ている．しかし，後述するがその制度変革は工業化戦略の選択と調整とふかくかかわり，その調整と変化にあわせて，推進されていたのである．石原先生が総括したように2回目の分権化はより深刻的であった．鋼材・銅・アルミ・鉛・亜鉛・石炭・セメント・自動車などいわゆる一類物資・二類物資など「重要生産財のうち，中央が配分する比率が低下し，地方の国有企業の管理する部分が大幅に増加したり，中央直轄企業がほとんど地方政府の管理に委ねられたりした．財政面では国有企業や地方

政府が自己裁量できる予算外資金の金額が拡大してきた」（石原［2000］，p 47）．そして労働人口を都市と農村に分断させる厳しい戸籍制度のもとで農村部に縛られるはずの農村戸籍労働者の一部が国有企業の臨時工や集団企業の従業員として就職していたことが伺われる（表1-2を参照）．

毛沢東時代に築き上げた中国の経済システムは非常に特徴を持っていると東京大学の田島俊雄先生が最近，体系化してきた議論を展開している．王京濱（2005）の整理によると，それは，通常，私たちが認識している中央集権的なものとは完全に違うもので，冷戦構造に規定された計画経済の分級管理制度であり，各地方政府が大きな権限を持っていた．地方分権化と，それを背景に財貨，サービスのみならず，生産要素の供給においても地域内の循環が形成されていったという議論である．それを実証する例として，中国の鉄鋼業の生産組織には，重点的な企業による全国的計画的供給と，これを補完するかたちの各地域に所属する中小企業による局地的市場の供給という二重構造が確認された[3]．中国の企業構造から見ると，中央企業がある一方で，属地的中小企業というものが存在し，しかも地方政府からある程度，自主権を与えられ，県財政からの補助金を得てずっと存続していた．企業の属地的性格と，財政金融システムの属地的性格が融合して，中国の経済システムとしての属地性格が形成されたわけである[4]．

あと1つ，社会主義計画時代の技術の社会的性格は今日とかなり違っていた．最近，中国でも知的財産権，所有権という話をよく口にするようになったが，社会主義計画体制の下では，技術は公共財的な性格を持ち，国営企業は，独自の経済的利害を持っておらず，政府主導の企業間での無償の技術援助がよく行われていた．このような技術移転の方式は，多くの地域に同一産業の企業を簇生させ，それが中国の製造業の規模拡大と分散的生産構造をもたらした重要な要因となっていたと指摘されている[5]．

以上あげた諸点は今まであまり認識されていなかった中国の特質ともいえるころである．それらの特質は毛沢東時代に形成されていたと思われる．

毛沢東時代の中国は農業国から工業国への仲間入りを目指そうと，工業化を

表1-2 中国経済運営の分権化方向の変動

標　識	1958年	1965年	1970年	1976年	1983年	1987年
企業の管轄 (中央直轄工業企業数)	1,200	10,533	142	1,300が中央代替管理へ	2,500	(1983年) 2,300
物資管理の品目数		(1966年)	(1972年)	(1975年)	(1981年)	
一類物資 (国家計画委員会と物資総局の配分・管理)	93	326	49	52	256	20
二類物資 (中央各工業部の配分・管理)	336	253	168	565	581	20
三類物資 (省・市・県の配分・管理)		(1965年) 5,929				
財政収入と支出 (億元)						
中央財政収入	305.3	156.1	183.0	98.6	490.0	736.3
地方財政収入	74.4	317.3	480.0	677.7	876.9	1,463.1
中央財政支出	177.2	284.2	382.4	377.6	759.6	845.6
地方財政支出	223.1	175.8	267.0	428.6	649.9	1,416.6
予算外資金						
予算外金額 (億元)	55.99	75.56	100.94	275.32	967.68	2,028.80
予算内資金の相当分 (％)	14.4	16.0	15.2	35.5	79.9	89.7
予算外資金の源泉と帰属						
地方政府	17.59	9.47	13.45	28.35	49.79	44.61
行政機関	9.29	18.74	28.00	48.81	113.88	358.41
企業・監督官庁	29.11	47.35	59.49	198.16	804.01	1,625.78
農業人口の都市部への実質的移動 (万人)	—	3,875	—	(1975年) 4,409	(1980年) 5,277	
国有企業の雇用構成						
正式常年雇用	3,354.1	3,376.1	4,126.0	5,889.1	7,552.1	—
臨時工	1,178.2	361.9	666.0	970.9	1,219.3	
計画外雇用				684.0	947.1	
新形態の契約工					174.5	

出所：石原（1990）を元に筆者作成，出所は財政収入と支出，予算外資金の項は国家統計局（1990）
『中国統計年鑑』，それ以外は石原（1990）p. 149, p. 159, p. 174, p. 177.
　石原（1990）元注：農村人口の都市部への移動は当該年に都市区域に住む農業戸籍の人口である．臨時工は臨時工・契約工と計画外雇用を含む．計画外雇用は国営企業自身が政府の労働計画に定められた定員枠を超えて，直接募集・採用するもの．1973年から統計データが取られ，当年171.0万人の雇用である．

国家の最大の目標としていた．それを実際に実施に移したのが，第1次5か年計画である．ソ連に学んで重工業優先発展政策を実施すると同時に中央集権的計画経済体制の形成を目指していた．ソ連モデルを採用した理由は，1つには，ソ連の援助があったこと，もう1つは西側による中国への封じ込めがあったからである．朝鮮戦争に参戦したことで，中国はアメリカと完全に対立してしまって，国防問題は国の存続に関わる大問題として相当危惧されていた．そうしたなかで，比較優位を実施する環境が存在していなかった．国内要因としては，新中国が出来る前に，軽工業は，ある程度の発展があったが，基礎産業が欠落し，原材料が不足，不均衡な状態にあった．重工業が提供する生産財の増産が必要であったといった要因が考えられる．そこでソ連の援助が重工業分野，軍事事業に集中していた．その結果，第1次5か年計画期に中国の近代的な工業部門がほとんど作り出された．

第1次5か年計画が終わってから，中国はソ連モデルを見直す時期が訪れた．背景にはソ連で起こったスターリン批判があった．また，第1次5か年計画を実施した中，中国自身の色々な問題が出てきた．その軌道修正と改革の試みは大躍進である．大躍進は，とてつもない鉄鋼業の増産と食料の増産を目指すものであったが，実際，ソ連と違った地方分権化の諸改革も展開していた．それは今から見ても注目すべき点である．中国にとって，ソ連のような中央集権的な経済運営は効率的ではないと毛沢東をはじめ，当時の政策担当者は考え，計画管理体制の地方分権，たとえば資源の配分，企業の帰属，物資管理，生産高の管理など地方政府へ権限を委譲する分権化が行なわれた．具体的には表1-2を参照してほしい．

大躍進期にもう1つは，中国自身は独自の開発戦略を模索しはじめ2本足で工業化を促進していこうとした．それは農業と工業，重工業と軽工業，それから大型，中型の企業と中小企業，近代的な技術と伝統的な技術，中央と地方といったような対抗関係にあった2つの要素をうまく利用して，経済発展を加速するという戦略であり，地方工業の発展が求められていた．地方工業化を進めるのに，規模の小さいもの，伝統的な技術を使うもの，投資金額の少ないプロ

ジェクトや企業をやろうというような政策が打ち出された．しかし，鉄鋼増産運動に見られたような無謀な大衆運動が繰り広げられ，大躍進は大失敗に終わった．そこで，1961年から調整政策が導入され，中央への再度集権化が行なわれた．1964年あたりに調整が終わって，次の段階の中国の工業化はどのように展開すればよいのか，中国共産党指導部のなかで論争があった．その辺の詳しいことは拙著を参照していただき，省略させていただくが，要するに1つは中国の工業化の目標をどのように設定するのか．もう1つはどういった工業体系を構築していくのか，さらに国家安全保障と軍事産業を国民経済のなかでどのように位置づけるのかという議論であった．これらの問題をめぐって，まず毛沢東と鄧小平の対立があった．大躍進の失敗を鑑みて，鄧小平はまず国民生活を改善し，衣食住の生活用品の需要を満たす．その次に基礎工業を発展する．3番目に，国防工業，先端技術，軍事技術の発展を求めるという優先順位で国民経済の諸課題に取り組むという考えを示した．

　工業化の目標については毛沢東は2段階論を提起した．第1段階は，80年代までに自己完結した工業体系を構築し，そして，1995年までの第2段階は，中国の工業発展を世界的で先進的な水準に接近させようと提案した．しかし，当時の国際環境は一層悪化してきた．1つはアメリカとの対立，さらに中ソ対立が激化した．身近な危機感も生じてきた．ベトナム戦争が進行したことによって，中国自身が危険であると同時にベトナムを支援せざるをえない状況にあった．そこで，三線建設という構想が登場し，1964年の5月あたりに第3次五か年計画の構想を審議するなかで毛沢東がそれを提起した．三線建設というのは，外敵の侵略に対して，広大な国土を活かして対処，対抗していくという軍事的な防御構想である．三線とは地域的にいうと，最前線の沿海地域と，中間地帯，内陸の平野部と，それから後方地域，奥内陸と3つの地域区分である．後方地域の第三線地域はもっとも重視され，経済建設と開発の重点地域とされた．この三線地域は具体的には中国の国土の3分の1に相当する内陸の四川省，雲南省，貴州省，陝西省，甘粛省などの西南，西北地域の11の省である．その地域に沿海の工業施設を分割移転させ，国の集中投資を行ない，地域

ごとの工業体系を形成していこうという方針が打ち出された．沿海地域と内陸の平野部にも似たような発想で，小三線建設という方針が打ち出され，各地域で地方政府主導の地方工業化政策が展開されることになった．

　この時期の工業化戦略の特徴というのは，まず1つは，国家安全保障のための重工業，軍事工業の優先発展である．そこで依拠されたのは，毛沢東の「2つの拳と1つの腰」論である．毛沢東が言うには，食糧の自給化を確保する農業，これが国家安全と国民経済を維持する1つの拳．もう1つは，敵の侵略，侵入を防御する国防力，これはもう1本の拳である．そしてこの2つを支えるのは基礎工業である．基礎工業がしっかりしなければ，国家安全と国民経済の発展が望めないとして，毛沢東は内陸建設を優先させていた．

　特徴のもう1つは重層的な工業体系の形成の目論見である．大躍進時代に一度実験して失敗した2本足で歩む工業化路線がもう1回提起され，人民公社と生産大隊の運営する「社隊工業」と，県レベルの「五小工業」，また中央から地方政府に移管された大工業，また，省，市政府管轄の地方工業をもって全国の工業体系を重層的に形成させ，さらに農業を支援する工業部門（小炭鉱，製鉄所，金属鉱，化学肥料，発電所，セメントなど）の育成を通して地方工業体系を形成させて，中国一国のなかでしかも地域ごとの自給自足体制を構築していこうという考えであった．各地域で紡績製品などの軽工業の育成も図られ，さらに72年あたりからトランジスタやラジオやテレビも地域内の自給を目指そうと，地方レベルで電子工業が取り組まれていた．それにあわせて地方分権化が行なわれた．三線建設とその他の国家プロジェクトに対しては，中央政府の集権的管理の下で，ヒト・モノ・カネを中央の計画に基づいて集中的に供給する一方，省レベル，市レベル，県レベルの各政府に計画の策定権，生産財の分配，配達権限を委譲され，増産と自給化を促した．この時期には既に財政の請負制が導入され，地方政府の独自裁量ができる財政能力が強化され，県政府が五小工業などの利潤を留保することなども認められた．いわば改革によって地方分権化が相当進行したのである．

　そうした工業化は，一体どのような進展があったのか．まず，重工業化を特

表 1-3 小型工業の生産比率

(全国生産量 100%)

業　種	1973年	1974年	1975年	1977年	1978年	小　型　の　定　義
粗　　鋼	8.4	7.3	6.8	7.6	9.7	年産10万トン
銑　　鉄	8.8	9.4	10.0	12.0	14.4	年産20万トン
原　　炭	36.8	36.6	37.1	38.2	43.7	年産200万トン
発 電 量	9.2	8.7	8.7	8.9	12.6	容量2.5万キロワット
セメント	52.6	57.5	58.8	65.7	65.2	年産20万トン以下
合成アンモニア	54.	54.2	58.3	56.1	55.7	年産4.5万トン以下

出所：田島俊雄(2003)，馬泉山(1998).

徴とする地方工業化の進展があった（表1-3を参照）．また，1966年から78年の間には，中国の投資率が一段と上昇して，30%を越えた．大躍進が失敗したのは重工業化の推進が農業の破綻と国民経済全体に大きなゆがみをもたらして，継続できなかったところにある．しかし，1965年以降，中国の投資率が長期にわたって維持できたことはそれなりに評価できる面もあるのではないかと思われる．この点については，中国はすでに高度成長期に入ったという議論がある[6]．一方で，そうではなくて，中国はこの時期は，もう構造的な混迷に入っている，だから改革開放が必然となったという見解の違いがある．ただ1つ中国での共通認識として，70年代に中国は近代的な工業体系が基本的に形成されていた．投資財，中間財と消費財などを生産するすべての産業部門を持ち込み，生産財の国産化，輸入代替化など工業化は70年代に進展していたとほぼ一般的に認められている[7]．

　三線建設は，立地の不合理や投資効率が低かったことなど色々な批判があるが，しかし，内陸部に45の工業都市と多くの国営企業が創出され，新しい産業部門が育成されたのも事実である．より重要なのはこの時期の地方工業化の進展である．たとえば，粗鋼，原炭，発電量，セメント，紡績などを見ると，地方工業，小型工業は全国生産量のなかに占める割合が増えていった．そして，この時期の経済成長を見ると，第1次5か年計画が9.2%だったが，大躍

進時期は非常に低下してしまって，調整期には 15.1% に達した．文革期の 66 年から 75 年あたりまでは，大体 6% 以上の成長率が一応達成された．改革開放以降には及ばないが，それなりの成長があったということが確認されている．

　そうすると，なぜ鄧小平時代は改革開放をやらなくてはならなかったのかという問題が出てくる．それは，それまでの中国は工業化の進展があったものの，国民所得の水準がほとんど上がらなく，生活が非常に苦しかった．1 人当たり GDP とか，都市化とか，近代化など持続的成長を基準とする，いわゆる近代的経済成長の視点から見ると，毛沢東時代の工業化戦略は常軌を逸脱した異質なものであり，長く続けられるものではなかった．一国内の自給自足・自己完結型の経済開発は，国際分業の利益や後発国としての利益を享受することができない．さらに毛沢東時代の工業化戦略をささえる計画制度は資源の最適配分を実現できなく，しだいに経済効率の低下を増してきたからである．

　最後に改革開放やその後の経済発展との関連から二，三言及する．「70 年代末から始まる経済改革路線への転換は 70 年代中葉から露呈された制度的枠組みと経済実態との矛盾によって促されたものである」（石原 [1990]，p 181）．現代中国の経済運営を歴史的視野から捉え直してみるとき，毛沢東時代から鄧小平時代への移行には自給自足経済から商品経済へ，計画経済から市場経済へ，閉鎖経済から開放経済へという 3 つの大きなパラダイムの転換があるが，「異なった時代背景と国際環境のもとでそれぞれ担うべき役割も違っていたことにも留意すべきであろう」（石原 [2000]，p 48）．「計画経済システムが現代中国の経済発展に一定の貢献をしてきたことは確かである．資金・財・労働力などの資源配分に対する政府統制を通じて，曲がりなりにも国民経済の統合を実現し，高い蓄積率を維持して工業化を促してきた」（石原 [2000]，p 47）．「逆説に言えば，毛沢東型社会主義は鄧小平時代において市場経済が発展していくための条件整備をする役割を果たしたとみることもできる」（石原 [2000]，p 48）．あと 70 年代，そして 80 年代の初頭に技術導入するお金がどこから来たのかといえば，毛沢東時代に大々的に行なわれた石油開発，そして石油輸出による豊

富な外貨収入が70年代の先端技術とか設備の導入に道を開いたと指摘されている．思考に富むものである．そして80年代は，郷鎮企業が中国経済を牽引していたのだが，それは毛沢東時代の農村工業化の進展にともなって成長していた人民公社所属の企業＝社隊工業を母体としていたのである．さらに改革開放期に地方財政請負制の導入をはじめとした制度改革が行なわれた．それはかつての地方分権の経験を踏まえたものである．分権化のつみかさねによって地方政府，つまり省，市，県，各級の地方政府は中央，そして上級政府から相対的に独立し，自己利益を追求する行動をとるようになり，経済発展と市場化改革，企業改革や地元有力企業の育成，生産要素の育成，また外資導入などに非常に積極的に取り組んでいた．そういう意味では，中国の経済改革と発展は長期にわたる地方分権化の進展に依拠し，地方から発生した市場化の改革が大きな推進力となったのではないか．毛沢東時代に行なわれた工業の地域的分散化と，築き上げた経済システムは改革開放の経路を形成しているように思われる．

1) 田島俊雄（2002）『世界歴史体系・中国史5』，山川出版社．
2) これらの議論についての整理は田島俊雄・江小涓・丸川知雄［2003］『中国の体制転換と産業発展』東京大学社会科学研究所，第一章を参照．
3) 田島俊雄（1990）「中国の鉄鋼業の展開と産業組織」，山内一男・菊池道樹編『中国経済の新局面—改革の軌道と展望』，法政大学出版局．
4) 田島俊雄（2000）「中国の財政金融制度改革」，中兼和津次編『現代中国の構造変動2 経済』，東京大学出版会．
5) 田島俊雄（1996）「中国的産業組織の形成と変容」『アジア経済』第37巻第7・8号アジア経済研究所を参照．
6) 小島麗逸（1997），『現代中国の経済』，岩波書店．
7) 丸山伸郎（1988）『中国の工業化と産業技術進歩』，アジア経済研究所．馬泉山（1998）『新中国工業経済史』（1966~1978），経済管理出版社．

参考文献

石原享一（1990）「1970年代までの中国経済管理システムと実態」，毛里和子編『現代中国論1 毛沢東時代の中国』日本国際問題研究所．

石原享一（2000）「中国型市場経済と政府の役割」，中兼和津次編『現代中国の構造変動2 経済』東京大学出版会．
王京濱（2005）『中国国有企業の金融構造』，御茶ノ水書房．
加藤弘之（2001）「普遍主義を超えて」，『現代中国』第75号．
加藤弘之・陳光輝［2002］『東アジア長期経済統計12・中国』．
小島麗逸（1997），『現代中国の経済』，岩波書店．
呉暁林（2002）『毛沢東時代の工業化戦略』），御茶ノ水書房．
高橋満（2004）『中華新経済システムの形成』，創土社．
田島俊雄（1996）「中国的産業組織の形成と変容」『アジア経済』第37巻第7・8号，アジア経済研究所．
田島俊雄（2000）「中国の財政金融制度改革」，中兼和津次編『現代中国の構造変動2 経済』，東京大学出版会．
田島俊雄（2002）『世界歴史体系・中国史5』，山川出版．
田島敏雄・江小涓・丸川知雄［2003］『中国の体制転換と産業発展』東京大学社会科学研究所．
中兼和津次（2000）「漸進主義的改革の再検討」，中兼和津次編『現代中国の構造変動2 経済』，東京大学出版会．
丸川知雄（1993）「中国の"三線建設"」（Ⅰ）（Ⅱ）『アジア経済研究』1993年2月号，3月号，アジア経済研究所．
馬泉山（1998）『新中国工業経済史』（1966~1978），経済管理出版社．
国家統計局固定資産投資統計司編（1987）『中国固定資産投資統計資料』（1950~1985），中国統計出版社．
国家統計局総合司編（1990）『全国各省，自治区，直轄市歴史統計資料匯編』，中国統計出版社．
国家統計局国民経済核算司編（1997）『中国国内生産総値核算歴史資料』（1952~1995），東北財経大学出版社．
Chris Bramall (1993), *In Praise of Maoist Economic Planning : Living Standards and Economic Development in Sichuan since 1931*, Oxford University Press.
Chris Bramall (2000), *Sources of Chinese Economic Growth 1978-1996*, Oxford University Press.
Naughton Barry, 1991 "Industrial Policy During the Cultural Revolution : Military Preparation, Decent-realization, and Leaps Forward," in William A. Joseph, Christine P. W. Wong, and David Zweig ed., New Perspectives on the Cultural Revolution, Massachusetts Harvard University Press, 1991.

〔呉　暁　林〕

コメント

　呉先生の報告は，毛沢東政権が今日の中国の経済発展にどのように結びついたかを研究しているもので，これはある意味では興味はあるが，難しい課題だとも思う．

　私たちも，なんとなく，この改革開放以前の中国が無いかのように今日の中国の発展ぶりを論じることが多いが，その間にも現実に中国という国があり国民がいたことも事実なので，その接点を埋めないと私たちは中国経済を研究したとは言えないのではないかと思う．ただし，中国の研究書を見ても，ここを詳しく研究したというものは非常に少ない．あらかじめお断りしておくが，私の中国に対するイメージというのは，非常に狭い範囲の経験によっている．どういう経験かというと，主として，中国広東省，いわゆる華南経済圏である．これは十数年前から，ゼミの学生を連れて何回も研修旅行に出かけているし，その後，2回，中国の広東省の大学で教えたりもしているので，どうしてもそこでの経験に引きずられてしまうということをお許しいただきたい．これを言うと，もう半ば私は答えを申し上げているのと同じかなと思うが，中国というと何かものすごい中央集権国家だというイメージを持つ方もいるかもしれないが，事実は意外にそうではない．たとえば，広東省独立論というのがあり，これは日本のマスコミの報道だと，だから時々は，「中央政府が広東省の指導者を叩くのだ，あるいは企業をつるし上げるのだ」ということがよく言われる．言ってみれば，ある意味では，広東省というのは一寸独自の点があるのかもしれない．広東省というのは，まず歴史的に言うとアヘン戦争があり，それへの独立戦争というのがあったわけであり，その後大変立派な博物館ができている．これは中国の青少年に対する，何も歴史だけではなくて反麻薬のキャンペーンの意味をもつということも，言っていいのではないかと思う．

　日本と中国経済の関係を見る場合，避けて通れないのは過去の戦争にともなう賠償問題である．日本の中国に対する贖罪，戦争犯罪についての反省ということになると，とかくそこから労働者を連れてきたとか，従軍慰安婦の問題と

かがまず取り上げられる．日本は香港の中国人から借り上げた金を返していないということが，今もって大きな影を引きずっていることをひとつ忘れないようにしたいと思う．実際に12, 3年ぐらい前に，広東省にある某国営家電メーカーへ見学に行ったときに，三菱電機から大型のコンデンサーが運び込まれているところで，たまたまそうしたことを話題にして工場幹部の方と話し合ったら，工場側は，我々は三菱電機にも大変感謝していると述べたうえで，「しかし，私たちが一番信頼するのは，アメリカでありフランスである．」と言った．理由を尋ねると「何といっても，これらの国々は戦争中の私たちの同盟国であったし，今でも最新の技術を私たちに提供してくれますからね」と言われたのは本当にショックであった．今でも，中国はアメリカに対して，時として主な敵というふうな感じであたるが，一皮剥ぐと中国とアメリカとの間のパイプには非常に強いものがある．それからフランス，ドイツとの関係も日常的に目につく．

　とくに最近の中国はヨーロッパ諸国の方に向いている．日本は日本たたきの段階を過ぎてしまって，日本バッシング，日本を避けて通ろうという非常に残念な状態にある．ただし，中国の人たちも決して初めから日本を退けてしまうというのではない．実際あったことだが，2002年の初め頃に開催された海南島の経済フォーラムでは，小泉首相が講演をした後に質問者が将来の中国を，日本としては恐るべき敵としてみるかどうかということを質問したのに対して，小泉首相は，「いや，決してそんな敵だというふうには思っていません」ということを回答した．これがテレビで放映されたところ，私が滞在していた広東外語外貿大学の先生方が非常にそれに惹かれて，ぜひ日本総領事館から領事を呼んで講演を行っていただきたいということになった．その結果それが事実であるとわかって，中国人の先生方は気を良くしたのが，間もなく小泉首相が靖国問題を発言したので，また元に戻ってしまうという状態がずっと続いている訳である．

　中国の今日の経済発展に対して毛沢東はどういう役割を演じたのか．毛沢東主席の政策が積極的な意味を持ったのか．それとも，彼のやり方があったけれ

ども，にもかかわらず本日の発展した状態をもたらしたのか．この辺りをよく考えてみる必要があろうかと思う．

　私自身が中央大学で経済学を講じてきて，今，反省しているが，どうも私どもの経済学は環境というか，自然風土というか，気候というものを極端に言うと重視しないという傾向があったと思うが，今後どの国においても経済発展を図るときに環境を無視したらやっていけないと思う．その点，毛沢東およびその後今日まで行なわれてきた開発は，あの膨大な中国，しかもあれだけ広いけれども耕地面積が非常に少ない山，谷戸みたいなもの，こういうのが，中国の大きな意味で国土ではないかなと思うわけである．この条件を抜本的にメスを入れて変えるのがよいというのではないが，これを如何ともすることができなかったことが，分権制度は必ずしも悪いことではないが，結局は分権制度生成の一因につながったのかと思う．

　中国経済を研究するうえで，英語の本のなかにもかなり読むべき本がある．他の旧社会主義国や発展途上国と違って，中国があれだけ高度成長を実現しながらどうしてインフレをもたらさなかったのか．これは，まさに驚嘆すべき出来事だ，こういうことを書いた華僑の方の大変面白い本があるが，結局は分権制度は，言ってみれば，その方の論では現代の中国は合衆国みたいなものであるというわけである．そういう分権制度，あるいはそれぞれの地方がかなり独立しているということは，一体，毛沢東の政策から出てくるものなのかそうではないのか，もう一度考えたいと思っている．

　分権制度というのは非常に良い面もある．社会の出来事というのはコインの裏表で，良いことがあれば必ず悪いことが後にあるわけで，分権制度であるということははっきり言うと，中国では国民的な市場統一がなされていないということも言えるわけである．たとえば，中国では意外にビールが飲まれているが，ほとんど地ビールである．どこででも，各省でも造っているが，ある省のビールをよその省に持って来て販売しようとすると，数年前まではほとんどが国営ないしは省営企業だったので，自分の省の財政を豊かにするためにそういうものを全部締め出すため，殴ってしまうとか殺人事件まであったわけであ

る．そのくらい，各市場が独立している．自動車市場も6つぐらいに分かれていると思う．

中国市場には，王保林『中国における市場分断』日本経済評論社に述べられているような特徴がある．このため，外国資本がどこかで投資をしたいというときに，あの広い市場だと，まずどこかで立ち上げうまくいったら，そこからさらに展開したいと思っていたところ，他の省でやるなら別に来てくれと，こういうことで，ある意味では非常に不経済な二重三重の投資を起こしやすい体質でもある．

報告者も社会主義的原蓄ということを言っており，中国は農業国だったからなおさらそうだという紹介をしたが，ロシアも決して社会主義的原蓄をやらなかった訳ではなく，社会主義的原蓄というのはまず旧ソ連のモデルに基づいて，これで中国のことを推し量ってその後の物語が論じられるということをやっている．原蓄と言ったときに，農村から資金を引き出すということももちろん大きな内容だが，中国の場合あまりにも農民は貧しすぎたので，資金の点では原蓄としては役に立たなかったと思う．それよりはむしろ今日にいたるまで，意味を持っているのは低賃金労働力の供給地であるということである．これは今後，相当長期間にわたって続くだろうと思う．決して低賃金はよいことではないが，若い人たち，とくに女子は，聞いたところによれば2年ないし3年の定期契約で解雇される訳である．それでも真面目に彼女らはよく働くので，帰るときにはそれなりのお金を持って帰る訳である．農村に帰り，それなりの家を建てたり，あるいは結婚資金に使うとか，私も中国で原始的蓄積ということが今日にいたるまで大きな力を発揮しているのだろうと思う．

中国における分権制度がどうしてできたかということであるが，これは中国で毛沢東が行なった解放のやり方，ゲリラ戦である．各地方を転々と解放していくと，中国がその後経済発展をしたと言っても長い間点ごとの発展ということであって，面としての発展に繋がらなかったのである．最近広州市では，とくに家電ITを中心に相当な産業集積ができたので，ようやく変化が生じてきたと思う．

最後に広州市というのは不思議なところであり，改革，開放の先進地域であったから毛沢東の評判が悪いかというと，そうではないのである．革命の伝統があるのかもしれないが，立派な社会人が「私は毛沢東のお陰で大学を卒業できて本当に感謝している」と言うのである．

〔長谷川幸生〕

リプライ

　毛沢東時代と政治家としての毛沢東の個人所為をやはり分けて考える必要があるのではないかと思う．たとえば，文化大革命運動と文革期の経済は関連があっても同質のものではなかった．ましてや文革期の中国経済が本当に崩壊したか，色々な見方も見解も存在している．それから，毛沢東時代の経済政策について語る場合は，毛沢東が全て決めていたわけでもない．三線建設は毛沢東時代の代表的なマイナスの事例として今まで批判されてきた．しかし，その実施過程において鄧小平も積極的にかかわっていた．毛沢東時代の失敗，試行錯誤，あるいは部分的に成功した政策の資源や資本蓄積があってこれらを活用したからこそ，その後の中国は大きな混乱や社会動揺を体験せずに改革・開放政策を展開し，経済成長を達成できたと私はあえて主張したい．

　中国は市場経済への移行において東欧やロシアと違ったやり方をやってきた．それは移行経済論や経済発展論的にどういうふうに総括し，理論化するのかという大きな問題である．報告の最初にあげたいくつかの仮説の行き着いたところ，中国の経済発展あるいは中国の経済システムは社会主義か資本主義かといった普遍主義を超えて市場経済の発生と形成が多様であるとの認識に立って考えるべきであると含意している．そのような見方は最近，神戸大学の加藤弘之先生により提起されている．比較制度の視点からアジアの多様性，市場経済の多様性を考える場合，歴史的な視点が欠かせない．過去を冷静に振り返らなければ現在も，さらに将来も展望できない．それが，私が強調したかった1

点である.

　それから,もう1つは,分権性の由来ははたして毛沢東の発言で,毛沢東の政策によって生まれたかというと,中身は長谷川先生のコメントにあったように,ゲリラ戦争の発想からきている部分もある.ただ,制度あるいは地方分権の実態を見ると,改革開放以前に農村の工業化があったし,各地域の工業育成もかなり進展して,分権性を不動なものにしていたといえる.さきほど三線建設と地域経済の関係について質問があったが,1980年代四川の棉陽,貴州省の安順など相当辺鄙な地域でも生産ラインを導入してテレビを組み立てて生産していた.その多くは国防工業部門の企業であり,三線建設期に育成された電子産業がその受け皿であった.中国の産業発展と漸進的改革を考えるにはやはり中国のあの時代を把握していなければ適切な説明ができないと思う.

〔呉　暁　林〕

第 2 章

東アジア経済のプレゼンス拡大と域内相互依存関係の進展
―――貿易・投資関係を中心に―――

はじめに

　東アジア諸国[1]は，長期にわたる高度経済成長により世界経済の成長センターとして注目されてきた．とりわけ1980年代の後半期からは，それまで日本，NIES が中心であった成長軸に ASEAN 諸国と中国が加わり，東アジアが全域的な規模で高成長過程に入った．東アジア地域は，先発国の構造変動がつくりだす貿易・投資機会に後発国が迅速に対応してみずからの構造を転換しつつ，一段と高い成長率をもって先発国を追跡していく，ダイナミックな成長過程をみせる地域経済である．

　東アジア経済は1997年からのアジア経済危機により大きな打撃を受けたが，その後は驚異的な回復力によってふたたび堅調な成長軌道にもどった．経済危機の克服とともに東アジアはグローバル化に対応しながら一方で地域相互依存関係をいっそう深め，さらなる経済成長への期待が高い．

　ここでは，まず近年の世界経済における東アジア経済のプレゼンス拡大について貿易，投資を中心に分析する．世界貿易と先進地域の輸出先，輸入先のシェア分析を通じて東アジアの顕著な貿易拡大と，域内貿易依存度の深化を確認する．つづいて，東アジア経済の貿易拡大と相互依存関係の深化の要因として域内投資増加と NIES の役割，域内諸国の工業化にともなう輸出製品の競争

力変化について分析する.

1 世界貿易における東アジアのプレゼンス拡大

東アジア経済は,長期にわたる高度経済成長の過程でダイナミックな動きをみせた.1つは,世界における東アジアのプレゼンスが高度経済成長とともに著しく高まり,世界経済を牽引する強い力をもつにいたったことである.もう1つは,東アジアの域内相互依存関係が強化され,それゆえアメリカや日本という域外の大国の動向に左右されにくい自立的な発展メカニズムがこの地域に生まれつつあることである.

まず,東アジアのプレゼンス拡大を貿易面から説明する.表2-1は,世界各地域の輸入額に占める東アジアからの輸入比率(輸入依存度)を示したものである.

1980年には日本の総輸入額1,413億ドルのうち東アジアからの輸入額が280億ドルを占め,輸入依存度は19.8%であった.日本と東アジア諸国は地理的に近く経済的にも緊密な関係をもっていたが,当時日本の東アジア諸国からの輸入は全体の2割にも満たない水準であった.しかし,2002年には日本の東アジアからの輸入が大きく伸び,日本の総輸入額3,371億ドルのうち東アジアからの輸入額は1,347億ドル,40.0%に達し,輸入依存度が2倍強の上昇となった.

日本は長らく東アジアの資本財,中間財の供給先として重要な役割を果たしてきた.しかし,輸入の面からみると日本の輸入は素材中心の輸入が中心であり,東アジアからの製品輸入は低い水準であった.たとえば,1980年の日本の総輸入に占める製造業品比率は世界平

表 2-1 国・地域の輸入額に占める東アジアのシェア
(%)

	日 本	NAFTA	E U	世 界
1980	19.8	-	2.8	7.4
1985	24.3	12.7	3.0	9.9
1990	25.8	15.3	4.2	11.8
1995	33.7	18.4	6.3	17.0
2000	38.1	16.6	7.7	18.2
2002	40.0	16.9	7.3	18.5

出所:IMF, *Direction of Trade Statistics Yearbook*, various issues.

均54%，先進国平均52%に対して日本は19%であった．1980年代中期まで日本の総輸入に占める製造業品の比率が30%を上回ることは一時的な例外でしかなかった．日本の産業構造，貿易構造においては近隣アジア諸国からの製造業品としての最終財の輸入は少なく，アジアで生産された最終商品に対する日本の吸収力はかなり弱かったのである．

このような日本の貿易構造は1985年のプラザ合意による円高以降，変化した．プラザ合意による急激な円高を背景に東アジアからの製品輸入が増え，日本の総輸入に占める製品輸入比率は，1980年代前半までの約20%から近年は60%を超える水準に達した．現在の日本は中間財，資本財の東アジアからの輸入比率も高く，輸入構造が変化している．

一方，東アジア諸国は積極的な工業化にともない工業製品の生産拡大と輸出が飛躍的に伸びた．その結果，東アジア諸国はほとんどの国で輸出に占める工業製品のシェア増加が顕著である（表2-7を参照）．とりわけ，東アジアでもっとも工業化のスタートが早かったNIESは，1980年代初期から輸出製品の工業化率がすでに90%を超えていた．

日本のみならず他の先進諸国の輸入においても東アジアからの輸入は大きく増え，先進各国の輸入構造において東アジアのプレゼンスが拡大している．NAFTA3国（アメリカ，カナダ，メキシコ）の東アジアからの輸入依存度は1985年の12.7%から2002年16.9%へ，EUの同比率も1980年の2.8%から2002年には7.3%へと上昇した．これを反映して世界全体の輸入に占める東アジアからの輸入比率は，1980年には7.4%であったが，2002年には18.5%となった．しばらく前まで貧困と経済停滞により輸出できる工業製品も少なかった東アジア諸国が，たかだか20年余の間に世界の先進地域に向けて輸出を拡大し，現在は先進諸国において主要輸入先として急速にその市場シェアを拡大してきたのである．

東アジアは先進市場における供給者としてのプレゼンスのみならず，先進諸国製品の吸収者としてもプレゼンスを高めている．表2-2は各国・地域の総輸出に東アジア向け輸出が占めるシェア推移である．日本の総輸出に占める東ア

ジアへの輸出シェアは，1980年から1995年までの15年間に25.7%から42.1%へ上昇した．その後，1997年のアジア経済危機の影響により2000年は減少したが，ふたたび上昇に転じ2002年は41.6%である．

表 2-2 国・地域の輸出額に占める東アジアのシェア

(%)

	日 本	NAFTA	E U	世 界
1980	25.7	—	2.3	7.6
1985	24.1	8.6	3.1	9.9
1990	29.6	11.3	3.5	11.9
1995	42.1	14.0	5.7	17.7
2000	39.8	11.2	4.6	16.2
2002	41.6	11.3	4.7	16.4

出所：IMF, *Direction of Trade Statistics Yearbook*, various issues.

従来の日本の輸出はアメリカの比重が高く，1985年には総輸出の37.6%を対米輸出が占めた．しかし，1990年代に入り日本企業の東アジア諸国への海外直接投資の増加，NIESの輸出拡大にともなう日本からの中間財，資本財輸出の拡大により日本の東アジア諸国への輸出が著しく伸び，現在は総輸出の4割強が東アジア向け輸出である．

NAFTAとEUの総輸出においても東アジアへの輸出比率が上昇している．この結果，世界の総輸出に占める東アジアへの輸出シェアは1980年の7.6%から，アジア経済危機以前の1995年に17.7%へ上昇後，2002年は16.4%である．東アジアは輸出志向工業化と輸出拡大により，それまで世界市場の供給者としてのイメージが強かった．しかし，今日の東アジアは輸入も拡大することで世界の成長を需要面からも引き上げる大きな力をもつにいたった．

東アジアのほとんどの国々は，第2次世界大戦終了時まで欧米や日本の植民地支配に組み込まれていた．当時の東アジア経済は，植民地宗主国が必要とする食糧や工業原材料など特定少数の一次産品の生産と輸出に特化したモノカルチュア（単一栽培）経済であった[2]．このような経済は，植民地宗主国が必要とする特定の一次産品の需要動向によって左右される脆弱で従属的な体質であった．独立後も東アジア経済は先進国の需要によって大きく左右される経済構造であり，みずからの立ち居振る舞いが他に及ぼす影響力は小さいものでしかなかった．このような状態では影響力は一方向的な関係である．第2次世界

大戦の終了を契機にして東アジア諸国は植民地からの政治的独立を達成し，経済開発を開始したものの，世界経済における影響力の一方向的な関係は容易に変化しなかった．

しかし，高い生産性をともなって実現された東アジア経済の成長は，輸出競争力を強化して他地域への輸出を急上昇させた．同時に，東アジアの成長は豊かな購買力となって，世界の他地域からの輸入を増加させた．そうして東アジアは世界経済に占めるプレゼンスを大きくし，世界の成長を牽引する地域となった．東アジアはついに世界の先進地域に大きな経済的影響力を及ぼす存在となったのである．

2 東アジア諸国の域内相互依存関係の深化

東アジアが世界経済の主要な一員として世界の成長を牽引する一大生産基地化する過程で，東アジア域内諸国の相互依存関係も強化された．表2-3は，東アジアの輸出を輸出先別にみたシェア（輸出依存度）推移である．東アジアの輸出相手先としてもっとも大きな比率をみせたのは，東アジア地域である．1980年以降，輸出依存度は顕著に増加し，1980年に23.0％であった域内輸出依存度は，2002年に39.7％まで上昇した．金額面では，1980年に327億ドルであった域内輸出額が2002年には4,884億ドル，15倍の増加をみせた．

このような東アジアの域内貿易拡大において注目される点として域内貿易に占めるNIESの役割が大きいことがあげられる．1980年以降のNIESの総輸出に占める先進国向けのシェアをみると，日本（1990年11.4％→2002年7.5％），アメリカ（1985年37.5％→2002年19.8％），EU（1990年16.8％→2002年13.0％）ともピーク時に比べて輸出シェアが軒並み低下した．その結果，1985年には58.5％にも達してい

表 2-3 東アジアの相手地域別輸出依存度 (％)

	東アジア	日 本	NAFTA	E U	世 界
1980	23.0	19.8	—	15.1	100.0
1985	26.3	16.9	30.9	10.8	100.0
1990	32.9	14.6	25.1	15.7	100.0
1995	39.2	13.0	21.8	13.7	100.0
2000	37.3	12.1	23.5	14.7	100.0
2002	39.7	11.0	22.4	13.7	100.0

出所：IMF, *Direction of Trade Statistics Yearbook*, various issues.

たNIESの対先進地域（日本，アメリカ，EU）への輸出シェアは，2002年に40.2%まで縮小した．なかでも急速な低下をみせたのが対米輸出シェアで，1986年に最大38.9%もあったシェアが1990年代に入っては30%台を下回るようになった．減少傾向はその後も続き，2002年には19.8%と，2割にも満たない水準にとどまっている．

先進地域向けの輸出シェアが低下する一方，NIESの輸出先として顕著な伸びをみせたのが，対中国輸出シェアである．1980年代の改革・開放政策の実施とともに経済成長を高めてきた中国経済は，1990年代にも成長スピードを緩めることなく高度経済成長をつづけた．さらに，中国の安価な労働力利用と潜在的な巨大市場への参入を目的に世界中から対中直接投資が拡大した．かかる中国の高度経済成長と海外からの直接投資の拡大は中国の輸入規模を大きくしたが，この輸入拡大にすばやく対応したのがNIESである．

1980年には韓国，台湾の中国との経済交流が制限されたこともあり，NIESの総輸出に占める対中国シェアは2.0%という低い水準であった．しかし，1990年代に入り韓国と中国の国交樹立，台湾と中国の経済関係の緊密化によりNIESの対中輸出は大きく伸び，NIESの総輸出に占める対中国シェアが1995年に16.0%，2002年には22.7%まで上昇した．輸出額も1980年の15.6億ドルから2002年には1,474億ドル，実に95倍の上昇となった．

東アジアの域内貿易を拡大したもう1つの要因としてASEAN諸国の貿易構造変化も注目される．原油，ゴム，錫など天然資源が豊富であるASEAN諸国は，長らく日本向けの輸出が大きく対日輸出シェアが高かった．1980年にはASEAN諸国の総輸出額472億ドルのうち，34.5%にあたる163億ドルが対日輸出であり，日本はASEAN諸国の最大の輸出先であった．しかし，その後は対日輸出シェアが低下し，最近の同比率は14.9%（総輸出額2,546億ドルのうち379億ドル）まで低下した．ASEAN諸国の対日輸出シェアの低下を補ったのは，東アジア向け輸出である．ASEAN諸国の対NIES輸出シェアは1980年の18.0%から上昇し，2002年には24.3%となった．また，ASEAN諸国間の取引と対中国輸出も増え，前者は同じ期間に3.2%から7.8%，後者は0.8%から

5.1%とそれぞれ上昇した.

東アジアの輸出相手としての日本のポジション低下とともに，NAFTAならびにEUの動きも緩慢である．以前の東アジアの輸出はアメリカへの依存度が高かった．それゆえに東アジア経済の脆弱性として対米貿易依存度が大きく，アメリカ経済の動向によって左右されると論じられることが多かった．東アジア総輸出におけるアメリカのポジションは1985年の28.9%をピークに，その後は低下しつづけ2002年においては20.1%にとどまる.

世界最大の経済力を背景にアメリカは世界のあらゆる国・地域から輸入を行なってきた．東アジア諸国はアメリカの巨大な輸入吸収に対し，積極的に対応しながら大量の製品を輸出することができた．その結果，1980年代の東アジアの最大輸出先はアメリカであり，対米輸出比率は最大シェアを占めていた．しかし，現在は東アジアの輸出先としてアメリカのシェアが減り，最大のシェアを占めるのが域内諸国間の貿易である．今日は東アジアの域内貿易依存度と比べて，アメリカへの依存度がきわだって高いというわけではない.

つづいて東アジア総輸入の地域別シェア推移をみても，東アジアにとって最大のシェアをもつのは東アジアである（表2-4）．1980年に22.2%であったその比率は，2002年には44.8%とほぼ2倍の増加となった．長らく東アジアの資本・中間財の供給先として重要な役割を果たしている日本からの輸入は同じ期間に22.8%から15.9%へと減少した．NAFTAならびにEUの動きはここでも乏しい．要するに，顕著な伸びをみせたのは，東アジアの東アジアへの輸出依存度，ならびに東アジアの東アジアからの輸入依存度であり，域内貿易依存度の拡大である.

東アジア諸国の域内輸出入総額は1990年に2,733億ドルであった．その後，年率11.2%の伸びとともに2002年に域内貿易が9,768億ドル

表2-4 東アジアの相手地域別輸入依存度　　（%）

	東アジア	日 本	NAFTA	E U	世 界
1980	22.2	22.8	—	10.9	100.0
1985	26.3	22.8	15.1	10.9	100.0
1990	32.6	20.4	14.8	12.6	100.0
1995	37.6	20.5	13.1	12.7	100.0
2000	41.7	17.8	12.7	9.9	100.0
2002	44.8	15.9	11.5	10.4	100.0

出所：IMF, *Direction of Trade Statistics Yearbook*, various issues.

まで膨らみ，約3.6倍の拡大をみせた．そして今やその規模がEU内貿易と，新しく形成されたNAFTA内貿易に次いで世界第3位の貿易規模として成長した．とりわけ東アジアの域内貿易は東アジアの先進国向け貿易額はもちろん，EUとNAFTA，日本とNAFTAなどの先進諸国間の貿易をも凌駕し，開発途上国間の貿易規模としては今までに例のない拡大をみせている．

EUやNAFTAの域内貿易依存度と東アジアのそれとを比較してみよう（表2-5）．それぞれの地域の総貿易に占める域内依存度は，東アジアが1980年の22.6％から1990年の32.8％を経て2002年には42.1％に達した．世界で最も強力な域内依存度をもつEUの2002年の同比率は62.5％であり，東アジアはEUにはおよばないものの，NAFTAの45.8％に迫る．EUやNAFTAは先進国を主体にした地域協力体である．それに比べて開発途上国で構成される東アジアの域内貿易依存度が短期間に急上昇して，間もなくNAFTAの比率に追いつく速度をもっていることは注目に値しよう．

EUやNAFTAには法的拘束力をもった地域統合制度が存在するが，東アジアにはASEANという緩やかな枠組み以外に，地域統合のための制度は存在しない．また，1997年のあの激甚な経済危機にもかかわらず，東アジア諸国内の貿易関係がここまで緊密化していることに改めて注目しなければならない．

表2-5　地域別の域内貿易依存度　　(％)

	東アジア			NAFTA	EU
	ASEAN	NIES			
1980	3.5	8.5	22.6	—	52.6
1985	4.9	9.5	26.3	36.6	53.8
1990	3.9	12.3	32.8	36.8	64.9
1995	5.2	14.0	38.4	41.9	64.1
2000	7.9	13.5	39.3	46.5	62.0
2002	8.5	13.2	42.1	45.8	62.5

注：1) NIESは，韓国，台湾，香港，シンガポールの合計．ASEANは，タイ，マレーシア，インドネシア，フィリピンの合計．東アジアはASEAN, NIES, 中国の合計である．
　　2) 域内貿易依存度＝域内との輸出入総額÷世界との輸出入総額

出所：IMF, *Direction of Trade Statistics Yearbook*, various issues.

3 東アジアの域内直接投資増加と NIES の役割

これまでは東アジアの貿易関係を中心に域内相互依存をみてきたが，ここで東アジアの域内相互依存関係を促した要因の1つである域内直接投資増加と NIES の役割について説明する．1985年の円高以降，製品輸入増加と爆発的な海外直接投資で東アジア諸国の経済成長を需要と供給の両面から牽引してきた日本経済は，1990年末から減速が始まり，1991年以降は本格的な景気後退局面に入った．このような日本経済の後退に，東アジア経済への影響が懸念された．しかし，東アジア諸国は顕在化してきた日本経済の低迷にも関わらず，1990年代半ば堅調な経済成長をみせた．

長らく輸出志向工業化と輸出拡大によって高成長を達成してきた NIES は，経済規模の拡大と経済諸条件の変動にともない，従来の成長パターンの変更を余儀なくされた．労働集約的産業は ASEAN 諸国や中国などの低価格攻勢により，もはや NIES では採算のとれない産業となった．NIES は産業構造の高度化を目指し，外資導入の重点をより技術集約的な産業や高付加価値産業に移す一方，国内の労働集約的ないし低付加価値産業はこれをみずからが海外へシフトするようになった．

かかる条件変化と関連して1990年代以降，東アジア地域では域内投資の拡大と投資者としての NIES の浮上が注目される．東アジア諸国は長期の持続的かつ安定的な経済成長を背景に，直接投資のもっとも有望な投資先としての地位を高めてきた．アジア経済危機直前の1996年には，世界全体の開発途上国向け投資の約6割を東アジア諸国が占めた．

この東アジアの直接投資増加にもっとも大きい役割を演じたのが NIES である．表2-6は，東アジアの直接投資受入れに占める国・地域別シェア推移である．1995年の東アジアが受け入れた直接投資総額のうち，34.6％が NIES からの投資であった．東アジアにおいて海外直接投資活動がにわかに活発化したのは，1985年のプラザ合意以降のことである．1985年から2002年までの ASEAN 諸国に対する海外直接投資の合計額をみると，日本943億ドル，アメリカ445億ドルに対して，NIES は1,045億ドルと最大である．

表 2-6 東アジア諸国の直接投資受入れに占める国・地域別シェア　（％）

	域　内		日　本	アメリカ	Ｅ Ｕ	世　界
		NIES				
1986	27.8	26.6	25.8	18.8	11.4	100.0
1990	36.6	33.8	27.5	10.8	10.8	100.0
1995	37.1	34.6	16.5	12.2	12.7	100.0

注：数値は NIES，ASEAN，中国の直接投資受入額に占めるシェア．
出所：JETRO『ジェトロ白書，投資編』，各年版．

　1985年から2002年までの十数年間に中国が受入れ，実際に利用した海外直接投資額（実行額）は4,452億ドルである．そのうち，NIESが2,735億ドルと61.4％を占める．対照的に日米の占める比率は，両者を合計しても16.9％に過ぎない．対中投資における最大の投資者は，域外の日本やアメリカではなく域内のNIESである．東アジアにおいては貿易だけではなく，投資資金においても域内相互依存関係が深化している．

　NIESは自国内の生産コスト上昇や労働力不足という成長の制約条件に対し，労働集約的産業の輸出生産拠点をASEAN諸国および中国に移転させる新たな対応を講じ，その過程で東アジア地域の最大の投資者として浮上した．こうした比較優位に基づくNIESのASEAN諸国や中国への直接投資は，域内における生産能力の拡大，地域ネットワークの形成，技術移転などを通じて域内の相互依存関係を強化する役割を果たしている．いうならば，今日の東アジア経済は経済構造転換を進めるための資本調達において，これまでの域外依存中心から域内調達への比重を高めることによって，より自立的な経済成長の性格を強めつつある．

　東アジアにとって最大の貿易相手地域は東アジアであり，東アジアへの最大の投資資金提供者も東アジアである．アメリカと日本という域外大国の東アジアに対する影響力は次第に弱いものとなっている．東アジアという地域を舞台に，従属的ではなく自立的な，脆弱ではなく強靭なメカニズムが生成した．

4 輸出構造の高度化と製品競争力の向上

製造業部門を中心とする東アジア諸国への海外直接投資の盛り上がりは，同地域の工業生産能力を一段と高めるとともに輸出構造にも変化をもたらした．総輸出に占める再輸出の比率が8割を超えている香港を除けば，東アジア諸国はほとんどの国で輸出に占める工業製品のシェア増加が顕著である（表2-7）．1980年代初期からすでに輸出製品の工業化率が90%を超えているNIESは，1990年代に入り資本・技術集約財としての性格が強い機械製品（SITC 7分類）の輸出を拡大し，急速に輸出製品の高度化が進んだ．

表2-7 東アジア諸国輸出に占める製造業シェアの推移 (%)

	1980	1985	1990	1995	2000
韓国	69.9	54.1	54.5	39.9	32.9
	20.3	37.6	39.3	52.5	58.2
台湾	63.5	62.8	54.4	45.8	37.8
	24.7	27.9	39.1	48.1	58.4
香港	54.0	40.4	24.7	11.2	8.3
	12.6	12.2	8.8	5.1	2.9
シンガポール	17.9	19.3	22.2	19.8	—
	26.8	33.0	50.1	65.7	68.9
タイ	29.2	32.2	41.2	39.3	32.4
	5.7	8.8	22.2	34.0	43.7
マレーシア	16.3	12.9	19.5	20.6	18.8
	11.5	18.6	35.7	55.1	62.5
インドネシア	3.4	13.2	36.6	43.7	—
	0.5	0.5	1.4	8.4	17.5
フィリピン	21.3	25.0	29.1	21.2	11.0
	2.2	6.7	11.9	22.2	36.9
中国	43.9	34.1	46.7	64.5	56.5
	4.7	2.8	9.0	21.1	33.1

注：1) 上段はSITC 5, 6, 8の合計シェア，下段はSITC 7のシェア．
2) 香港は再輸出を含んだ総輸出額に占める地場産業のみの比率．
3) 2000年のシンガポール，インドネシアは，HSC分類による数値．
出所：ADB, *KEY Indicators of Developing Asian and Pacific Countries*, various issues.

一方，ASEAN諸国は原油，ゴム，錫など天然資源が豊富なこともあって，以前は一次産品中心の輸出構造であった．しかし，1980年代半ばからの積極的な外資導入と，比較優位に基づく労働集約的な産業育成により輸出製品の工業化率が高まった．とりわけ，機械製品の輸出シェアは外国資本のエレクトロニクス産業への投資を背景に，1990年以降堅調な拡大をみせている．このような傾向は中国においても同じである．

域内の比較優位を活かした直接投資とこれにより一層促進された輸出構造の高度化は，世界市場における東アジア諸国の輸出製品の競争力を高めた．表2-8は1980年代を中心に各国・グループの機械製品の輸出競争力を輸出特化指数でみたものである．ちなみに，この指数は1を基準にして1以上の場合が世界市場において輸出特化による競争力をもつことになる．早くから工業化が進み機械製品の輸出比率が高い先進諸国は，基本的に機械製品が輸出特化であるものの，輸出特化指数は一貫して低下傾向にある．

一方，多様な発展段階を擁しながら急速な工業化過程を経験している東アジア諸国では，まずNIESがハイテク・高付加価値産業への産業構造転換により1980年代後半から機械製品が1以上の輸出特化状態となった．なかでも半導体，パソコン機器および同部品，工作機械，自転車，ミシンなどにおいては

表2-8　各国・グループ機械類輸出製品の輸出特化指数

		NIES	ASEAN	中　国	日　本	アメリカ	Ｅ Ｕ
機　械　製　品	80	0.91	0.18	—	2.34	1.53	1.31
	85	0.99	0.28	0.12	2.18	1.47	1.07
	90	1.12	0.55	0.49	1.98	1.29	1.07
	93	1.23	0.77	0.44	1.92	1.27	1.02
エレクトロニクス	85	1.76	0.64	0.07	1.95	1.39	0.77
	94	1.86	1.52	0.88	1.76	0.99	0.67

注：1）輸出特化指数は，$(E_i/E) \div (W_i/W)$で示される．ここで(E_i/E)はある国の輸出総額に占める自国i商品の輸出額の比率であり，(W_i/W)は世界の輸出総額に対する世界i商品の輸出額の比率．
　　2）機械製品はSITC 7，エレクトロニクスはSITC 716，75，76，77の合計．
　　3）EUは12か国の合計．
出所：UN, *Commodity Trade Statistics*; UN, *International Trade Statistics Yearbook*, various issues.

NIES が世界の供給者として地位を固め，一部の製品については世界価格変動に影響を及ぼすまでにいたった．

　ASEAN 諸国と中国の機械製品輸出は，世界市場において競争力をもつまでにはなっていないが，輸出特化に向けて着実に競争力を付けている．なかんずく外国資本の主な投資分野であるエレクトロニクス産業に限ってみると，ASEAN 諸国の同産業産品の輸出競争力は飛躍的に高まり，国別にみてもマレーシア（1.40→2.50），タイ（0.62→1.44）のコンピュータ部品，TV・家電製品などは世界市場で著しい競争力を発揮している．

ま と め

　貿易関係の分析を通じて世界経済における東アジアのプレゼンスが著しく高まり，世界経済を牽引する強い力を東アジアが持ちつつあることがわかった．もう1つは，製造業部門を中心とする東アジア諸国間の海外直接投資の盛り上がりと輸出製品の競争力向上を背景に，東アジアの域内貿易拡大と相互依存関係の強化が確認できた．それゆえアメリカや日本という域外の大国の動向に左右されにくい自立的な発展メカニズムが東アジアに生まれつつある．

　しばらく前まで貧困と経済停滞により輸出できる製品が少なかった東アジア諸国は，たかだか四半世紀の間に世界の先進地域に向けて輸出を拡大し，現在は世界の主要貿易相手先として急速にそのプレゼンスを拡大してきた．また，東アジアは輸出のみならず輸入の拡大によって世界の成長を需要面からも引き上げる大きな力をもつにいたった．輸出志向工業化と輸出拡大により，それまで世界市場の供給者としてのイメージが強かった東アジアが，世界経済の需要面でもプレゼンスを拡大している事実が注目される．

　1970年代までの東アジアは体制の違い，閉鎖的な対外経済関係のみならず，投資・貿易を牽引できる国も少なかったことから，経済関係の相互依存の進展は遅々としていた．しかし1980年代以降，プラザ合意による円高を背景に日本企業の東アジア地域への大規模な海外直接投資，NIES の投資国への変貌，中国と ASEAN 諸国の経済開放が東アジアの相互依存関係を著しく拡大させ

表 2-9　世界貿易マトリックス　　　　　　　　　　（単位：億ドル）

輸入先↓ \ 輸出先→		日本	東アジア				NAFTA		EU	世界
				NIES	ASEAN	中国		アメリカ		
日本	1980		335	192	92	51	—	319	182	1,304
	1990		852	568	222	61	1,001	911	587	2,877
	2000		1,904	1,147	454	304	1,567	1,440	785	4,782
	2002		1,734	945	389	400	1,313	1,202	613	4,166
東アジア	1980	280	327	202	105	19	—	288	214	1,417
	1990	607	1,366	816	298	252	1,044	964	653	4,157
	2000	1,446	4,460	2,218	959	1,283	2,818	2,576	1,762	11,966
	2002	1,347	4,884	2,309	970	1,605	2,754	2,471	1,686	12,296
NIES	1980	77	167	70	82	16	—	190	126	764
	1990	304	806	328	244	234	808	744	447	2,664
	2000	600	2,755	887	678	1,191	1,665	1,507	982	6,800
	2002	484	2,926	814	638	1,474	1,458	1,284	843	6,493
ASEAN	1980	163	104	85	15	4	—	88	64	472
	1990	210	243	189	36	18	177	167	144	864
	2000	430	945	665	188	93	586	578	398	2,674
	2002	379	949	620	199	131	524	486	361	2,546
中国	1980	40	55	48	8		—	10	24	181
	1990	92	318	299	18		59	53	63	629
	2000	417	759	666	93		567	522	382	2,492
	2002	485	1,010	876	134		772	701	482	3,257
NAFTA	1980	—	—	—	—	—	—	—	—	—
	1990	572	619	439	119	62	2,263	1,142	1,176	5,467
	2000	714	1,358	873	299	186	6,764	3,883	1,825	12,136
	2002	571	1,251	737	263	251	6,270	3,643	1,598	11,063
アメリカ	1980	208	245	146	61	38	—		589	2,208
	1990	486	564	408	108	48	1,113		1,035	3,931
	2000	645	1,277	832	285	160	2,834		1,646	7,720
	2002	514	1,169	698	251	221	2,583		1,441	6,931
EU	1980	67	160	84	51	25	—	384	3,852	6,912
	1990	309	526	314	138	74	1,229	1,044	9,851	14,922
	2000	413	1,059	609	217	233	2,452	2,134	14,182	22,840
	2002	398	1,130	596	215	319	2,618	2,266	14,841	24,302
世界	1980	1,413	1,470	884	392	195	—	2,570	7,725	19,273
	1990	2,353	4,185	2,670	976	539	6,817	5,170	15,430	35,170
	2000	3,795	10,707	6,366	2,090	2,251	16,928	12,382	22,872	65,915
	2002	3,371	10,892	5,829	2,109	2,954	16,321	12,024	23,220	66,391

注：NIES は，韓国，台湾，香港，シンガポールの合計．ASEAN は，タイ，マレーシア，インドネシア，フィリピンの合計．NAFTA は，アメリカ，カナダ，メキシコの合計．EU は，1980 年が 12 か国の合計，1990 年以後は 15 か国の合計．
出所：IMF, *Direction of Trade Statistics Yearbook*, various issues.

た．これが東アジアに高成長をもたらすとともに東アジア経済の世界経済に占める比重を高めることになった．今日，東アジアの域内相互依存関係の深化は貿易関係にとどまらず，東アジアの新たな経済関係を形成する契機となりうる．

1) 小稿での東アジア諸国は，NIES（韓国，台湾，香港，シンガポール），ASEAN 4（タイ，マレーシア，インドネシア，フィリピン），中国を指している．
2) 渡辺利夫『開発経済学』日本評論社，1986年，175頁を参照．

〔文　大　宇〕

コメント

　文先生の報告にコメントするにあたり，簡単に私の東南アジア経済との関係を述べさせていただきたい．1つは，1982年から83年にかけて，インドネシアの第3次5か年計画を作るアドバイザーとして1年間ジャカルタで，インドネシア経済の計量モデル構築と経済発展計画の立案に携わった．それ以来10数年，インドネシア経済の調査研究を続けてきた．2つは，インドネシア経済を中心とした東南アジア経済の分析とともに日本経済の分析を実際に政府機関等でやってきた．こうした経験をもとにコメントしたい．

　文先生の報告の主旨を私なりに理解すると，以下のようになる：東アジア経済は，堅調な経済発展を続けている．とくに1985年以降，日本の直接投資と製品輸入の増加に牽引されて高い成長率を達成してきた．それが全部ではないが，そういう1つの大きな特徴がある．しかし，1990年代の日本経済の停滞にもかかわらず，東アジアは高い成長を続けている（それは，日本のプレゼンスが少し落ちてきているということかもしれない）．その1つの要因は，NIESからASEANや中国への直接投資とNIESの輸入増加である．こうした域内での投資と貿易の好循環が東アジア経済の発展に貢献し，域内経済の相互補完関係を強化している．その結果，東アジア経済は，外部への依存を低めつつ，世界でもっともダイナミックな発展を遂げている．

　基本的に文先生の東アジア経済の発展に関する見方に賛成である．Kuribayashi（2003）でも同様の分析を行なっている．そこではとくに，文先生の後半で扱われているアジア通貨危機あるいはアジア経済危機が今後どういう影響をもたらすだろうか，ということを念頭において分析した．私の見方も文先生の見方とほとんど同様である．たとえば，先ほど文先生の説明にもあったように，日本では中国脅威論がよく聞かれる．しかし，それには賛成できない．中国のように大きく発展している国が隣にあるということが脅威であるはずがない．それは，相互依存関係が非常に高まって，必ず有利に働くはずだという基本的な考え方である．したがって，この論文に対する反論というよりは

議論を深める視点から少し情報提供を含めたコメントをしたい．

　経済発展を論じる場合には色々な視点がある．とくに，経済だけではなく，国連の人間開発指標のようなものをもとにして社会開発はどうなっているのかということとも，本当は絡めて論じなければならない．しかし，東アジア経済の発展にとっては，海外直接投資（FDI）がいわゆるエンジンの役割を果たしていると考えられている．そこで，FDIがどういう動きをしているのかを中心にしてコメントしたい．

　配布した簡単な図表（後掲図1~3, 表1~3参照）を用いて説明したい．ここでの東アジアの範囲は，ASEAN 4か国，NIES 4か国および中国で，ちょうど図表にある9か国である．まず，東アジア経済の特徴を3つほどあげておきたい．第1は，発展段階の異なる国から構成されていることである．世銀の分類によれば，2002年で次のようになっている：低所得経済，インドネシア（1人当たりGNP 710ドル）[1]；下位中所得経済，中国（同940ドル），フィリピン（同1,020ドル），タイ（同1,980ドル）；上位中所得経済，マレーシア（同3,540ドル）；高所得経済，韓国（同9,930ドル），台湾（同12,899ドル），シンガポール（同20,690ドル），香港（同24,750ドル）．ちなみに，日本の1人当たりGNPは，33,550ドルである．図1は，1人当たりGNPが1969年以降どういうような動きをしているかを，世銀の統計を基にしてまとめたものである．雁行発展形態といわれているように，後発国がどんどんと先発国を追いかけていく様子がわかる．それから大体1人当たり所得が1,000ドルを超えると，持続的な発展につながっていくという感じがする．このように発展している東アジア経済は，発展段階が違うだけでなく，人口でみた規模も多様である．先ほど文先生の報告にもあったように，中国のように非常に人口が大きな国から，シンガポールのように約400万人しかいないような国もある．日本を除くと，これまでは比較的人口規模の小さな経済が発展してきているといえる．それで，インドネシアとか，中国とか，人口規模が億を超える経済になるとなかなか立ち上がってこないというところがあった．そういう意味で，中国がここにきて急速に発展していることは，人口の大きい国が持続的に発展段階に入ってくること

の問題を，どのようにこれから21世紀に捕まえていくのかという大きなポイントになってくると思う．中国が今年あたりちょうど1,000ドルを超える時期に入ってくる頃なので，1つの重要な発展段階閾を通り過ぎていくということで，非常に注目されているのではないかと思う．なお，図2は，購買力平価（PPP），いわゆる生活レベルでみたら1人当たり所得はどうなるかをみたものである．図1と比較すると各国間の所得格差が縮小しているのがわかる．市場為替レートで評価した所得格差ほど各国の生活水準の格差は大きくないことが

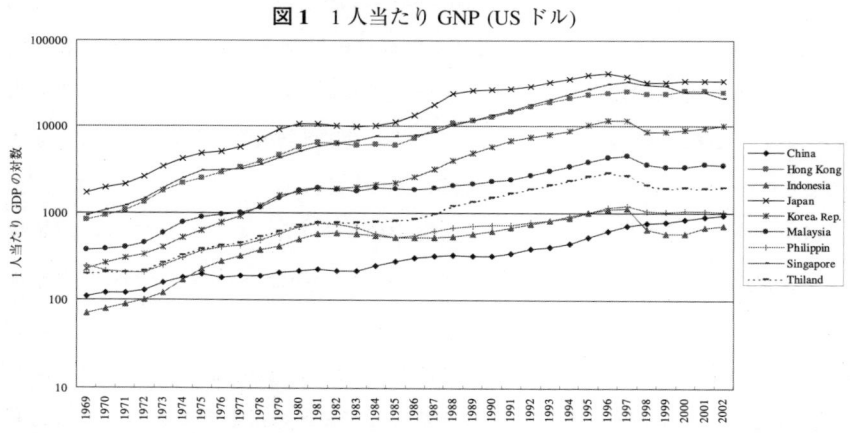

図1 1人当たり GNP (US ドル)

原データ：World Development Report, 各年．

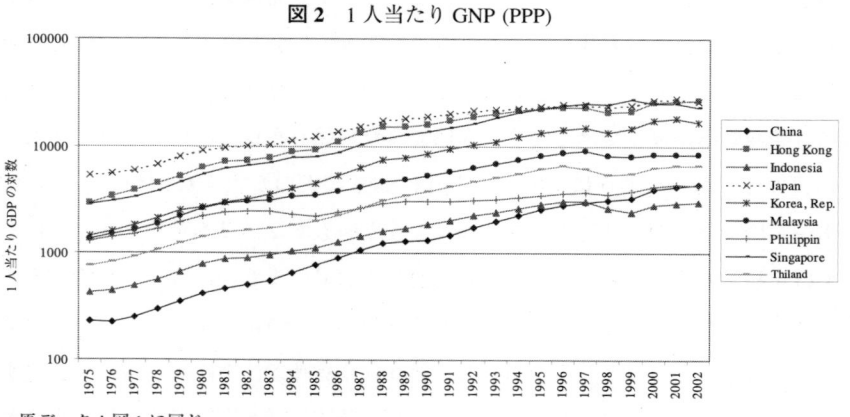

図2 1人当たり GNP (PPP)

原データ：図1に同じ．

わかる．日本，シンガポール，香港はほとんど同水準に達している．どちらの図でみても，中国を除きアジア経済危機の影響が大きかったことが見て取れる．

第2は，東アジア経済は3つの性格が混合していることである．1つは，発展途上国という性格である．2つは，中国の移行国という性格である．先ほど出てきたように，いわゆる社会主義経済の性格から市場主義経済に移っていく移行経済としての特徴がある．3つは，すでに所得が高くなった先進国もあるということである．

第3は，いくつかの国で経済と政治体制の問題が存在することである．

そこで東アジア諸国は，これまでどういう開発戦略を採ってきたかをみる．最初，1970年代は輸入代替産業の育成である．私はとくに，インドネシアを見ているので，そちらの視点からみると，どうやったら輸入を減らすように工業化をしていったらよいかということをやってきた．しかし，これはそれほど成功しなかった．次に，80年代に入り，輸出促進と輸出産業育成へと転換した．当初は外資導入に慎重であったが，その後外資を導入して，FDIにより輸出産業を育てていかなければいけないというかたちに変わってきたというのが大きな流れになっている[2]．

そこで次に，海外直接投資の動向を表1により見てみたい．表1は，各国のFDI受入れを示している[3]．FDIは，1980年代後半から大きくジャンプしており，東アジア経済はFDIによる発展戦略を展開してきたことがわかる．さらに，マレーシアとシンガポールは，海外直接投資による開発を最初に1970年代からやってきた．中国へのFDIは，1990年代に入り加速し，1991年にはASEAN 4を上回っている．次に，表2は，NIESの直接投資の流出入をみたものである．台湾は1988年から，韓国と香港は1990年頃から直接投資の流出国に転じている．NIESからの直接投資の多くは，東アジア経済域内に向かっており，いわゆるFDIというかたちで域内循環の役割を果たしてきている．

ここで経済危機の影響をみると，2001年まで韓国と香港へのFDIが急増し，両国は純受入国になっている．しかし，2002年からはまた危機以前の状

表1 海外直接投資(FDI) (単位:100万ドル)

	香港	シンガポール	台湾	韓国	インドネシア	マレーシア	フィリッピン	タイ	中国	NIES 4	ASEAN4	世界合計
1980	710	1,236	166	6	180	934	-106	189	57	2,118	1,197	54,957
1981	2,063	1,660	151	102	133	1,265	172	294	265	3,976	1,864	69,456
1982	1,237	1,602	104	69	225	1,397	16	188	430	3,012	1,827	59,302
1983	1,144	1,134	149	69	292	1,261	105	358	636	2,496	2,015	51,453
1984	1,288	1,302	199	110	222	797	9	408	1,258	2,899	1,436	60,214
1985	-267	1,047	342	234	310	695	12	164	1,659	1,355	1,180	57,632
1986	1,888	1,710	326	460	258	489	127	263	1,875	4,384	1,137	86,458
1987	6,250	2,836	715	616	385	423	307	352	2,314	10,417	1,466	139,849
1988	4,979	3,655	961	1,014	576	719	936	1,106	3,194	10,609	3,337	163,770
1989	2,041	2,887	1,604	1,118	682	1,668	563	1,778	3,393	7,649	4,691	192,492
1990	3,275	5,575	1,330	789	1,092	2,611	550	2,575	3,487	10,968	6,828	208,664
1991	1,021	4,887	1,271	1,180	1,482	4,043	556	2,049	4,366	8,359	8,130	158,859
1992	3,887	2,204	879	728	1,777	5,138	776	2,151	11,156	7,699	9,842	167,007
1993	6,930	4,686	917	588	2,003	5,741	1,238	1,807	27,515	13,121	10,789	225,580
1994	7,828	8,550	1,375	809	2,108	4,581	1,591	1,369	33,787	18,562	9,649	255,939
1995	6,213	11,503	1,559	1,776	4,346	5,815	1,577	2,070	35,849	21,051	13,808	333,818
1996	10,460	9,303	1,864	2,325	6,194	7,297	1,618	2,338	40,180	23,953	17,447	384,960
1997	11,368	13,533	2,248	2,844	4,678	6,323	1,261	3,882	44,237	29,993	16,144	481,911
1998	14,766	7,594	222	5,412	-356	2,714	1,718	7,491	43,751	27,994	11,567	686,028
1999	24,580	13,245	2,926	9,333	-2,745	3,895	1,725	6,091	40,319	50,084	8,966	1,079,083
2000	61,939	12,464	4,928	9,283	-4,550	3,788	1,345	3,350	40,772	88,615	3,933	1,392,957
2001	23,775	10,949	4,109	3,528	-3,279	554	982	3,813	46,846	42,361	2,071	823,825
2002	13,718	7,655	1,445	1,972	-1,523	3,203	1,111	1,068	52,700	24,789	3,859	651,188

出所:World Investment Report (UNCTAD) 2003.

況に戻っているように思われる.

いま1つは,経済危機後ASEAN 4と中国への直接投資が停滞したこと,およびそうしたなかで,FDIがほとんど中国に向かっていることである.表3は,海外直接投資流入の構成比をみたものである.対世界,対途上国,および対東アジア9か国に対するシェアをみている.NIES,ASEAN 4に向かっていたFDIが1990年代の初めから中国に向かい,経済危機でとくにASEANに向かっていた流れが止まってきている.そして,経済危機直後はNEISのシェアが高まったが,2001年頃からは中国のシェアが急激に高まっている.2002年には,中国のシェアは,東アジア9か国で約65%と過去最高になっている.

私の第1の質問は,こうしたFDIの流れが,どういうかたちで今後の東アジア経済の相互依存関係および発展に影響してくるだろうかということである.

第2の質問は,通貨危機あるいは経済危機がどう評価されているかである.図3は,各国の為替レートの動向を示している.この為替レートの動きは,こ

表2 NIES 4 の海外直接投資　　　　　　　　（単位：100万ドル）

	香港			シンガポール			台湾			韓国		
	流入	流出	純流入	流入	流出	純流入	流入	流出	純流入	流入	流出	純流入
1980	710	82	628	1,236	98	1,138	166	42	124	6	26	− 20
1981	2,063	31	2,032	1,660	− 15	1,675	151	60	91	102	48	55
1982	1,237	52	1,185	1,602	304	1,298	104	32	72	69	151	− 82
1983	1,144	566	578	1,134	49	1,085	149	19	130	69	130	− 61
1984	1,288	1,076	212	1,302	92	1,210	199	72	127	110	52	58
1985	− 267	961	− 1,228	1,047	238	809	342	79	263	234	591	− 358
1986	1,888	1,372	516	1,710	181	1,529	326	65	261	460	1,227	− 767
1987	6,250	2,318	3,932	2,836	206	2,630	715	705	10	616	515	101
1988	4,979	2,533	2,446	3,655	118	3,537	961	4,121	− 3,160	1,014	643	371
1989	2,041	2,740	− 699	2,887	882	2,004	1,604	6,951	− 5,347	1,118	598	520
1990	3,275	2,448	827	5,575	2,034	3,541	1,330	5,243	− 3,913	789	1,052	− 263
1991	1,021	2,825	− 1,804	4,887	526	4,361	1,271	2,055	− 784	1,180	1,489	− 309
1992	3,887	8,254	− 4,367	2,204	1,317	887	879	1,967	− 1,088	728	1,162	− 433
1993	6,930	17,713	− 10,783	4,686	2,152	2,534	917	2,611	− 1,694	588	1,340	− 752
1994	7,828	21,437	− 13,609	8,550	4,577	3,973	1,375	2,640	− 1,265	809	2,461	− 1,652
1995	6,213	25,000	− 18,787	11,503	2,995	8,507	1,559	2,983	− 1,424	1,776	3,552	− 1,776
1996	10,460	26,531	− 16,071	9,303	6,234	3,069	1,864	3,843	− 1,979	2,325	4,670	− 2,345
1997	11,368	24,407	− 13,039	13,533	8,955	4,577	2,248	5,243	− 2,995	2,844	4,449	− 1,605
1998	14,766	16,985	− 2,220	7,594	380	7,214	222	3,836	− 3,614	5,412	4,740	673
1999	24,580	19,358	5,222	13,245	5,397	7,849	2,926	4,420	−1,494	9,333	4,198	5,136
2000	61,939	59,375	2,564	12,464	6,061	6,403	4,928	6,701	−1,773	9,283	4,999	4,285
2001	23,775	11,345	12,431	10,949	9,548	1,402	4,109	5,480	−1,371	3,528	2,420	1,108
2002	13,718	17,694	− 3,976	7,655	4,082	3,573	1,445	4,886	−3,441	1,972	2,674	− 703

出所：表1に同じ．

れまでの各国の開発戦略と密接に結び付いている．たとえば，中国のケースだと，94年に大幅に元切り下げを行ない，それから一定に保っている．それが今問題になっているけれども，FDI開発戦略は通常為替レート安定と一体となっている．したがって，固定為替レート制に近い為替政策がとられる．しかし，通貨危機は，そうした状況下でグローバル化の影響によりとくに短期資本の自由化を急いだ国が，そうでなかった国と違って大きなショックを受けた．それによって，今後どういうかたちで通貨政策が動いていくかというのが1つのポイントになっている．したがって，21世紀にこういう通貨危機を防ぐにはどうしたらよいかという問題がある．さらに，先ほど文先生が指摘された域内協調体制としての貿易の自由化をどういうように見ていくのかという問題がある．現在はバイラテラルに自由貿易協定が結ばれる方向に動いているようにみえる．そこで，最後に第3の質問は，各国間の自由貿易協定のような動きを，この21世紀の東アジア経済の場合には今後どのように見ていったらよい

表3 FDI（流入）の構成比 （単位：％）

	対世界			対途上国			対9か国		
	NIES 4	ASEAN 4	China	NIES 4	ASEAN 4	China	NIES 4	ASEAN 4	China
1980	3.9	2.2	0.1	25.2	14.3	0.7	62.8	35.5	1.7
1981	5.7	2.7	0.4	16.9	7.9	1.1	65.1	30.5	4.3
1982	5.1	3.1	0.7	11.0	6.7	1.6	57.2	34.7	8.2
1983	4.9	3.9	1.2	14.0	11.3	3.6	48.5	39.2	12.4
1984	4.8	2.4	2.1	15.8	7.8	6.8	51.8	25.7	22.5
1985	2.4	2.0	2.9	9.1	7.9	11.1	32.3	28.1	39.6
1986	5.1	1.3	2.2	26.7	6.9	11.4	59.3	15.4	25.4
1987	7.4	1.0	1.7	44.8	6.3	10.0	73.4	10.3	16.3
1988	6.5	2.0	2.0	34.9	11.0	10.5	61.9	19.5	18.6
1989	4.0	2.4	1.8	26.1	16.0	11.6	48.6	29.8	21.6
1990	5.3	3.3	1.7	29.7	18.5	9.4	51.5	32.1	16.4
1991	5.3	5.1	2.7	19.3	18.8	10.1	40.1	39.0	20.9
1992	4.6	5.9	6.7	13.9	17.8	20.2	26.8	34.3	38.9
1993	5.8	4.8	12.2	16.1	13.2	33.7	25.5	21.0	53.5
1994	7.3	3.8	13.1	17.8	9.2	32.4	29.9	15.6	54.5
1995	6.3	4.1	10.7	18.3	12.0	31.2	29.8	19.5	50.7
1996	6.2	4.5	10.4	16.0	11.6	26.8	29.4	21.4	49.3
1997	6.2	3.3	9.2	15.5	8.4	22.9	33.2	17.9	48.9
1998	4.1	1.7	6.4	14.6	6.0	22.9	33.6	13.9	52.5
1999	4.6	0.8	3.7	21.8	3.9	17.6	50.4	9.0	40.6
2000	6.4	0.3	2.9	36.0	1.6	16.6	66.5	2.9	30.6
2001	5.1	0.3	5.7	20.2	1.0	22.4	46.4	2.3	51.3
2002	3.8	0.6	8.1	15.3	2.4	32.5	30.5	4.7	64.8

出所：表1に同じ．

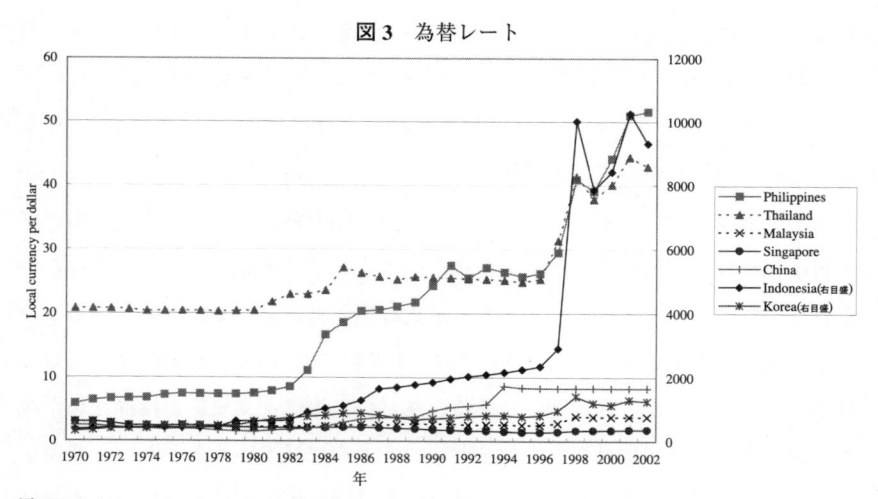

図3 為替レート

原データ：International Financial Statistics Yearbook (IMF).

1) 世銀では現在 GNI（Gross National Income）としているが，ここでは GNP とした．
2) 例外は，韓国と台湾である．両国は，日本と同様 FDI 戦略はとらなかった．経済危機後，韓国は戦略を転換している．
3) NIES 以外は，純受入れである．

参考文献

Kuribayashi, Sei (1997). "Economic Development and Public Policies in South-East Asian Countries,"『経済学論纂（中央大学）』第 37 巻第 5・6 合併号，67-97 頁．

Kuribayashi, Sei (2003). "The Economic Crisis and Post-Crisis Developments in the South-East Asian Economies,"『経済学論纂（中央大学）』第 43 巻第 5・6 合併号，349-383 頁．

〔栗林　世〕

リプライ

コメントとして 3 点ほどあったと思う．これを整理してみると，まず，1 点目が海外直接投資（FDI）が東アジア経済にどのような影響を及ぼしたのか，またこれからどのような影響を及ぼすのか．2 点目が，1997 年のアジア経済危機と東アジア経済に関するご質問だったと思う．最後に，貿易の自由化は東アジアの域内発展にどのように影響するかである．これらについて，簡単に答える．

先ほどの報告で 1980 年代後半から東アジア諸国が全域において高度成長期に入ったという話をしたが，このような全域的な高度成長の契機は同時期に拡大した海外直接投資である．1980 年代後半に東アジア地域に海外直接投資が拡大した原因は，1985 年のプラザ合意以降，日本の円高が急激に進み，日本企業が円高のメリットを活かすために東アジア地域への海外直接投資を積極的に行なったからである．日本企業の東アジア諸国への進出につづき，NIES 企

業も積極的に ASEAN 諸国，中国に海外直接投資を行ない，これが各国の経済成長を大きく促した．そういう意味では，海外直接投資が東アジア発展の原動力であったといっても過言ではないし，海外直接投資の東アジア経済に及ぼした影響というのは，非常に大きいと思う．

しかし，海外直接投資と経済発展への貢献については国によって違いがみられる．韓国，ASEAN 諸国，また中国のケースはそれぞれ違う．韓国の場合は，どちらかというと民間企業による海外直接投資の受入れには消極的な姿勢であった．一方で政府機関による借款，技術移転，先進技術へのライセンス契約を中心に資金，技術導入を積極的に進めてきた．1997 年の経済危機以降は，外資政策の転換により海外直接投資を積極的に受け入れる状況となったが，全体的に韓国経済の成長における海外直接投資の役割は低かったといえる．

ASEAN 諸国，中国の場合は，経済発展の初期段階から海外直接投資を積極的に受け入れることによって高い経済成長を達成してきた．このように東アジアの各国における海外直接投資への対応が異なっていることから，要は海外直接投資をいかに自国の経済発展に利用できるか，という海外直接投資の利用能力が重要である．さらに，今後の東アジア諸国の発展において重要なポイントは，海外直接投資が発展の原動力であるということを認識し，税制面での優遇措置，産業構造の高度化のための海外直接投資受入れ政策など，海外直接投資の利用能力に対する政策的な対応が重要な課題であると考えている．

2 点目が，1997 年の経済危機の東アジア経済への影響については，私の発表はどちらかというと非常に楽観的な立場からのものである．できるだけ東アジア経済の明るい側面を強調したいということもあり，問題点をあまり指摘していなかった．確かに，1997 年にアジア諸国は経済危機により，それまでの成長を大きく後退させる大変深刻な打撃を受けた．アジア経済危機の発生要因に関する具体的な説明は省くが，東アジア諸国はこの経済危機によって大きな授業料を払ったと思う．すなわち，経済危機を通じて東アジア諸国は成長過程における大きな問題点を明確に認識し，改善策を講じることができた．

韓国のケースをみると，今までは財閥中心の経済システム，政府の管理下で

の官治金融，および金融機関への監督機能の不備など，多くの面で問題点があった．こういう問題について今までは強い抵抗もあり，直していくことが難しくて改革が進まない状況であった．しかし，経済危機を契機に銀行や財閥への改革に積極的に取り組むことができ，完全に改革ができたわけではないが，今は金融部門においては銀行の収益率が大きく改善され，先進国に負けないぐらいの経営体質をもつことになった．また，財閥部門についても政府は経済危機を契機に大胆な改革を要求し，これまで聖域のように思われた財閥の経営支配にもメスを入れることができた．

ほかにも，それまで痛みがともなうことで既得勢力によって強力に反対されてきた改革についても，経済危機を契機に国民のコンセンサスを得ることができ，進めることができたと思う．また，経済危機の1つの原因であった経常収支の膨大な赤字も経済危機を通じて改善策が取られ，今では経常収支の黒字化とともに黒字基調の維持に努力している．さらに，それまではドルペック制度に安住してきた通貨管理体制も，投機筋による通貨アタックから自国通貨を守るための方法について多角的に検討している．こういう意味で経済危機は東アジア経済に大きな被害をもたらし，その修復のために多大な努力と費用がかかったが，一方で東アジア諸国は経済危機をバネに自国経済を一層強くしていく契機をつかみ，改革を進めることができたと考える．

最後の貿易自由化のことは，これまでのGATTおよびWTO体制という貿易自由化体制において，東アジア諸国は今まで最大の恩恵を受けてきた地域であり，今後も貿易自由化を続けることによって東アジア諸国の発展が続くと思う．しかし，最近はWTOの閣僚会議における合意の失敗のように多国間協定の進展が非常に難しい状況である．このような現実を踏まえて2国間および一定国間における自由貿易協定（FTA）も貿易自由化体制を補完する1つの手段として考えていく必要がある．

もちろんFTA締結には各国のさまざまな思惑が絡まり，簡単に解決できない問題もある．たとえば，韓国も日本もFTA締結において大きな問題が農業分野である．自国の産業構造の中で一番弱い部門でありながら，国内において

はFTA締結に強く反対する農業分野に対し，適切な政策対応が不在である．総じて，貿易自由化を進めるうえで，自国中心のエゴイズムが優先されると問題の解決はできないことを互いにしっかり認識し，いかにこれらの問題を調整していくかということが今後の課題だと思う．

〔文　大　宇〕

全体討論のまとめ

　報告者・コメンテーター各2名の発言を受けて，会場の参加者から数多くの質問・意見が提起され，活発な議論が展開されたが，時間の関係で回答ができなかったものもあった．

　まず，研究員から呉氏に，2つの質問が提起された．1点目は，1978年の改革開放への転換が何に起因しているのかというもので，毛沢東時代が発展なき成長の時代であるという呉氏の見解の経済学的意味の説明を求めた．氏によれば，1957年（第1次5か年計画の最終年）から1978年までの20年間，中国経済は蓄積率が高い年ほど成長率（国民所得の伸び率）が低いという現象を経験しており，転換の中心的ポイントはこの点の解釈にかかわっているという．第2点目は中国の市場経済への移行，初期条件と移行戦略の関係についてのもので，呉氏は初期条件重視型（ダックス＝ウォンモデル）に依拠しているようだが，他方で市場移行における政府の役割を指摘している点で，移行戦略の重要性に注目しているようでもあると指摘し，ワシントン＝コンセンサス型の市場移行の失敗（旧ソ連・東欧諸国）を踏まえて考えると，移行の戦略選択（ビッグバン＝アプローチかグラデュアリズムか）の方に，より決定的な重要性があると述べる．

　続いて客員研究員から，東アジア地域には北朝鮮・モンゴル・極東ロシア・

シンガポール等を含め，とくに中国・インドを重視すべきことを指摘し，中国東北部における日本・ロシアの遺産や内陸部の鉱工業が，毛沢東時代の工業化・経済成長において果たした役割を質した．

次に客員研究員から呉氏に，70年代に成立した基本的な工業体系になぜ外資が入り込み結びつかなかったのか，改革開放以前の成長に関しても統計上の水増しを考慮しなくてよいのか，三線建設の成果を現代的問題としての西部大開発にどう結びつけたらよいのかという質問が提起された．文氏に対しては，アメリカ市場における輸出商品の競合度が高まっている状況下で，どのように共生関係を築き上げるか，また香港を経由する中継貿易はどう処理されているかが尋ねられた．

大学院学生は，毛沢東時代の工業化戦略において分権化の側面があったと説く呉氏とは異なり，第1次5か年計画の際に旧ソ連モデルに基づく中央集権工業化が目指され，58年の大躍進により分権化に転じたという見解を示し，また毛沢東時代に競争的市場が存在したか否かを質した．

一般参加者は呉氏に，開放政策以降に進んだ地方から都市へ定期的に労働力を導入するという政策のほかに，農村に戸籍を持つ者をより自由に都市の工業に吸収するという政策を将来採り得るか否か，また地方・農村を工業化して労働需要・供給を満たすという小三線政策に表れた，都市と農村のバランスがいずれ行き詰まるのではないかを尋ねた．

大学院学生は，アジア域内貿易の分業循環メカニズムを構築する上で，日系企業の役割が非常に大きいという見解に対する，文氏の意見を求めた．

客員研究員は，呉氏が存在したと説く市場とは，物々交換に近いものではなかったかと質し，毛沢東時代に国際的封じこめ体制の下で採られた性急な改革措置と全土が寸断された地形とが相俟って，各地に様々な規模の農業や産業を発展させたとはいえ，それらの産品・商品の質や価格を比較考量する真の全国的な統一的市場の形成は，改革・開放期に入っても直ちに実現したとは言えないと述べた．同氏によれば，その後交通網の発達にともない商品の移動は拡大したが，粗悪品・模造品の拡大，取引の不透明性によるトラブルの頻発が顕著

になり，これらは中国のWTO加盟によって次第に解消していくことが期待されているが，商品によっては即効を期待することはできないと思われる．たとえば，外資系多国籍自動車資本は税法上および出資比率の優遇によって製品を輸出に回すことになり，中国は直接大規模な統一的国内市場を提供するというより，内外巨大自動車資本の熾烈な国際的競争の生産基地として重要な役割を果たすであろう．近代的な国内市場創出のためには，消費者からの商品へのクレームを扱うメディアのホットラインや経済・法律講座，当局による違法な生産現場の摘発等の方が地道ながら効果的であるかもしれないと，唱える．

研究員は，中国で高度成長にもかかわらず失業率が上がっているのは，国営企業の待業者の顕在化というかたちで移行経済の問題点が出ているのではないかと指摘し，またこのまま中国が進んでいくと経済と政治体制とが軋轢を起こし，前者が後者を変えていくのではないかという問題を提起した．

研究員は呉氏に，中国の1人っ子政策の長期的な見通しを質した．

研究員は文氏の報告を巡って，アジアの地域的物流構造の形成・発展に際して，アメリカが消費市場・資金供給国として重要な役割を果たしたことを指摘し，また資本財・消費財の生産基地の違いに基づく製品の競合度が今後どう変化するか，そして97年の金融不況は単なる実物経済社会のなかではなく，国際的な金融の問題が大きく影響していたのではないかといった問題を提起した．

続いて，これらの質問・意見に対し，2名の報告者からの回答が行なわれた．

呉暁林氏は，まず大慶油田の開発が軍隊的な方法で行なわれたこと，すなわち人・物・金を集中的に供給し，技術者を各地から集めて技術的な問題を解決したことに言及しつつ，三線建設において計画経済の1つの開発方法が確立されたと唱える．そして，毛沢東時代を語る際には「人海戦術」といった言葉・イメージが先行し，その中身が知られていない場合が多いことを指摘する．また，毛沢東時代の計画経済においても，同一地域に中央企業・省企業・市企

業・県企業が並存するといったかたちで，完全には統制されていない複数のプレイヤーが意思決定を行なっていたため，潜在的な競争関係の市場が存在していたと説く．毛沢東時代の内陸開発に関しては，軍事工業への投資は12%程度に過ぎず，むしろ多くの投資が社会資本整備等に投入されたが，三戦建設の遺産が経済発展と沿海開発に使われたか否かは，地域により異なると述べる．そして，分権化は必ずしも大躍進時代に限られず，文革の際に国家計画委員会自身が改組された例をあげる．

　文大宇氏は，まず香港の統計処理を巡る質問に対して，概ねデータ＝ソースをそのまま使用したが，地域内の貿易に関しては二重カウントを避けるべく，香港を除いて計算したと答え，その上で輸出・輸入に占める東アジアのシェアは，香港の中継貿易の扱いのいかんによって変わるものではなく，東アジア地域が世界貿易に占めるシェアは，近年に大きな発展を遂げたと説く．中国脅威論に関しては，韓国・ASEANにおいてアメリカに代わる最大の輸出国として中国が台頭しつつあると，肯定的にとらえられていることを紹介し，中国を新しい市場・パートナーとして考えるべきことを強調する．また，日系企業が資本・技術の供給者として，アジア地域の経済発展や分業体制形成に大きな役割を果たしたことを認めるとともに，今後はNIES企業もASEAN諸国に対して同様の役割を果たしていくという見込みを述べる．東アジアの経済発展におけるアメリカの役割は重要だが，必ずしも絶対的な地位を占め続けているわけではなく，むしろ東アジア側が次第に対応・適応能力を持ちつつあると説く．そして，アジア経済危機の際には金融自由化を経済発展段階に合わせられず，金融自由化が先走りしたため，世界資本が動くなかでアジア地域が対応できなかったととらえ，世界資本に関しては世界共同の対応策が必要であると唱える．

〔深町英夫〕

ま　と　め

　私は歴史学を専門にしているので，経済学の方はよくわからないというのが正直なところだが，2人の報告を聞いて大変勉強になったと同時に感動させられた．呉先生の報告は，いわば歴史的にみて，1つの国の建設と発展というものがどういうプロセスを経てどういう結果をもたらしていくのかということを詳細，緻密に分析しており，他方，文先生は個別の国とか地域とかというものが発展していった結果，相互の経済協力，相互援助を実現しつつ1つのまとまりのある経済圏が形成されていく，そういう連関性について報告したわけである．この両方あわせて1つの東アジア地域の全体としての歴史像，地域像といったものが構築されていくという，非常に良い報告だったと思う．というのも，私は歴史学者として，いつも学生にも言い，本にも書いていることは，今日の全ての事象というものが過去の歴史の産物であると．E. H. カーの有名な言葉では，歴史とは過去と現代との対話であるということになるが，それに付け加えて私は，歴史とは単に過去のことだけではなくて，現代から未来への問いかけであるといっている．このように，過去，現在，未来というように繋がっていく発想というものが，1つの地域，1つの国だけではなくて地域全体として，どのように構築していけばいいのかということを常々考えているわけだが，その点を今日は2人共通の報告として聞かせていただいた．そういう点

で，非常に有意義だったと思うわけである．

　また，コメンテーターの先生方の指摘も非常に的確で感心させられた．やはり私などが指摘できない点を鋭く指摘したと思う．実は私は，15分だけ辛抱してくださいということで，原稿をびっしり書いてきたが，今申し上げたように，2人の報告と2人のコメンテーター，それから的確に質問なさった多くの方々，こういう方々を前にして自分の書いた原稿がいかに拙いものかということを痛感させられた．それゆえ，ここではもう読み上げないことにするが，ただ私が言いたかったことを簡単に述べると3点ほどある．第1に，20世紀というものは，冷戦を含めて戦争と革命の時代だったといわれているが，21世紀に入っても実はその20世紀に現れていながらも，決して解決されてこなかった問題が沢山積み残されているということである．戦争と革命というものは，さまざまな矛盾が複雑に入り組んだ結果であり，そういった矛盾が解決されたのかというのが第1点．

　第2点は，20世紀には表面的に現れてこなかった色々な現象が，突出的に現れてくるということである．たとえば，それは言うまでもなく自然環境の悪化とか，環境汚染の問題とか，多分20世紀の時代にも心ある人々は予測していたのに，戦争，革命，経済発展に必死になって生きてきた時代ではそういうことを最優先させてきたために，20世紀の後景に退けられてきたことが，今日にどっと出てきていると思われるのである．

　第3に，こうした現象というものは，東アジア地域といった限定的な発想ではとてもとても解決できない問題であるということである．つまりボーダレスの時代と言われている，国境を越えた，地域を越えたほとんど地球規模の全人類的な課題として，われわれの前に突きつけられているのである．下手をすると，全人類の滅亡をさえ予感さえさせられるような時代にわれわれは生きている．その意味では今日の文先生の報告は，非常に楽観的だと言われたが，私にはむしろ心楽しく聞かせていただいたわけである．私は最近，どうも悲観的なことを強調したり，「21世紀の半ばには自分は死んでいるから，責任はもてん」，とか言って学生に叱られるわけだが，冗談ではなく21世紀末まで人類が

生きていけるかどうかという，人類の英知が問われている時代だと真剣に思っている．そういう点で，東アジア地域の協力を楽観的にみる，そういうことは非常に大切なことだったと思うのである．しかし，そういう危機感を持ちながら，誰がその解決策というものを出すのか，あるいは，一気にそういう地球規模，全人類的な規模で発想する問題というものが解決できるとは，誰も考えない．さしあたって一国主義ではなく地域的に考えられる面，そういう面から，徐々に一歩ずつ考えていかなくてはいけないわけであって，そういう意味で，東アジア地域をまず考えるということはとても大切なことだと思うわけである．あるいは東アジア地域でしかできないこと，東アジア地域でやるべきこと，そういうことをしっかり考えていく必要があると思う．しかし，そんなことをここで私が抽象的に発言しなくても，今日発言した4人の先生方はもうとっくに承知しているわけであるが，ではわれわれは何をなすべきなのかということになると，途端に話があまりにも具体的になりすぎて皆口をつぐんでしまう．もちろんここだけの話ではなく，どこでもそうである．

　身近な例を1つあげると，今年のSARSの問題がある．SARSは，1つの国に発生しながらどんどんと東アジア地域，そして世界へと広がっていった流行病である．流行病を防止するのに1つの国だけでよいのか，そんなことは絶対にありえないから，SARSの問題はわれわれにとって非常に危険な状態であると同時に，自分だけで守っていては決して防衛しきれないということは誰にも分かっている．これは経済とまったく違う．経済と病気が本質的にも現象的にもまったく違うということを承知の上で言うのだが，この度のSARS問題に対する各国の対応，それからとくに日本人の対応を考えてみると，一種の鎖国体制をとった，そういう個人の恐怖に基づく防御姿勢（パニック）が，国全体を鎖国体制にまで持っていかれるといった状態は，やはり1つの異常な現象であろう．それは，国の危機管理能力に対する不安とか不信感と同時に，他国の危機管理能力，情報操作に対する不信，不安にも波及する．だから，今回われわれは1つの国で発生した病気を防止するためにいかに協力し，力を合わせて防

いでいかなくてはならないかということを，はっきりと見て取ったと同時に，1つの国でやれることというのは限界があるということをも理解したはずである．しかし，皆で協力しようと抽象的なことを言うと，そこにナショナルインタレストとか，企業の利益といったような利己的，排他的な現象というのが必ず出てくる．そういう状態，発想をどうやって打破していくかということを，これからわれわれも考えていかなくてはならないわけである．今後流行病だけではなくて，テロや国境を越えた犯罪，環境汚染など，多くの事象がこういったパターンで，つまり個別に発生しながらすぐに全体として広がっていく問題として，国境を超えて広がっていく問題として出てくる．経済問題も異質であるとはいえ，やはり対策としては同じ性格のものもありうる．これを考えるのが経済学者だ，私たち歴史学者の出る幕ではないと言うと，ちょっと角が立ってしまうが，経済学者というものは，経済の面から国の範囲を超えたそういう問題を考えてもらわなければならないとは思う．

　総じて経済に即して言えば，自分の利益だけを言うというのではなくて，他者の言い分と利益を尊重しつつ，自者の言い分と利益との調和，共生を明らかにしていかなければならないと思う．そういった精神のもとで，まず，中国の脅威論とか云々よりも，東アジア地域経済における相互の協力，相互援助の方法と手段，そういうものをいかにして発見していくかというのがわれわれに課せられてる，そして子々孫々に残していかなくてはならないとても大切な問題だと思っているわけである．とくに，東アジアの問題を考えたとき，私は台湾問題を含めて平和と政治的安定が必須の条件であると思っている．そういう精神のもとで，どのような相互協力，援助ができていくのか，経済学者たるものはぜひ考えてもらいたいと思う．もちろん経済学だけでできるものではないが，経済学にしかできない面もあるだろう．いわば経済学者の宿命とも言うべき事柄だと思う．そして，それが緒に就き，ある程度成功すれば，それは他の地域にも応用され，世界的な精神と方法となると私は確信している．

　最後は経済学者に下駄を預けるかたちになってしまったが，もちろん預けっぱなしにするつもりはなく，私どもはバイプレイヤーとして経済学者を支持

し，協力する覚悟をもっているつもりである．中央大学経済研究所は，その経済学者の中心的組織として，今後ますます発展することを確信して，この総括報告の結びとする．

〔姫田光義〕

第Ⅱ部

アジア的経済システムを問う

はしがき

　主として中国の歴史，経済事情を取り上げた2003年11月のシンポジウムのまとめ（第Ⅰ部）に続いて，本書の第Ⅱ部では，2004年6月26日に行なわれた「アジア的経済システムを問う」と題したシンポジウムの成果をまとめている．ここでは，本記念事業の企画委員の1人として本シンポジウムを担当した立場から，この第Ⅱ部の趣旨や構成を解題的に述べることで「はしがき」にかえることにしたい．

　今回の40周年記念事業のシンポジウムでは，「アジア」が取り上げられているが，実は，10年前の本研究所の30周年記念シンポジウムもまた，「アジアの台頭と日本の役割」というテーマで開催されている．これは当研究所に所属する研究員のアジアに対する関心が一貫して高いことを反映したものでもあるが，10年の時間軸の違いは，取り上げられているテーマや問題意識の違いとしてあらわれている．

　10年前の「アジア」をめぐる議論には，1980年代のバブル経済を経て経済大国化した日本を前提とし，またドル体制の動揺，途上国貸付問題やアメリカ国内のバブルの崩壊，そして低迷するヨーロッパなど疲弊する欧米を意識しつつ，「アジア優等生論」やASEANを中心とする経済圏構想と日本の役割を吟

味しようとする姿勢があったと考えられる．しかし今日，「アジア的経済システム」を取り上げる際には，日本自体が「失われた10年」を経てなお経済的閉塞状態から抜け出せないなかで，21世紀的な世界経済の座標軸の転換を意識しつつ「アジア的経済システムとは何か」，「そのパフォーマンスをどのように評価するか」という問題意識を内包せざるを得ないものとなっている．

とりわけ2001年以降，同時多発テロを契機に軍事，政治情勢の座標軸が大きく転換を遂げ，前後して経済面でも2000年のアメリカITバブルの崩壊とそれに続くエンロン，ワールドコムなどの不正経理問題を契機にして，国際的な経済システムの枠組みに転機が訪れているという認識が強まっている．一方「失われた10年」からの脱出が求められる日本経済，1997年のアジアの金融危機，中国の市場経済化過程における高成長とデフレの同時進行，SARS，鳥インフルエンザなどを契機とする経済的疲弊は，今後，アジアが世界経済のなかでどのような地位を獲得しうるのかという問題を鋭く提起している．

このような問題意識を前提として，シンポジウムの問題領域は，「コーポレート・ガバナンス」，「経済成長」，および「環境問題」の3つに設定されている．

まず本シンポジウム「アジア的経済システム・アジア的コーポレート・ガバナンス」（本書第Ⅱ部第3章所収）では，まず株主重視のアングロ・アメリカ型，家族支配と労使共同決定を同時に併せ持つヨーロッパ大陸型ガバナンスと対比して，アジア型の家族支配企業や「日本的経営」の類型化がどのように可能かが議論されている．またこのような類型化を前提としてアジア危機やその後におけるアジア企業のガバナンスタイプ別のパフォーマンスをどのようにとらえるかが検討されている．

まず寺西重郎論文（「アジアと日本——企業統治制度の農業・農村的基礎——」）は，東アジアと日本のコーポレート・ガバナンスの違いを意識しつつ，その違いを地主・小作人関係，労働者・資本家関係，および企業集団の産業組織的特

性という3つの側面に分けて検討している．そして日本については，それぞれ東アジアの分益小作に対する定額小作，同じく東アジアのハイパープロレタリアートに対する企業内階級制度の欠如，そして東アジアの垂直型の産業組織に対する水平的産業組織という特性を析出して，いずれの特性も日本で株主の支配権を制限する要因として作用していることを，比較制度分析の手法を取り入れて検討している．

続いて花崎正晴論文（「東アジアのコーポレート・ガバナンス——家族支配構造の特徴と問題点を中心に——」）は，アジアの金融危機が企業部門に与えた影響を，インドネシア，韓国，マレーシア，フィリピン，およびタイの5か国の企業のパフォーマンスに対するコーポレート・ガバナンスの影響という視点から，所有の集中度（voting rights），零細株主の搾取の程度（voting rightsとcash flow rightsとの乖離），負債による規律付け（free cash flow仮説），過剰債務の影響（dead over hang仮説），および事業多角化の影響という5つの仮説に即して分析を加えている．

これに対してディスカッションでは，寺西論文に対して金子貞吉研究員が経済史の立場から，花崎論文に対しては首藤恵客員研究員（早稲田大学教授）がコーポレート・ガバナンスの実証面での仮説の作り方を中心にコメントしている．

続くシンポジウムの第2部「アジアの地域経済統合と経済成長」（本書第Ⅱ部第4章所収）では，戦後におけるアジアのキャッチアップ主義，途上国に特有な開発主義・開発独裁は，それ自体として特異な経済成長システムを生み出したことを前提として，新たに地域経済統合の動きが顕在化していることに着目している．そして主として2国間で展開される関税障壁などの撤廃を契機とした貿易自由化などの政策がどのような経済効果を持つのか，また中国の台頭が日本経済にどのような影響を及ぼすのかについて，をマクロ，ミクロ両面から検討している．

まず長谷川聰哲論文（「日中地域経済統合とアジアの経済成長——日本経済への影響——」）では，日中間の特恵貿易協定関税障壁が除去された場合にマクロ経

済および産業別にどのような影響が出るのかを，産業連関分析に動学的な計量経済的な手法を加えた INFORUM アプローチに基づいてシミュレーションしている．そして2010年までの予測についていくつかの輸入競争産業のマイナスの影響も存在するが，輸出産業のプラスの影響をも考慮する必要があると述べている．

また阿部茂行論文（「中国の台頭と日本経済──その展望とチャレンジ──」）では，日中の国際取引の構造変化を特徴をとらえ，中国国内での生産は電子機器を中心にかなりのプレゼンスとなったが，輸出入関係でも日本の中国の輸入が労働集約的なものに限定されており，競争的と言うよりも補完的である，日本の直接投資も生産ネットワークの形成の一環としてなされており，FTA のように関税をはじめとして自由化を図ることが日本の成長率を高めると，述べている．

以上の報告に対して，木村福成氏（慶應義塾大学経済学部教授）がこの領域における研究動向の紹介を交えて，コメントしている．

さらにシンポジウムの第3部「アジアの経済システムと環境問題」（本書第Ⅱ部第5章所収）では，地域格差をはらみながらも一定の成長経路を実現する一方で，大気，水質汚染などの環境問題が深刻化してきたアジアにおいて，どのような条件と政策のもとに成長と環境のトレードオフが解決しうるのかを，社会経済システムを射程に入れた公共経済的視点からそれぞれ検討している．

まずここでは，司会者の田中廣滋研究員が「アジアの地域環境ガバナンス──グリーン課税と資金の再配分機構──」と題して，環境問題を解決するガバナンスの手法として，国際的にも地域的にも適用しうるグリーン課税（税制）モデルとルールづくりの可能性を議論した上で，緒方俊雄論文（「インドシナ半島の生態系と社会開発」）と金一中論文（「アジアの経済システムと環境問題」）が報告された．

緒方論文は，マーシャルに始まる経済学研究の系譜のなかに脈々と流れる経済学と生態学の融合としてのエコロジカルエコノミクスの展望が存在することを主張し，報告ではみずから学生と一緒に取り組んでいるベトナムでの植林の

取り組みを紹介している．

　また金論文は，環境経済論の立場から，韓国，中国，台湾，インドシナなどのアジアの深刻な環境問題に関連する政治経済システム上の共通問題について分析を加えた上で，経済外部性を内部化する政策と政治的社会的なダイナミズムが各国でどのように異なっているのかを分析し，従来型の経済制度のタイプによる議論よりも，社会的・政治的側面の重要性，とりわけ政府や環境規制当局の能力の重要性を強調している．

　これに対して藪田雅弘研究員は，3者の報告の特徴をそれぞれ政策研究のあり方，ミクロ的実証研究，および社会経済的比較研究と整理した上で，政府とは区別されるローカルコモンズの可能性に言及している．

　シンポジウムでは，以上のようにコーポレート・ガバナンス，経済成長システム，さらには環境政策に関して，アジアに共通する内実とは何か，また日本をどのように位置付けるのか，さらにはアジア共通あるいは個別の問題点や課題とは何かを多面的に検討している．

　本シンポジウムは，本学の教員，大学院学生をはじめとする内外の研究者による共同研究組織，研究支援機関の40周年記念事業にふさわしく，実り多い議論を作り出すことに成功したと考えることができる．末尾ながらこのシンポジウムの準備のために1年近くにわたって取り組まれてきた長野所長をはじめとする企画委員，研究所合同事務室の皆さま，そして学内外から参加された報告者の皆さま，コメントを下さった皆さま，さらにはシンポジウム当日，長時間にわたって熱心に議論に参加されたOB・OGの皆さま，そして誰よりも学びの主人公である大学院学生，学部学生の皆さまに感謝を申し上げる．

〔井村進哉〕

第 3 章

アジア的経済システム・
アジア的コーポレート・ガバナンス

1. アジアと日本
――企業統治制度の農業・農村的基礎[1]――

1-1 問題の所在

　"法とファイナンス"と題する最近の論文でラ・ポルタ，ロペス・ド・シラネスおよびシュライファは，企業の統治システムにおける投資家（株主および貸手）保護の程度は，多分にその国で歴史的に形成されてきた法体系の伝統に依存しているのではないのかという議論を展開した（La Porta, Lopez-de-Silanes and Shleifer, 1998）．すなわちイギリス・アメリカなど common law 体系の伝統をもつ国では，投資家保護が徹底しているのに対し，フランス・ドイツやスカンディナビア諸国などの civil law 体系の伝統をもつ国では保護が弱いとされる．彼等は世界49か国のサンプルについて株主および貸手の権利と権利の執行（enforcement）についての情報を詳細に検討し，数値化したうえで計量的にこの仮説を吟味した．彼等の分類では，アジア諸国と地域7か国が取り上げられ，そのうちマレーシア，シンガポール，タイが英米法体系のグループに，フィリピンが仏法体系のグループに，日本，韓国，台湾が独法体系のグループに入れられている．いま彼等のデータに基づいて株主の権利の程度をこれらアジア

7か国について平均すると，株主の権利の強さは，仏法および独法体系の国々より強いものの，英米法体系の国々より弱いという数値的結果が得られるが，それ以上のいわゆるアジア的特質をこの分析から折出することはむずかしい．

　他方，アジアの経済制度については，その農業・農村基礎を重視する見解が多くの研究者から出されている．たとえば，速水佑次郎（1992）は，家族労働的小農とされるアジア諸国で（短期）雇用労働の利用が高い理由を「分け合いの原理」に基づく共同体の原理に基づくものであることを主張し，こうした原理がアジア諸国のネポティズムや日本型企業経営の基礎をなすのではないかと論じている．原洋之助（2001）も，ベトナムの紅河デルタ地域とメコン・デルタ地域の農業経営を比較することにより，土地所有・生産技術・農業経営などの面で「それ自身は歴史性をもつ生態基盤の上に形成された個性的な地域単位」としての基礎社会の性質に注目することが重要であると主張する．またH. オーシマ（1987）はアジアの経済発展の特質を，モンスーン性気候に規定された農業の稲作経営形態に求め，農村に対するインフラ建設が田植えや稲刈り時にピークに達する労働需要の著しい季節性という障害を克服し，非季節依存的な労働需要を創出した点にあると主張する．

　小論は，こうした制度と発展戦略の農村的基礎の視点を日本・アジアの企業統治の分析に導入するための試論である．以上では企業統治における依頼人・代理人（principal-agency）問題に関して（ⅰ）地主対小作人の関係，（ⅱ）労働者対使用者・資本家の関係，および（ⅲ）株主対生産担当者の関係の3点をとりあげ，日本およびアジアの企業や経営体統治における農業・農村的特質を考察することとする．

　さきに進む前に，概念的問題を整理しておこう．

　企業組織におけるさまざまな権利の配分は，次のような分類によって集約的にあらわされると考える．

　所得権（income right）とはいわゆる cash flow right のことであり，企業の生産する付加価値への取り分にかかわる．支配権（control right）とは企業の所有する物的非物的な資産の使用に関する権利である．以下では，こうした権利

所得権 ┤ 契約上の所得権
　　　 └ 残余所得請求権

支配権 ┤ 契約上の支配権
　　　 └ 残余支配権

の行使にかかわる契約は，契約を状況ごとに設定したり，相手と交渉したり実際に文書として作成したりすることにかかわる取引コストの存在によって必然的に不完全であると仮定する．それゆえ所得権（income right）と支配権（control right）の両方について契約可能な部分と契約しえない残余部分（residual）があることになる．

権利の契約にかかわるプレイヤーはいわゆる企業のステーク・ホルダーであり，投資家（株主および貸手），労働者，経営者などからなる．労働者と経営者をあわせて生産担当者とよぶ．地主制下の農業下では，企業資産は農地であり，ステーク・ホルダーは地主と小作人および長期・短期の労働者である．地主は投資家，小作人と労働者は生産担当者である．

さて，企業の所有とは，物的・非物的な資産の所有を意味すると考える[2]．

所有者は株主ないし地主である．株主や地主は企業を所有することにより，残余支配権の保有者となる．すなわち，株主ないし地主は，ある種の契約上の支配権を取締役（director）を選任することによってもつだけでなく，株主総会での議決権を行使することにより，あらかじめ契約しえない資産の用途についてもその決定権をもつこととなる．さらに株主や地主は，支配権をもつことにより，配当を請求しうるため，残余所得への請求権を保有する．しかしながら，企業所有者の残余支配権・残余所得への権利は常に満たされるとは限らない．

第1に，企業所有者の残余所得権の一部はその他のステーク・ホルダーによって持たれる場合がある．重役への賞与や従業員へのボーナスはその典型で

ある.

　第2に，企業所有者の残余支配権も完全でない．とくに，経営者や労働者に企業特殊的技能形成のインセンティブを与えるためには，彼等へ残余支配権の一部を譲り渡すことが不可欠である．

　第3に，企業所有者が複数の場合（多数の株主の存在する場合），所有者間の支配権の配分が問題となる．株式の持合い・ピラミッド型の所有形態や1株1票以外の規定による株式発行がなされる場合，株主の所得権と支配権の分布が乖離し小数株主の搾取や逆に大株主の支配力の制限などの事態が生じうる．

1-2　地主対小作人の関係

　東南アジアの農業は，小規模家族経営であり，地主制も分益小作が中心である．これに対して戦前日本では，家族経営が中心であるものの地主制は殆どが定額小作であった．この相違はなぜ生じたのか．

　表3-1-1を参照されたい．アジア（南および東南）では，経営体あたり耕地面積がきわめて小さく，また土地分布のジニ係数も低い．小作地率は10~30%程度であるが，小作地のうち分益小作を行なっている割合は，タイを除いて50~90%程度である．タイでも30%が分益小作である[3]．ちなみに，これを大陸別にみると，小作地のうち分益小作の割合はアジアで84.5%，アフリカで0%，ラテン・アメリカで16.1%，ヨーロッパで12.5%，北アメリカで31.5%であり，圧倒的にアジアで分益小作の割合が高い（Otsuka, Chuma and Hayami, 1992）．

　これに対して，日本の戦前では殆どの地域で，定額小作料であり，田地については一反あたりの石数で，畑地の場合は米，大豆などの石数ないし金額で小作料が定められていた．

　『大正元年小作慣行調査』（農商務省，1924）によれば，分益小作（刈分小作）の範囲は，青森・岩手2県の東部の郡部，長野県西筑摩郡，熊本県阿蘇郡，鹿児島県種子島および甑島，沖縄県宮古島および八重山諸島等であり，「概ネ社会文化ニ後レタル僻地や山間ニ於ケル陰地，冷水田，山畑又ハ水害，旱害等，為収穫一定セサル劣等地」が多とされる．

表 3-1-1 アジアの農業経営（ラテンアメリカとの比較）

	調査年次	平均経営耕地面積(ha)	土地集中のジニ係数	小作地比率(%)	小作地のうちの分益小作比率(%)
バングラ	1976/77	1.6	0.42	20.9	91.0
インド	1970/71	2.3	0.62	8.5	48.0
インドネシア	1973	1.1	0.56	23.6	60.0
ネパール	1971/72	1.0	0.56	13.2	48.3
フィリピン	1971	3.6	0.51	32.8	79.3
タイ	1978	3.7	0.45	15.5	29.0
ブラジル	1970	59.7	0.84	10.2	n.a.
コスタリカ	1973	38.1	0.82	9.0	9.4
コロンビア	1970/71	26.3	0.86	11.5	49.4
ペルー	1971/72	16.9	0.91	13.6	0.0
ウルグアイ	1970	214.1	0.82	46.3	4.7
ベネズエラ	1971	91.9	0.91	2.4	n.a.

出所：Otsuka Keijiro, Hiroyuki Chuma and Hayami Yujiro, "Land and Labor Contract in Agrarian Economies ; Theories and Facts," *Journal of Economic Literature*, Vol. 30, No. 4, 1992, pp. 1965–2018.

　理論的には，契約の執行コストが高く生産の不確実性が高く，小作人が危険回避的な場合，分益小作が制度的均衡となり，契約の執行コストが低く，生産の不確実性が少なく小作人が危険中立的な場合は定額小作が均衡となる．

　それゆえ，日本と南および東南アジアの小作制度の違いは，さしあたって次の2点によると考えられる．

　第1の可能性は，生産の不確実性や小作人の貧しさの程度である．日本国内でも貧しい後進地域では生産の不確実性が高く，分益小作がみられることが多いことは上述のとおりである．

　確かに，速水（1992）やH. オーシマ（1987）の指摘するようにアジアの農民の多くはきわめて貧しい．しかし，戦前日本の小作人にくらべてもそうであったかはどうかは疑問であろう．農家1戸あたり平均所得（米ドル表示）は，1960年の日本で1,138ドル，1966年の台湾で808ドル，1965年の韓国で422ドル，1965年のフィリピンで433ドル，1968/67年のタイで388ドル，1976

年のインドネシアで，421ドル，1967/68年の西マレーシアで470ドルである（Oshima, 1987）．確かに日本の農家の平均所得はとびぬけて高いが，これは米価政策などによる所得補償の導入された戦後の数字であり，この時点で農家所得の都市勤労者世帯所得に対する比率は68%まで改善されている[4]．

第2の理由として契約の執行コストの違いがあるかもしれない．東南アジアの場合，小作人の農業経営に対して地主は，非常に強い介入を行なっている．たとえば，フィリピンの例をみると，作付け品種の選択，田植え・刈取りの時期，肥料・農薬の使用にまでこと細かく介入がなされている（梅原，1970）．すなわち，残余支配権は殆ど小作人に与えられていない．これに対して，日本で小作人に対する地主の介入はきわめて少ない．上記農商務省（1924）によると，地盤に変更を加えることや地目変換のときは地主の許可が必要で，また多量の石灰の使用や桑・果樹など永年生作物の植付けは，あらかじめ地主の承諾が必要であるが，その他の農作業の詳細については殆ど干渉がなされていない．

もちろん，この干渉の程度の差すなわち資産に対する残余支配権の委譲の程度は，定額か分益かという契約の違いによるところが大きい[5]．逆に言うと契約の結果である可能性がある．これに対してOtsuka, Chuma and Hayami（1992）はアジアにおける強い社会的な結びつきや家族および共同体的紐帯による評判（reputation）が，契約の執行コストを引き下げた可能性を指摘する（すなわち，契約の不履行が評判を傷つける可能性を恐れて契約が守られやすくなる）．また，農業経験のある地主ほど，また在村地主であるほど契約執行コストが低かった可能性も指摘される．しかしながら，こうした点は確かにアジア的特質であろうし，その意味でOtsuka, Chuma and Hayamiの主張は正当であるが，あらためてわれわれの問題に帰ってみると，これらの要因が日本の戦前とアジア諸国を差別化する強力な要因とはいかにも考えにくい[6]．

かりに，上記の2つの要因が日本とその他アジアの小作制度の違いを説明する要因でないとすると，両者の差は何によるものであろうか．1つの仮説として，日本では次のような要因が定額小作をもたらしたと考えることはできない

であろうか．

（i）技術進歩．地主・小作制度の拡大した明治初期は，農業の技術進歩がきわめて急速な時期であった．しかも，その技術進歩は高収量品種の採用とそれによる土壌管理・水管理にともなうものであった．この場合地主にとって，定額小作料と支配権委譲により，小作人に土壌や水管理の技術（企業特殊技術）をつけさせ，技術進歩を取り入れることが最適な方法であった可能性がある（新技術を導入したか否かは，もっともモニターしにくく契約書に書きにくい事柄であろう．地主にとっては，新技術導入のインセンティブを保証したうえで，技術水準が向上した段階で小作料の再交渉を行なえばよい）[7]．

（ii）地域発展．明治期は日本全体が地域間で経済成長競争をしていた時代であった．各地域の経済発展は，名望家といわれた地主層によって主導されていた．こうした場合，小作人ないし直接生産者の努力のためのインセンティブを最大化するために残余所得支配権を与える定額小作制度は，地域にとって最適な方法であった．また土地への残余支配権を大幅に移譲し，小作人の技術進歩を支援することも地域発展戦略として適切であった可能性がある．

ちなみに，小作人のリスクということを考えたとき，日本で広範に行なわれた減免慣行の存在を重視する必要がある．天候リスクにより収穫が予想以下になった場合，この慣行により小作人の負担は大幅に低減された．この慣行が定額小作とセットとして，暗黙の契約に組み込まれていたとすれば，これが小作人のインセンティブに与える効果は極めて大であったであろう[8]．

また，こうしたシステムのもとで，小作人が強い生産拡大意欲をもったことは，綿谷赳夫（1959），大内力（1952）の指摘する中農標準化傾向・自小作前進型といわれる小作農の積極的経営戦略に注目する必要がある（寺西，1982, p. 256参照）．

1–3 労働者対資本家

Tirole は"企業統治"と題する最近の論文において，投資家の保護が叫ばれ

るにいたった理由について，他の企業におけるステーク・ホルダー——たとえば労働者，消費者，サプライヤー——などが強力な法律や契約でその利益が守られているのに対し，投資家にはそうした利益を保護する仕組みが弱いからであるという通説が有力であると論じている（Tirole, 2001）．この議論に従うと，アジアで総じて投資家保護が弱いのは，労働者等の権利もまた十分に守られていないということにかかわっている可能性がある．欧米やラテン・アメリカなどにくらべてアジアの労働運動が微弱でまた労働組合が弱小であることは，しばしば指摘されてきた．たとえばDeyo（1989）は，組合の組織率（組合員の被雇用者ないし有業者に対する比率）や運動パターン（stoppageあたりのwork days lostまたは参加労働者数あたりのwork days lost）を比較し，東アジアでの組織労働が弱いことを実証している．もちろん，東アジアにおいても国別の差異はある．たとえば韓国では，70年代には繊維，衣服，電子産業で激しい労働争議があり，80年代以降は，自動車，造船，金属産業などで強力な労働運動が展開されている．しかしながら，韓国の組織労働の力はたとえばラテン・アメリカのそれにくらべると，はるかに微弱である．たとえばKim（1993）は，韓国の組織労働の弱さの証左として次のような点をあげている．第1に，一般に政治的性格が弱い．闘争の盛り上がりがみられるのは，1979年や1980年，1987年などの政治権力の空白時に限られる．第2に，組合は企業別であり[9]，交渉力が弱い．賃金決定の主導力は経営側が握っており，組合リーダーの指導力が十分でない．指導者はfull-time union officerとして活動することは少なく，その交替もひんぱんである．第三に，組合財政基盤がきわめて脆弱である[10]．

それでは，東アジアの組織労働の力は何故脆弱なのであろうか．Deyo（1987および1989）は，1960年代までの労働の抑圧と政治的排除およびその後の労働のコーポラティズムによる"囲い込み"（cooptation）の2つによってこのことを説明している．

まず，組織労働の抑圧は，アメリカの反共政策などの影響とともに，東アジア諸国で軍部または排他的な政党による権力の掌握の下で隔離（insulation）されたエリート集団が形成されたため，反対勢力の中心をなす組織労働は，政治

的に排除され抑圧されざるをえなかったと言われる．タイでは，1950年代以来軍事政権により労働組合は抑圧されてきたが，とくに1970年代中期のタノム，タニン政権の下で労働者の弾圧は強化された．1980年代に入り，プレム政権の下でILO conventionの批准で，（組合結成の自由は認められなかったものの）団体交渉権が認められるなど一定の自由化がみられ，その後労働者に対して宥和的な政策が進みつつある．韓国でも1960年代70年代の冷戦下で労働運動は厳しく抑圧されたが，特に1980年代の全斗換政権の下で，組織労働に対する抑圧と国家コントロールが強化された．組合の企業別組織化，団結権の制限，政治活動の禁止などの措置が導入されるとともに，労使協議会を奨励し，労働条件の改善のための行政措置が導入された．台湾でも，戦前から1987年まで組織労働に対して戒厳令を背景とする厳しい国家規制がしかれていた．とくに国民党（KMT）は組合リーダーの選挙に干渉するなど組合に対する強い影の支配力をもっていた．争議に国家が干渉することが殆どなかったが，国民党支配の下で起業別組合はその行動範囲を厳しく制約されていた．

　80年代以降，冷戦の緩和と官僚統制的政治体制の変質が進むなか，東アジアでの組織労働の抑圧基調も弱められてきたが，代わってコーポラティズム的な労働の"囲い込み"（cooptation）の動きが企業レベルでめだってきたと言われる．たとえば，タイでは政府の組織労働に対する不即不離の姿勢に変化がみられない．しかし他方で，労働保護法の改正が進められたりはしたものの，委託加工・アウトソーシングなどによるポスト・フォーディズムの下で，企業による二層的な労務管理が進展してきている．すなわち大企業でも短期臨時雇用を多用し，市場ベースでの低賃金雇用を進める一方，コアーとなる労働力については，技能に依存した昇進制度，稟議制度，企業別組合，quality circleなどによる労働者の"囲い込み"がなされつつある．タイの工業化は既存先進技術の現地化によるところが大きいため，エンジニアや中間管理職の役割が強く，彼等は組合ベースで動くより個人ベースで企業側の囲い込みに適合する傾向が強いと言われる．韓国や台湾では，短期・臨時雇用の動きは少ないものの，労働者の囲い込みの動きが強化されている．台湾では，戦前より企業家族主義の

浸透が顕著であったが，企業別組合に対する経営側の支配（複数労組の禁止，企業外の組合役員の禁止，組合役員の経営側による事実上の決定）が強められ，他方で経営への労働参加の動きが強められている．たとえば，雇用者との利潤シェアのためのボーナスは完全に定着しているし，さまざまな福祉プログラムや諸問委員会の導入が大企業で一般的となってきている．韓国でも，伝統的に job hopping の傾向は根強いものの，重化学工業で labor management council が相次いで導入されるとともに，労働者の訓練・教育や企業別 R & D 組織が拡充され，participatory な労務管理への動きが強まっていると言われる．

　こうした，韓国・台湾・タイなどの国々の労使関係の変遷は日本の経験とある種の類似性をもっている．日本でも戦前は組織労働の動きは厳しく規制されてきた．戦後組合運動が自由化され，約10年間の「階級闘争」の時代を経た後に，労働運動は企業内組織に吸収され，長期参加型の日本型企業システムへと変質していった．しかも日本では，この過程で，階級に代わって通産省などの原局と業界団体を通じる産業別利益の表明システムが，労働・資本といった生産要素別の利益の表明システムに取って代わったことが重要である．すなわち，労働者が企業に定着し，長期雇用の下で企業特殊的技能形成を行なうようになってくると，同一企業に属する資本家と労働者の利益は一致し，企業ないし産業が一体となってその政治経済的利益を主張するようになる．労働者の定着度が低く，企業特殊技能への投資の余地がない場合，労働者の企業間・産業間の自由移動の結果，人々の政治経済的利益は階級（その個人の所有する主たる生産要素の量）に依存する[11]．日本の大小数百におよぶ業界団体は産業（ないし同一生産物を生産する企業群）の利益を代表し，生産的価格維持・参入調整・投資調整・貿易自由化などさまざまなかたちでその利益を主張してきた．長期雇用ないし非移動的労働の下では，これが労働者にとってもその企業別産業別組合による利益を代弁するのである．

　それゆえ，次の問題は，日本以外のアジア諸国においてこうした業界団体による産業利益の表明はいかに行なわれているか，ということになる．業界団体の働きは，われわれが小論で関心をもっている3か国のうちではタイにおいて

もっとも強く，次いで台湾であり，韓国においてもっとも弱い．以下では簡素化のためもっぱら韓国とタイとの比較を中心に議論を進める．まず，タイでは，Board of Trade や Thai Chamber of Commerce, Thai Bankers' Association, Association of Thai Industries などの主要経済団体の下に（1987年段階で）農業輸出，工業，観光，金融および国内商業サービスの5分野について 177 の業界団体があり，活発な活動を展開している．主要経済団体は NESDB（National Economic and Social Developing Board）に代表を送ったり，プレム首相の下で Joint Public and Private Sector Consultative Committee に参加し，政府と民間の経済関係のコーディネーションにあたっているし，業界団体は産業ごとのさまざまな政策に積極的にかかわっている（Laothamatas, 1993）．Laothamatas（1994）によるとタイの業界団体は政策を事実上阻止したり，発意したりする力をもっているとされる．これに対して，韓国では業界団体は単なる政府からの情報のチャンネルであって，産業利害を代表する力は殆どないと言われる．政府と直接交渉し大きな影響力をおよぼすのは財閥企業を頂点とする巨大企業である．韓国でも 200 以上の業界団体（1987年時点で）が存在するが，その発言力は極めて弱い（深川，1997）．業界団体が政策を発意することはなく，その役割は単に政府の指示にしたがってその業界関係の draft を準備することでしかない．また業界団体のリーダーは事実上政府が決めると言われている（Park, 1987）．

　こうした業界団体の，産業の利益団体としての強さ，政策に対する影響力は，その経済における農業の，産業としての力の強さに依存するところが大きい．日本では，もともと政府の収入の 40% 近くが地租だったわけであり，農業はまた在来農産物や生糸などの輸出産業の中心でもあった．このため農業は政府からの「収奪」をいかに軽減するかが，産業としての課題であり，明治中期以来帝国農会などの業界団体が大きな力をもって政府そして他産業と対峙してきた．このことは，タイについても同じであり，1950 年代において政府の財政収入の 3 分の 1 は rice premium と呼ばれる輸出税など米関連の収入であった．農業は 1980 年頃まで耕地拡大やインフラ投資によって高成長を続け，タイの輸出と財政を支えた．こうしたなかで，農民自体は極めて貧しかったが，

商業銀行と結びついていた輸出業者はシンジケートを結成し,米の輸出税と輸出の数量割当を行なう商業省との間に強い競争力をもっていた.また輸出業者ほどの力はなかったが精米業者は Thai Rice Mills Association を設立し,National Rice Policy and Measure Committee において政府と利害関係を調整した(Christensen, 1993) 米の輸出業者への参入制限,それによる独占利潤入手の効果をもっていた米輸出数量割当は 1982 年に廃止され,また同じ年に米の生産者価格を低下させていた rice premium もゼロとなった[12].

これに対して韓国では農業部門は当初から極端に貧しく,国家による収奪の対象というよりは,社会政策の対象として存在した.消費者米価を市価より低く,生産者米価を市価より高くする逆ザヤの米穀管理制度が導入されたのは 1948 年であり,その後も農地改革,セマウル運動などのかたちで農業支援がなされた.H. オーシマは,韓国が農業を軽視しインフラ投資を抑えたとして,朴政権の性急な重工業化政策を批判している(オーシマ,1987).しかし,朴政権時代に生産者米価の引き下げがなされたりしたが,これは農業を軽視したというより,財政困難が主たる理由であり,朴政権自体は発足当初より農漁村の発展に重大な関心をもっていた(服部,1987).こうしたなかで,韓国では産業を軸とする利害関係の結集というコンセプトは育たず,もっぱら政府と民間とのインターフェイスは財閥ないし「個別資本」を軸とするものとして展開した.外資導入とその財閥への割り当てが発展の主要戦略として用いられることとなった.この結果,韓国の財閥は急成長し,韓国のここ 10 年余の経済政策の中心テーマはいかに財閥の横暴を抑制するかに置かれてきた.資本家への政府の手厚い保護とその巨大化は,その対抗概念としての労働者側の反撥を招かざるをえない.アジアにおいて例外的に活発な韓国の労働運動の背景にはこうした事情があるものと思われる.

それでは,タイなどで展開しつつある産業利益の表明システムは,階級利益の表明システムに対抗してどこまで進化するであろうか.この点について,筆者は,これ以上タイなどで業界団体的秩序が展開する可能性は少ないと考える.その理由は第 1 に,自由化と規制緩和の動きである.世界的な市場メカニ

ズム重視の傾向のなかで，一種の政策レントの入手を競う階級間対立や産業間対立のメカニズムは，それら自体の存在基盤を失いつつある．第2に，タイ等では労働市場の構造が日本的企業社会の方向に向う基礎をもっていないことがある．日本で産業間の利害が業界団体によって代表され，それを産業に所属する企業が支えてきた背景には，企業内部での階級制度の欠如，特に戦後におけるブルー・カラーとホワイト・カラーの同質化という要因がある．これに対してタイなど東南アジア諸国では，コアー労働力とそうでない労働力の区別が次第に強化される傾向にある．Deyo（1989）のハイパー・プロレタリアートと呼ぶ労働者層の存在がそれである．この階層は，若いしばしば女子労働を中心とする農村からの出稼ぎ型労働者の集団であり，雇用不安定性，キャリア移動性の欠如，高い離職率，低賃金，低技能水準等によって特徴づけられる．ポスト・フォーディズムのなかで，東南アジア諸国はこうした階層の労働力とコアー労働力の二重性を利用する傾向を強めており，このことは，労働の組織化の低位とともに企業・業界ネクサスによる産業利益の組織化にとっても障害として働くと考えられる．

以上の本節の議論は，農業的基礎として，農業が政府からの収奪の対象（タイ）であるか，保護の対象（韓国）であるかの差異に注目した．そして農業が重要な租税・外貨獲得部門である場合，産業を軸とする利害の表明システムが成立しやすいと論じた．しかしこの差異は，農業が産業として主導部門であるか否か，あるいは強大であるか否かという問題とは別であることに注意する必要がある．たとえば，ブラジルなどのラテン・アメリカ諸国では，農業部門は最強セクターであるが，それにもかかわらず産業利害は結集軸とはならず，階級間対立が極めて鮮明である．これはなぜか．理由の1つは，農業労働の存在とそれによる農業での階級対立ということがある．すなわち，日本や東南アジアでは明治以降長期農業労働者を用いた資本主義的な農業は発達せず，賃金農業従事者の数は無視できるほど少なかった．他方，ブラジルではプランテーション農業が主要な生産パターンだったので，多数の雇用労働者が存在していた．1965年の農業における常用賃金労働者数は155万人であり，季節労働を

含めた農業労働者数は最大533万人であったのに対して，小作人，自小作および地主（家族を含む）の数はそれぞれ32万，77万，945万人であった．

このためブラジルでは，近代的産業が発展する以前から農業部門には階級間の対立が存在していたのである．このことはブラジルにおける労働と資本の間，ないしは持てる者と持たざる者の間の対立の背景を成しているといえる．日本では，特に1920年代と30年代の間に小作争議は存在したが，伝統的農業部門における労働争議は起きなかったことが重要である．

第2に，ブラジルでは農業部門は極めて強力であり，政府はある意味で農業利益を代表する役割を担っていたことがある．政府は農業を収奪することよりも，その既得収益を守ることを重視し，また新興の工業家達もコーヒー・プランターとの間の暗黙の共生関係を重視してきた．たとえば，工業化の過程で政府は農業の既得利益を侵害することを極力避けてきた．農村労働者のシンジケートは1963年まで認められていなかった．同じ年，グラール（Goulart）政府は農業改革法案で国会の承認を得ることができなかった．また，農業と工業のエリートが婚姻関係を介して双方の利益を融合させることが広く行なわれていた．結果として，これは裕福な地主から移民者の経営する工業への資源移動をしばしば引き起こした．

1-4 財閥と企業集団

日本の企業集団は，6大企業集団に典型的な企業相互の株式持合いによる水平的な企業結合であるのに対し，アジア諸国に多く見られる企業集団は，多くは家族同族に支配された企業がその傘下にピラミッド型に系列企業をもつ垂直型の企業集団である[13]．両者はそれぞれ異なった企業統治上の依頼人・代理人問題（agency cost 問題）に直面するといわれる．すなわち，日本型の水平型の企業集団では，株主全体とその他のステーク・ホルダー（経営者・従業員）の間の agency 問題が生じる．すなわち経営者が株主の利益を犠牲にして自己の私的利益を追求し empire building に走る可能性，あるいは従業員と結託して企業一家的ステーク・ホルダー社会を構築する可能性がある．アジア型のピラ

ミッド型の垂直の企業集団では，株主層の内部でピラミッドの上位にいる企業の支配的株主とその傘下にいる企業のその他株主（小数株主といわれる）の間の搾取・被搾取問題が生じる．すなわち支配的大株主は所有権（キャッシュフロー権）にくらべて大きな支配権（議決権）をもち，その差としての議決プレミアムを手にすることができ，これを用いて利益のトンネリング，私的非金銭的利益の追求，配当制限などで不正な利益を手にする可能性があるとされている．

企業統治にかかわる現在までの研究では，しばしばこうした agency 問題の発生がいかに株主による効率的統治，したがって企業パフォーマンス（Tobin の Q, ROA, excess market value[14]）におよぼした効果の計測に努力が費やされてきた．株主の権限の制限ないし小数株主の搾取は，正常な株式市場の将来予見機能を妨げ企業のパフォーマンスを悪化させる可能性がある．しかし一方で，支配的大株主や経営者集団は自己の判断で効率的な経営をためらうことなく追求しうる．それゆえ正負2つの効果の比較を計測する必要があるというわけである．とくに，アジアで一般的な家族同族支配の下にある財閥は，支配的株主の能力を最大限に発揮するものであり，株式市場の機能を補って余りある可能性もあることなどに議論の焦点があてられてきた．

しかし，ここでしばしば忘れられている2つのタイプの企業集団の基本的な違いがある．それは不完備契約の下で，株式持合によって株主全体の支配権の制限が生じるとき，株主以外のステーク・ホルダー（生産担当者たる経営者と労働者）に企業特殊的技能形成のインセンティブが生じるということである．これに対して，ピラミッド型の東アジア型の企業集団では，そうしたインセンティブ発生のメカニズムは内在されていない．持合いによる企業集団のパフォーマンス上の効果を計測する場合，こうした実物的技術進歩要因を取り入れる必要がある．

しばしば，戦後日本の株式持合いは次の3要因によって形成されてきたと言われる．
（i）戦後経済の下で，財閥企業集団は資金不足に陥り，相互持合いによって
企業支配権を失うことなく資金調達を容易にする方法として持合を多用し

はじめた（当時は財閥本社がピラミッドの頂点にある状況下で相互持合いが生じた）．

（ⅱ）戦後の財閥解体と証券民主化により大量の株式が流動化したが，これによって生じた take over を防止し，経営権を守るため旧財閥の経営者が持合いを行なった．

（ⅲ）資本自由化を控えた時期に外国人株主の支配を防ぐため安定株主工作の一環として持合が進められた．

　こういった従来の通説によると株式持合いは極めて個別歴史的状況下での日本的な現象であるということになる．しかしながら，こうして進展した持合いがなぜその後20年以上にわたって維持されてきたのか，という問題に以上の通説は十分答えていない．われわれの1つの仮説は，株主の支配権の制限が企業特殊的技能形成を容易にしたがゆえに，それは企業価値の最大化に貢献する余地があったというものである．

　この点をさらに考えるには，戦前の日本の財閥行動についていま一度検討し，アジアとの比較，日本的特殊性について考察を行なう必要がある．戦前の日本と財閥は財閥本社ないし一族の下に展開したピラミッド型の垂直的支配構造をもっていた．その点で現在のアジアと類似している．表 3-1-2 にみられるとおり，財閥は直系・傍系企業を通じてその子会社を実効的に支配していたのである．

　この財閥系企業いついて，それがすでに1920年代から萌芽的な長期雇用制度を取り入れており，戦後の日本型企業システムの原型とみられるとの指摘がある（岡崎，1991）．こうした連続性の視点から考えると，財閥系企業の行動についてはさらに興味深い次のような特徴がある．

　第1に，財閥系企業における経営者（重役）の特殊な地位である．財閥が明治以来優秀な経営者を得るために，競って官界または民間から人材を物色し，極めて高給でこれを迎え入れたことはよく知られている．三井がもと外務省権大書記官（局長）で山陽電鉄社長の中上川を迎え入れたことはよく知られているが，中上川が行なった最大の改革は，さらに高等教育を受けた人材を大量に

表 3-1-2 戦前日本における4大財閥のピラミッド型所有形態（1937年上期末）

	三井	三菱	住友	安田
直系会社の株式所有割合				
自己所有	87.7	48.7	47.3	37.3
その他所有	0.5	10.5	9.4	22.1
傍系会社の株式所有割合				
自己所有	6.6	11.4	39.4	22.3
その他所有	9.9	14.3	1.4	15.0
直系・傍系の子会社の株式所有割合				
自己所有	0.6	0.4	5.8	9.1
その他所有	24.2	33.7	32.7	27.5

出所：高橋亀吉・青山二郎『日本財閥論』春秋社，1938年．

外部から導入したことであった（高橋，1977）．財閥は，利潤を配当に回すことよりも，重役への報酬に回すことによりこれを実現した．表 3-1-3 は大正以後のデータでそのためもあってはっきり出ていないが，4大財閥企業とそうでない企業を比較すると配当性向は，財閥の方が有意に低いにもかかわらず，非財閥と同程度の利潤を経営者（重役）賞与としていることがみてとれよう．

　第1に，財閥の経営者の少なからぬ部分が旧士族であり，また外部から引き抜かれた経営者の多くの部分が養子のかたちで，財閥経営体のなかに取り込まれていることである．いま森川（1980）の調べた明治45年までに財閥企業の役員に就任した同族外の人物 76 名について計算すると，そのうち士族出身者は 48 名（63.2%）で，藩儒・医師・国学者などを加えると 57 名（75%）に達する．また 76 名中 13 名は養子その他のかたちで財閥一族の外部から同族経営体のなかに組み込まれたまれた役員である．

　以上の2点は日本の戦前の財閥が血縁関係を越えて，経営体としての能力を拡充しようとしていたことを示唆している．森川（1980）によると，（ⅰ）小野組や溜池組が財閥になりえなかったこと，（ⅱ）政商路線下の三井が経営困難に陥ったこと，（ⅲ）広瀬総理人時代の住友が経営困難・混乱に陥ったこと，（ⅳ）同じ産銅から出発して古河が住友に立ち遅れたこと，等は全て経営者層

表 3-1-3　4 大財閥系企業とその他企業の利益金処分の比較

(A) 1922 年末

	自己資本利益率	役員賞与比率	配当性向	(企業数)
財閥系　平均値	0.054	0.049	0.622	24
非財閥系平均値	0.058	0.055	0.763	41
(差の検定)	0.498	0.691	2.234[b]	

(B) 1936 年末

	自己資本利益率	役員賞与比率	配当性向	(企業数)
財閥系　平均値	0.051	0.039	0.512	27
非財閥系平均値	0.036	0.043	0.626	45
(差の検定)	−2.894	0.346	2.048[b]	

出所：大阪屋商店調査部編纂『株式年鑑』大同書院　1922年版と1936年版の両方に記載されている企業について比較．ただし，当期利益がマイナス，ゼロないし記載のないものは除外．

の充実度の差にかかっていたとされる．村上・公文・佐藤 (1989) は，財閥を擬似大イエとなづけ，超血縁性，系譜性，機能的階統性，自立性などによって特徴づけられるイエ組織の伝統を引くものとして位置づけている．イエ組織の起源は，12 世紀以来の農耕・軍事の両機能をもつ経営体である．

結　語

以上農村的起源ということをキー・ワードにアジアと日本の企業統治構造の比較を行なってきた．

まずわれわれはいくつかの論点について日本とロシアの外見上の差異にかかわらず普通のモデルによって説明できることを示した．

第 1 点の地主対小作人の論点に関しては，アジアでは分益小作，日本では定額小作という差異がみられるが，技術進歩などの要因を追加的に考慮すると両者はともに，同一のモデルにより説明できると考えられる．

第 2 点の労働組合の力については，日本では御用組合的で協調ゲーム的であるが，アジアでは韓国のように強度の労使対立，タイではハイパー・プロレタリアートの展開によるコオプテーションがみられた．しかしこの差異は，日本・韓国・タイの農業の，産業としての力および農業の産業としての利害の結

集軸機能の差異を考慮すれば，比較的同一のモデルでの理解が可能であることを示した．

第3点の企業集団について，日本では6大企業集団のごとく水平的結合であるが，アジアではピラミダルな結合であるが．しかし，日本については戦前をも考えると，ここでは明らかにピラミダルであり，両者の差はない．

われわれは，さらにこうした日本とアジアの同一性の背後には，さらに日本とアジア諸国の間の微妙な差異のあることにも注意を促した．第1に，地主と小作との関係で言うと，日本の小作人は自小作前進型にみられるように，極めて積極的な経営方針をとっており，それが地主制下での農業生産性向上に大きく寄与したことである．また労働組合運動については，日本とアジアの間での埋めることのできない差異として，日本におけるブルー・カラーとホワイト・カラーの平等な扱いということがある．この条件があってはじめて，労働者は企業に長期にとどまりつつ，企業特殊的技能の蓄積のインセンティブをもちえたのではないだろうか．さらに第3に企業集団行動については，日本の戦前財閥における重役の重用・血縁関係無視の人材登用ということがある（イエ的な経営体の特性）．

これらの点から日本の経済システムの本質的特性ということが，他のアジア諸国との比較の視点からも見えてくるように思われる．それは，企業統治における（投資家にくらべての）現場での生産責任者の重視という特質である．そうした特質は，明治以前の時期からの農業・農村的基礎のうえに形成されてきた可能性がある．

1) 本稿作成にあたり，中央大学金子貞吉，井村進哉および一橋大学　齋藤修，黒崎卓氏から貴重なコメントを頂いた．厚く感謝したい．
2) こうした設定は Hart（1995）によっている．代替的には，残余所得請求権の保持者を企業の所有者と定義することもできるし，さらに法人実在説によりステーク・ホルダーによる所有から議論を構成することもできる．
3) この場合作物の分割割合は，例外なく50対50である．Otsuka, Chuma and Hayami（1992）はこれをパズルとよび，inter-linking contract にかかわっている可

能性を示唆している．
4) その後 1970 年にはこの比率は 92, 1980 年には 115 まで上昇する（川越俊彦, 1993）．
5) ただし，フィリピンでもプランテーション農業を行なうハシエンダでは定額小作がなされることが多いとされているが，この場合も差配人以下数人の管理人グループがさまざまな介入を行なっているようである．
6) いま 1 つの要因として，アジアでの小作人はしばしば親戚又は子供であり，将来の遺産相続の前提として（分益）小作がなされることが多い（Otsuka, Chuma, Hayami, 1992, p. 2011）ことがかかわっているのかもしれない（アジアでは土地相続は多くの場合，均等相続であり，日本のケースとは異なる）．
7) 小作の契約期間は 1 年ないし 5 年から 10 年程度が普通であった．
8) 黒崎卓氏の御指摘に負う．またこの点について Arimoto (2004) 参考．
9) ただし 1987 年以降，企業別組合の交渉力の弱さを補うためコングロマリットごとの joint union council が形成されたり，また地域別，産業別の union council が形成されたりしてきている．
10) たとえばこの点は，ブラジルのシンジケート（組合）の財政力と比べると明瞭である．シンジケートは初等学校，職業学校，図書館，病院，運動施設，法律サービス，信用組合および消費者組合をみずから保有している．大規模なシンジケート，たとえばサンパウロ金属労働者シンジケートのような約 21 万 6,000 人の労働者を抱えるところは，これらの施設をすべて提供し，教師や医師，看護婦，弁護士などを雇っている．その一方で小規模なシンジケート，たとえば玩具と音楽機器を生産する約 7,000 人の労働者からなる組合は法律サービスと医療・歯科サービスのみ提供している．これらの活動には労働組合税（imposto sindical）の税収をもって補助金が支給される．給与 1 日分に等しい額が 1 年に 1 回その組織に所属する全ての労働者から集められ，政府と労働省が税収をシンジケートに分配される．1954 年から 1964 年までの間，シンジケートの収入の 60% は労働組合税からであった．1965 年までは労働組合税の税収の 54% はシンジケートへ，15% は連盟へ，5% は連合へ分配された（寺西，1998）．
11) この問題は国際経済学で，ヘクシャー・オリーン・モデルと特殊要素モデルの対比のかたちで対比的に論じられてきた．まずヘクシャー・オリーン・モデルでは，生産要素が全て完全に産業間を自由に移動できると仮定される．第 1, 第 2 の 2 産業，資本と労働の 2 要素の世界を考え，産業 1 では産業 2 にくらべてより労働集約的な技術が採用されているとしよう．この前提の下で，産業 1 の産出物価格の産業 2 の価格に比べての相対的な上昇は，賃金の上昇と利潤率の低下をもたらすことおよび，賃金率の上昇率は，産業 1 の価格上昇率より大きいこと（ストルパー・サミュエルソン定理）を示すことができる．言いかえると，要素が完全に移動可能である場合，労働集約的な産業の生産物の価格を引き上げる政策は，その産業の労働者に利益をもたらすのである．資本家は，利潤率低下という影響を受けるから，この場合，労資の利害は不一致となり，両者の連携は成立しない．この政策は，資本集約的産業においても賃金上昇をもたらすから，結局ヘクシャー・オリーン・モデルの状況では労働者は一体となって階級として資本家

と対立し，産業1の価格引上げをもたらす政策を政府に要求する．人々は階級を結集軸として政府と向いあうのである．

次に，特殊要素モデルでは，一要素たとえば資本は，産業間を自由に移動できるのに対し，労働は産業特殊的技能に投資してそのコストを埋没しているため産業間を移動することはないと仮定される．このとき産業1の産出物価格を引き上げるような政策がとられたとすると資本は，産業2から産業1に移動し，産業1の生産は拡大，産業2の生産は縮小する．資本利潤率は上昇するが，その上昇率は産業1の価格上昇率より小さい．それゆえ産業1の価格で測った利潤率は低下するが，産業2の価格で測った利潤率は上昇することとなり，この場合資本家は政策によって得するか否かは確定しない．しかしながら，産業1の特殊技能をもった労働者は必ず得をする．これはこの労働者の賃金が産業1の価格以上の率で上昇するからである．逆に，産業1の価格上昇は産業2に特殊な技能をもつ労働者の実質賃金を確実に引き下げることも示すことができる．それゆえ，このモデルの下では，産業特殊技能をもつ産業固定的な生産要素は，その産業の価格を引き上げる政策によって利益を得るため，その産業の利益になる政策を政府に要求することとなる．言いかえると，産業特殊技能をもつ固定的生産要素の存在する世界では，労働者と資本家は一体となって産業の利益のために政府に働きかけ所属する産業が人々の利害の結集軸となるのである．

12) その後は，タイのアグロ・インダストリィ育成策にのってバンコクの商工業資本がさまざまなかたちでタイの農業開発に進出しつつある．
13) 企業集団一般のメリット・ディメリットについてはKhanna (2000) を参照．
14) 現実の企業の市場価値とたとえば産業平均値や売上高からインピュートされた企業価値の差．

参 考 文 献

Arimoto, Yutaka, "State-contingent Rent Reduction and Tenancy Contract Choice," *Journal of Development Economics*, 2004 (forthcoming).

Christensen, Scott Robert, *Coalitions and Collective Choice : The Politics of Institutional Change in Thai Agriculture*, University of Wisconsin-Madison, 1993.

Deyo, Frederic C., "State and Labor : Modes of Political Exclusion in East Asian Development," in Frederic C. Deyo (ed), *The Political Economy of the New Asian Industrialism*, Cornell University Press, 1987.

Deyo, Frederic C., *Beneath the Miracle*, University of California Press, 1989.

深川由起子，『韓国・先進国経済論』日本経済新聞社，1997年．

原洋之介，『現代アジア経済論』岩波書店，2001年．

Hart, Oliver, *Firms, Contracts and Financial Structure*, Oxford University Press, 1995.

服部民夫，「韓国工業化の政治経済学序説」服部民夫編『韓国の工業化—発展の構図』アジア経済研究所，1987年．

速水佑次郎，「アジア農業共同体の基礎理念と契約形態」速水佑次郎・港徹雄編『取引と契約の国際比較』創文社，1992年．

大阪屋商店調査部編纂,『株式年鑑』大同書院,1992年.
川越俊彦,「農業における規制と保護主義」香西泰・寺西重郎編『戦後日本の経済改革』東京大学出版会,1993年.
Khanna, Tarun, "Business Groups and Social Welfare in Emerging Markets : Existing Evidence and Unanswered Questions," European Economic Review, Vol. 44, No. 4-6, 2000, pp. 748-761.
Kim, Hwang-Joe, "The Korean Union Movement in Transition," in Stephen Frenkel (ed.), Organized Labor in the Asia-Pacific Region, IL R Press, Cornell University, 1993.
Laothamatas, Anek, Business Associations and the New Political Economy of Thailand, Westview Press (Institute of Southeast Asia Studies), 1992.
Laothamatas, Anek, "From Clientelism to Partnership : Business Government Relations in Thailand," in MacIntyre Andrew (ed), Business and Government in Industrialising Asia, Cornell University Press, 1994, pp. 195-215.
森川英正,『財閥の経営史的研究』東洋経済新報社,1980年.
村上泰亮・公文俊平・佐藤誠三郎,『文明としてのイエ社会』中央公論社,1989年.
農商務省(農務局),『大正元年及明治十八年小作慣行ニ関スル調査資料』,1924年.
岡崎哲二,「戦時計画経済と企業」東京大学社会科学研究所編『歴史的概観(現代日本社会4』東京大学出版会,1991年.
Oshima, Harry T., Economic Growth in Monsoon Asia, University of Tokyo Press, 1987. (渡辺利夫・小浜裕久監訳『モンスーンアジアの経済発展』勁草書房).
Otsuka, Keijiro, Hiroyuki Chuma and Hayami Yujiro, "Land and Labor Contract in Agrarian Economies ; Theories and Facts," Journal of Economic Literature, Vol. 30, No. 4, 1992, pp. 1965-2018.
大内力,『日本資本主義の農業問題』東京大学出版会,1952年.
Park, Moon Kyu, "Interest Representation in South Korea ; The Limits of Corporatist Control," Asian Survey, Vol. 27, No. 8, 1987, pp. 903-917.
Porta, Rafael La, Florencio Lopez-de-Silanes, Andrei Shleifer and Robert W. Vishny, "Law and Finance," Journal of Political Economy, Vol. 106, No. 6, 1998, pp. 1113-1115.
高橋亀吉・青山二郎,『日本財閥論』春秋社,1938年.
高橋亀吉,『日本の企業・経営者発達史』東洋経済新報社,1977年.
寺西重郎,『日本の経済発展と金融』岩波書店,1982年.
寺西重郎,「所得分配における対立パターン——産業利害の日本と階級対立のブラジル」南亮進・中村政則・西沢保編『デモクラシーの崩壊と再生』日本経済評論社,1998年.
Tirole, Jean, "Corporate Governance," Econometrica, Vol. 69, No. 1, 2001, pp. 1-35.
梅原弘光,「フィリピン農業発展における地主の役割(I)」『アジア経済』Vol. 11, 1970年,111-117頁.
綿谷赳夫,「資本主義の発展と農民の階層分化」東畑精一・宇野弘蔵(編)『日本資本主義と農業』岩波書店,1959年.

〔寺西重郎〕

コメント

　寺西先生からは，結論的にはアジア，日本，ヨーロッパと比較したときに，生産者重視の日本型経済システム，それから投資家重視のアングロ・アメリカ型経済システム，それに対して東南アジアの経済システムは中間型だと，非常にわかりやすい，説得的な結論を出していただいた．ただ，この結論に至る方向性というか，分析の方法論について少し異論がありそうなので，私自身は分野外の経済史専攻者で，コーポレート・ガバナンス問題には適任者ではないが，若干コメントさせていただく．

　1つは，とくに農業から論じられたが，その際に戦前の日本の農業と戦後のアジアの農業という，時代の異なる両者を比較されながらコーポレート・ガバナンスの違いについて触れているので，この手法が適切かどうか疑問である．と言うのは，もともと大戦前にはアジアでは，資本市場は形成されていなかったと認識している．そして，承知のようにインドなどの綿業会社等は株主総会を全部ロンドンで開いている．そういう意味ではアジアでは，そもそも，植民地企業は別として，一般的な自立的な企業というのはなかったと言える．日本ではその点は違いがあるのかも知れない．そういう比較をするときの時間概念をどうするのか，日本では戦前，アジアでは戦後という異時間の形態を比較しながら特性を摘出することが出来るのか，というのが1つ不明だった点である．各国の相互依な関係によってなり立つ構造的特徴が，形態比較法ではみえないのではないかという疑念です．

　2番目には，こと日本に関して言うと，戦前は確かに，地租改正以降，定額制の小作制度が増えてきた．日本では周知のように寄生地主制が戦前農業の中核だが，その起源をいえば江戸時代にすでに色々な形態で発生している．確立したのは明治10年代頃から広がり始めて，だいたい明治30年代頃までで，日本の耕地面積の45%くらいまで小作地となっている．この小作制度では地主がまるごと小作人に貸し出して，そこから現物で小作料を納めさせるという形態である．この小作料が時代とともに定額制になっているが，ずっと現物納

で，金納になるのはかなり後である．それはヨーロッパに見られる3部制，すなわち地主，農業経営者，そしてその農業経営者に土地が貸されて，それがエージェントになって農業労働者を集めて，農業経営が行なうという形態とはまったく異なっている．しかも，ご承知のように日本の小作制度というのは非常に小規模経営である．大体，戦前には1ヘクタールぐらいである．それ以下の小作，あるいは若干の自作も含むが，その経営面積が田畑を入れて1ヘクタール以下の農民が全体で約70%を占めている．それで，たとえば2ヘクタールだとか，あるいは3ヘクタール以上の農家は10%に満たないのである．ほとんどは1ヘクタール以下の零細小作人であった．果たして，定額小作制度であったとしても，小作人のもとに残余が生まれる発展性はなかったし，直接生産者のもとには残余支配権は存在せず，インセンティブが働くようなことはなかった，と私は思う．経済史の分野では，戦前の日本の小作制度については否定的に見ているのである．戦前の米穀生産の増大は耕地面積の拡大と比例しており，思ったほど反収は増えていない．反収が飛躍的に増えるのは，農地解放後の戦後のことである．したがって，この戦前型をアジアの戦後型と比較するのは無理だと思う．実は今日の報告を聞きながら，戦前の「講座派」の発想（山田理論の固定性）と同じかと実は一瞬思った．戦後経済民主化過程において，小作解放が行なわれて，農業の生産性向上があったと理解している．戦前の小作人を直接生産担当者としてとらえて，戦後の自作農家と比べて，そこにインセンティブが働くほど，小作に対して有利な条件があったとはとても思えない．したがって，日本的なコーポレート・ガバナンスの特性を農業を事例とする生産者重視型と説くことの論拠には，ならないのではないだろうか．

　第三に戦後は戦前と断絶して考えざるをえないし，やはり米国を核とした日本と東南アジア，この三極の結合体，あるいは相互依存関係をどう説いていくのか，という視点でないと三者の特徴は見えないのではないかと思う．そこに，90年代以降は周知のように中国が入り込んでくる．そして，実物の交易というか，実物経済でのつながりと別に，もう1つ資本市場が広がってくる．こういう問題として，金融危機以降のコーポレート・ガバナンスの問題は捕ま

えなければならないのではないか，と思っている．

　最後の4番目は，「株主権」が日本で弱いというような措定の仕方がはたしていいのだろうか，疑問とする．たとえば，先ほど言った株式の相互持合い制度，これは1960年代に，高度成長期の終わりころ確立してくる制度で，そこでは銀行を軸とする企業集団とメインバンク制がある．この「6大企業集団」では銀行と企業との間の相互持合いが戦前財閥の持株会社に代わって成立している．この相互持合いの下ではほとんど株を外に売り出さないのである．実は株式市場，証券市場に出てくるところの株は非常に少なく，総株数からみると流動化が小さい．だから，バブルのときに株が一挙に上がりうる条件がここにあったともいえる．すると，それ以前の時代では株主は主として企業であり，企業にとっては，キャピタルゲインが問題であって，ヨーロッパで見られるようなインカムゲインについて株主はあまり問題にしていなかったのではないだろうか．それから，キャピタルゲインが関心の的だから，株価の右肩上がりの時代には含み益が発生するので，株主の側から権利保護というか，株主権限が弱い，というようなことは出てこなかった．要するに，バブルが崩壊し，株価が下がってしまって，キャピタルゲインがまったく無くなったときに，初めて日本では株主側からコーポレート・ガバナンスが問題になった．同時に，アメリカの金融資本が日本に入り込んで，株を買い付けるようになったときに，開示その他の問題としてコーポレート・ガバナンスが日本では出てきたのではないだろうか．そうすると，金融機関のモラル・ハザード，こちらに問題があったので，エージェントの株主に対する責任はそういうものとしてとらえなければならない．企業の相互持ち合いが行なわれているので企業そのものが株主であり，所有と経営の分離が1970年代にいわれていたほど，両者が画然と切り離されてはいなかった．したがって，経営者（生産者）優先と一方的にいうことはできないと思う．企業たる株主は株価が右肩上がりの時代には，株式の含み益で十分満足していたと言える．さらに，コーポレート・ガバナンスというときに，株主と，エージェントたる経営者と，生産担当者（経営者も入るが，労働者），ここの三極だけではなく，最近ではもう1つカスタマーというか，預

金者とか顧客とか,そこまで含めて考えていかないと,新しいコーポレート・ガバナンスはわからないと,そういう風に感じた.ただ,寺西先生が報告した,アジア型と日本型,それと結論のところは,非常に納得させられると思う.

〔金子貞吉〕

リプライ

　金子先生から結論は賛成だとのコメントがあり心強く思っている.
　私自身,論証手続きは今の段階ではまったく不十分であると思っているので,金子先生の批判は大筋では受け容れざるをえないと思っている.ただ細かいところでいくつか反論の余地がある.

1. 戦前の日本と現在の東アジアを比較することについて.私の現在行っている他の研究によると,現在の東アジアと戦前日本の資本市場ないし証券市場は非常に類似点が多いことがある.ともに株式を活発に売買する投機的株主と企業を実質的に支配するファミリーという二重構造となっている点などである.
2. 戦前の小作に余剰が生じる余地がなかったとの指摘は,確かに説得力のある批判だと思う.しかし,私はそれにもかかわらず,たとえば中農標準化傾向とか自小作前進型といった言葉に要約されるような,積極的な小作行動があった点に着目しているわけである.しかし,この点はもっと慎重に考えたいと思う.
3. 戦後の株式持合いの下でのコーポレート・ガバナンスについて.これについて私は,株式の持合いが進行し,その進行を容認した日本の経済社会自体の価値基準に注目する必要があると思う.持合いによって株主の権限は確かに制限されるが,しかし他方で,持合いの下で経営者・従業者主権が尊重さ

れ長期雇用が成立する結果,企業特殊技能が蓄積され,それにより"ものづくり"による経済成長が生じたのである.株式持合いの問題を論じるには,こうした側面をも考慮せねばならないというのが,今日の私の背景にある考えである.

〔寺西重郎〕

2. 東アジアのコーポレート・ガバナンス
　　——家族支配構造の特徴と問題点を中心に——

はじめに

　昨今日本やアメリカでは，企業倒産や経営破綻，あるいは企業の不祥事が相次いで発生し，企業のあり方や企業は誰のものかといったコーポレート・ガバナンスの問題があらためて問われようとしている．また，1997年に金融危機を経験した東アジア諸国でも，コーポレート・ガバナンスの問題が危機発生と何らかの関係があるのではないかとの見方があり，関心が高まっている．

　もっとも，同じコーポレート・ガバナンスといっても，それぞれの国や地域の経済および社会環境や歴史的発展過程の相違などを反映して，その本質や問題の所在は大きく異なる．アメリカや日本の大企業に多くみられるように，所有と経営の分離が進み，株式が多くの株主の間で分散して保有されている企業に対しては，株主の利益に合致した経営を経営者に指向させるメカニズムをいかに整備することができるかが，コーポレート・ガバナンスの議論の出発点となる．情報経済学的なモデルに即して言えば，株主をプリンシパル，経営者をエージェントとするエージェンシー関係とみなすことができる．

　ところが，東アジアにある企業では，一般に特定の家族がその株式を集中的に保有し，実質的な支配権を確保している場合が多い．このような状況においては，株主と経営者の間の利害対立は基本的には軽微であり，エージェンシー問題の本質は支配権を持った大株主とそのほかの株主との関係にシフトする．つまり，支配株主とそのほかの株主とは必ずしも利害が一致している保証はなく，支配株主の支配力が高まれば高まるほど，また支配と所有の乖離が進めば進むほど，そのほかの株主が本来稼得すべき利得が支配株主によって搾取（expropriation）される可能性が増す．このような一種の非効率性がアジア危機の際に露呈して，企業パフォーマンスの悪化を招いたことが，いくつかの実証研究によって示唆されている．

　本稿では，コーポレート・ガバナンス論の系譜を辿るとともに，東アジアの

コーポレート・ガバナンスの実態や特徴を明らかにし，先行研究をサーベイすることによって，アジア危機とコーポレート・ガバナンスの問題との関連性について概観する．

2-1 コーポレート・ガバナンス論の展開

（1） バーリー・ミーンズの指摘

Adolf A. Berle と Gardiner C. Means が 1932 年に共同執筆した The Modern Corporation & Private Property は，企業論に関する古典的な名著とされている．そのなかで，彼らは企業組織の発展過程とその意味を鋭く考察している．すなわち，19 世紀型の小規模な企業体から企業組織の近代化や大規模化が進む過程で，株主数は著しい増加傾向を辿り，企業支配の形態も変革を遂げつつあるというのである．

つまり，伝統的な個人企業や非公開企業では，所有（ownership）と支配（control）とは概ね一致していたが，近代的な大企業への発展過程で，両者の分離が着実に進んでいることを指摘している．加えて，彼らは経営者と所有者の利害が食い違う場合があるという次に述べる近代的なエージェンシー理論の世界を，先見性を持って描写しているのである．

（2） エージェンシー問題

ある経済主体が，その主体にとって利益になるように何らかのサービスの代行を他の経済主体に依頼する状況は，世間一般に広く観察される．この場合に，サービスを発注する主体が依頼人（principal），依頼人の要請に応じてサービスを代行する主体が代理人（agent），またこのような両者の関係を，エージェンシー関係（agency relationship）と呼ぶ．地主が小作人に耕作を依頼するケース，個人や企業が税理士に税務処理を依頼するケースなどが，それに該当する．

このようなエージェンシー関係において，代理人が依頼人にとって最適に行動する場合には，両者の間にはとくに問題は生じない．しかしながら，現実にはそのような場合は稀であり，往々にして依頼人と代理人との間では，利害対立が生じやすい．なぜならば，依頼人は代理人に依頼人の利益にかなう十分な

努力水準を求めるのに対して，代理人は自己の利得を高めることを第一義的な目的として自分にとって望ましい努力水準を選択しようとするからである．

依頼人と代理人との利害対立の問題は，情報の問題と深くかかわっている．つまり，依頼人は代理人の行動を常時監視することは不可能であり，依頼人にとって好ましい成果があがらなかった場合に，代理人は実際には怠けていたとしても，最善の努力を尽くしたと依頼人に説明するかもしれない．経済学では，複数の経済主体の間で情報量に格差があるような状態を，情報の非対称性（asymmetry of information）が存在するという．まさに，エージェンシー問題（agency problem）は，このような不可避的な情報の非対称性に起因していると解釈することができる．

（3） 不完備な契約

もっとも，依頼人と代理人とが事前に契約を締結して，両者にとって，あるいは社会的にみて，最適な努力水準に関する合意を形成しておけば，エージェンシー問題は発生しないかもしれない．社会的に最適な努力水準を規定する契約は完備契約（complete contract）と呼ぶことができるが，現実の世界においてそのような契約を結ぶことは，将来に関する情報の不完全性や非対称性の問題が存在することから，必ずしも容易ではない．したがって，多くの場合に依頼人と代理人との契約は，不完備（incomplete）にとどまらざるをえず，エージェンシー問題を回避することは困難となる．

（4） 企業組織におけるエージェンシー問題

企業組織を巡るエージェンシー関係においては，依頼人と代理人というそれぞれの立場は，それほど明確であるとはいえないかもしれない．それにもかかわらず，依頼人と代理人との関係を擬製して企業組織を巡る問題をとらえることが，コーポレート・ガバナンスの問題を理解するうえで有意義である．

企業組織を対象にエージェンシー関係を考える際に原点となるものが，前述のBerle and Means（1932）が指摘した所有と経営の分離という現象である．すなわち，近代的な株式会社では，投資家である株主は，自己の出資金に対するリターンを受けとる権利を確保しつつ，企業家あるいは経営者に対して日常的

な企業経営を一任する．それは，株主が依頼人，また経営者が代理人というエージェンシー関係としてとらえることができる．

　株主と経営者との間のエージェンシー関係においては，株主は経営者の行動を常時把握することはできないので，経営者は最善の努力をするよりは，なまけてしまう（shirk）ことを選択したり，perks（または，perquisites）というかたちで，自分自身の利得（private benefits）を引き上げようとするかもしれない．

　これは，社会的な資源の無駄遣いであり，エージェンシー関係に起因する典型的なエージェンシー・コストである．コーポレート・ガバナンスとは，このように株主と経営者との間にエージェンシー問題が存在する場合に，エージェンシー・コストを抑制して資金提供者である株主に対して投資に見合った収益をいかに確保する仕組みを整えるかという問題を取り扱うものである．

（5）　株主による経営者のモニタリング

　そのアプローチには，3種類ある．第1は，株主と経営者との間の情報の非対称性を緩和して，株主が経営者をより有効にモニターできる仕組みを構築することを目指すものである．しかしながら，アメリカにおけるエンロン事件に典型的にみられるように，株主の経営者に対するモニタリングが有効に働かない事例は数多くある．また，株主がモニタリング活動を進めていくうえでは，たとえば代替的ないくつかの投資プロジェクトの収益性やリスクに関する正確な情報が必要となるが，それらの情報を得るには多大な金銭的あるいは時間的なコストがかかり，コストに見合った便益が得られなければ，費用と便益の観点からして十分なモニタリングは実施されないはずである．さらに，株主が企業経営上重要とされる情報を入手できると想定するならば，そのような株主が経営者に企業経営を依頼する必要はなく，株主自身が直接企業経営に携わればよいという論理的な矛盾が出てくる．

（6）　経営者へのインセンティブ付与

　このように，株主によるモニタリングが不十分な状態にとどまらざるをえないことから，第2のアプローチが有意味となる．それは，株主が，事前に経営者と適切なインセンティブ契約を結ぶことによって，経営者から最善の努力を

引き出し，企業価値の上昇を図ろうとするものである．

その手段の1つは，経営者の金銭的報酬である．それが定額であると，努力を怠ってモラル・ハザード問題が生じやすいことは容易に想像できる．したがって，それを経営者の努力水準に見合った金額に設定することや，企業のパフォーマンスに応じて賞与部分を大幅に変化させることが，経営者のインセンティブに直接働きかける施策であると考えられる．また，直接的な金銭報酬以外にも，経営者に企業価値向上のインセンティブを付与する手段がある．経営者による自社株所有やストック・オプション（自社株購入権）の付与，業績悪化時の経営者解雇などである．

しかしながら，現実にはこれらの施策も，実効性の高いものであるとは言い難い．なぜならば，社内に常駐していない株主が，経営者の行動を常時モニターすることはできないから，努力水準に見合った報酬額の設定は事実上不可能であろう．また，企業のパフォーマンスは，自助努力のみではなく，景気，為替，金融環境，政治社会情勢など経営者の力量を超えた諸要因によっても大きく左右されることから，実際の企業業績の改善や落ち込みが，はたして経営者の努力水準を反映するものであるのか否かを判断するのは，容易なことではない．

（7）企業コントロール市場の機能

株主が経営者をモニターすることも，経営者に適切なインセンティブを付与することも容易ではないとすれば，その他の代替的あるいは補完的なメカニズムは存在するのであろうか．

可能性があるとすれば，それは企業コントロール市場（market for corporate control）の機能である．それが有効に働けば，パフォーマンスの悪い経営者を追放したり，株主の利益に沿った経営に転換させることが可能となる．そのメカニズムは，具体的に以下の3つである．

第1は，委任状獲得競争（proxy contestsまたはproxy fight）と呼ばれるものである．これは，現経営陣と対立するある株主グループが，自分たちと同一歩調をとるようにほかの株主を説得しようと試み，一方経営陣は経営陣でほかの株

主を自分たちの味方に付けようと努力し，結果として株主総会に向けて両陣営が委任状の獲得競争を繰り広げるものである．

第2の方法は，企業の合併および買収（mergers and acquisitions）である．もっとも，M&Aにはさまざまの背景があり，必ずしもすべてを企業コントロール市場の機能に含めることは，適当とは言えない．たとえば，2つの企業が企業価値の向上を目指して合意の上で1つになる友好的合併（friendly merger）の場合には，その取引が一方の企業が他方の企業を株式公開買付け（take-over bidまたはtender offer）を通じて取得したとしても，企業コントロールが主たる動機であるとみなすことはできないであろう．

企業コントロール市場の特性を有するM&Aとは，敵対的買収（hostile take-over）に代表されるように，資源や資産が有効に利用されず株価が低迷する企業を標的として，M&Aが成功した際には現経営陣の退陣や経営方針の思い切った転換などにより，経営効率の改善と企業価値の向上を実現しようとするものである．

第3に，企業内で複数の事業を営むことが企業経営上むしろマイナスである場合に，資本市場の機能を利用して一部の事業を切り離し，企業経営の効率化を促進する手法がある．その1つは，採算性や経営戦略上の観点から不必要となった事業部を他企業に売却すること（divestiture）であり，また別のやり方は，そのような事業部を別会社化して，その会社の株式を既存親会社の株主に割り当てるかたちで分離，独立させること（spin-off）である．

2-2 東アジアのコーポレート・ガバナンス
（1）家族支配とは何か

今まで概観してきたコーポレート・ガバナンスの問題は，アメリカや日本の大企業で典型的にみられるように，企業の株式が比較的多数の株主によって分散所有されているケースを想定したものである．ところが，世界的にみると，ある企業の株式がたとえ大企業であっても，ある家族によって集中的に所有され，その企業が実質的にその家族によって支配されているケースがある．ま

た，このような家族支配の企業（family-controlled firms）は，同じ家族によって支配されている企業グループに属することも稀ではない．さらに，そのような家族のなかには，政府や政治家と親密な関係を構築し，国民経済に無視し得ない影響力を及ぼすものもみられる．

家族支配のもとでは，ある家族がある企業（いわば，子会社）の支配株主（controlling shareholder）となり，その企業が別のいくつかの企業（いわば，孫会社）の大株主となっているケースも多々みられる．そういう状況では，それらの孫会社を実質的に支配しているのは，その家族であるとみなすことができる．また，ある家族が実質的に多くの企業を支配下に置いているケースでは，図3-2-1で描かれているように，その企業グループに属する各企業が，ピラミッド型の所有構造（pyramid ownership structure）を通じて連関していることが多い．加えて，図3-2-1における企業1と企業1.1あるいは企業2と企業2.3の間などでみられるように，グループ企業間で株式の相互持合（cross-shareholdings）がなされているケースもある．

家族支配に基づくこのように複雑な所有構造を前提とすると，企業の表面的あるいは直接的な所有構造（immediate ownership structure）をみるだけでは，企業支配の本質を把握することはできない．なぜならば，図3-2-1の例に基づくと，企業1.2の大株主として企業1が存在し，その企業1が家族Aによって支配されているとすると，企業1.2の実質的な支配者は家族Aとなるからである．

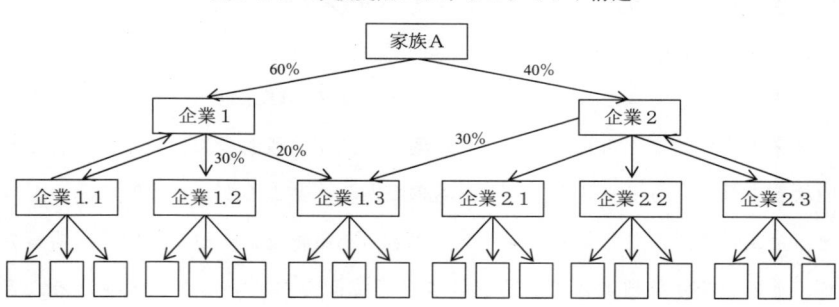

図3-2-1 家族支配におけるピラミッド構造

したがって，企業の究極的な所有構造（ultimate ownership structure）を明らかにするためには，企業グループが形成するピラミッド型や相互持合の所有構造の連鎖を丹念に辿ることが必要となる．

（2） 東アジア企業の所有構造

そのような作業を通じて，27の国と地域を対象に，企業の所有構造を明らかにしたのが，La Porta, Lopez-de-Silanes and Shleifer（1999）である．表3-2-1は，彼らの調査結果に基づき，家族支配割合の高い国や地域を列挙したものである．その結果，20の大企業をサンプルとしたメキシコでは，すべての企業が家族によって支配されているのをはじめ，香港，アルゼンチン，イスラエル，ギリシャ，ベルギーで，少なくとも半数の企業が家族支配の形態を有している[1]．

La Porta, Lopez-de-Silanes and Shleifer（1999）による全世界の企業の所有構造に関する研究に引き続き，東アジアの企業を対象に，同様な手法で所有構造を詳細に分析したのが，Claessens, Djankov and Lang（2000）である．彼らは，東アジアの9つの国と地域に存在するおよそ3千にも及ぶ企業の所有構造を丹念に調べ，支配株主が誰であるかを特定することによって5つのグループに分

表3-2-1　世界における家族支配
(単位：%)

国および地域	家族支配割合
メキシコ	100
香　港	70
アルゼンチン	65
イスラエル	50
ギリシャ	50
ベルギー	50
スウェーデン	45
ポルトガル	45
デンマーク	35
シンガポール	30
スイス	30

注：調査対象の27の国と地域を，家族支配の程度が高い順に30％に至るまで並べたもの．
出所：La Porta, Lopez-de-Silanes, and Shleifer (1999).

類した.それらの5つとは,表3-2-2に示されている通り,支配株主が存在しない分散所有(widely held),家族支配(family controlled),国営(state controlled),分散所有の金融機関(widely held financial institutions)による支配,および分散所有の非金融法人(widely held non-financial corporations)による支配である[2].

表3-2-2を概観すると,日本では分散所有が主流であり,家族支配の割合は低度であるが,その他の国や地域ではすべて家族支配のウェイトが5つのグループのなかでもっとも高く,多くの場合には5割を超えていることがわかる.このように,日本を除く東アジア地域においては,大企業においても家族支配が広範にみられることがみてとれる[3].

表 3-2-2 東アジアにおける企業支配構造　　　　（単位：%）

	企業数	分散所有	家族支配	国営	分散所有の金融機関	分散所有の非金融法人
10% cutoff						
香　港	330	0.6	64.7	3.7	7.1	23.9
インドネシア	178	0.6	68.6	10.2	3.8	16.8
日　本	1,240	42.0	13.1	1.1	38.5	5.3
韓　国	345	14.3	67.9	5.1	3.5	9.2
マレーシア	238	1.0	57.5	18.2	12.1	11.2
フィリピン	120	1.7	42.1	3.6	16.8	35.9
シンガポール	221	1.4	52.0	23.6	10.8	12.2
台　湾	141	2.9	65.6	3.0	10.4	18.1
タ　イ	167	2.2	56.5	7.5	12.8	21.1
20% cutoff						
香　港	330	7.0	66.7	1.4	5.2	19.8
インドネシア	178	5.1	71.5	8.2	2.0	13.2
日　本	1,240	79.8	9.7	0.8	6.5	3.2
韓　国	345	43.2	48.4	1.6	0.7	6.1
マレーシア	238	10.3	67.2	13.4	2.3	6.7
フィリピン	120	19.2	44.6	2.1	7.5	26.7
シンガポール	221	5.4	55.4	23.5	4.1	11.5
台　湾	141	26.2	48.2	2.8	5.3	17.4
タ　イ	167	6.6	61.6	8.0	8.6	15.3

注：各国および地域の企業の1996年（または,その近傍）時点での所有構造をもとに,それぞれの支配構造を明らかにし,5形態に分類したもの.
　　10%（20%）cutoffとは,支配構造を特定化する際のvoting rights（議決権）の最低水準が,10%（または20%）であることを意味する.
出所：Claessens, Djankov, and Lang (2000).

（3） 家族支配とエージェンシー問題

　先に触れた通り，経済学的に企業組織の問題を考察する際には，情報の非対称性や不完全性に起因するエージェンシー問題をどのように解決あるいは緩和することができるのかが，重要な論点となる．しかし，企業が分散所有されている場合と家族支配のもとにある場合とでは，エージェンシー問題の性格が大きく異なる．すなわち，日本やアメリカの大企業で主にみられるように企業の株式が分散所有されている場合には，プリンシパルである株主とエージェントである経営者との間の利害対立の問題が，もっとも重要となる．これに関する論点は，すでに概観した通りである．

　一方，東アジアの家族支配型企業の場合には，究極的な所有者である家族は企業の実質的な支配権を確保していると考えられる．また，そのような家族支配企業では，経営陣にその家族から有力者が送り込まれていることも稀ではない．そのような状況では，株主と経営者との間のエージェンシー問題は生じない．むしろこの場合のエージェンシー問題の本質は，Shleifer and Vishny（1997）が指摘するように，株主と経営者との関係から支配権を持った大株主とそのほかの株主や債権者といった外部投資家（outside investors）との関係へとシフトする．つまり，支配株主と外部投資家とは必ずしも利害が一致している保証はなく，支配株主の支配力が高まれば高まるほど，外部投資家が本来稼得すべき利得が支配株主によって搾取（expropriation）される可能性が高まる．

　その具体的なメカニズムとしては，次のようなものが考えられる．第1に，ある家族が企業グループを実質的に支配している場合には，グループに属するそれぞれの企業の経営状態を勘案しつつ，ある企業には不利益となるが別の企業には利益が出るようにグループ内の企業間の取引を作為的に設定したり，ある企業には非生産的であるが企業グループ全体を利するような投資プロジェクトを選択するかもしれない．このような場合には，その企業グループ全体のネットの利得がプラスとなる一方で，不利な条件を設定されたり，資金を浪費させられたある特定の企業の零細株主は，本来得られるべき利得が吸い上げられることになる．

第2に，家族支配型企業では，しばしば最高経営者（top manager）が，その家族から送り込まれている．そのような企業では，その経営者がperksというかたちで，自分自身の利得（private benefits）を高めるために行動するかもしれない．その場合には，その企業の外部投資家の利得が侵害される可能性があるのは，明らかである[4]．第3に，家族支配型企業に限ったことではないが，ある企業の株式を買い集めてその後その企業自身あるいは関係者に高値で買い戻させる行為（いわゆる，greenmail取引）も，一般の株主に不利益を及ぼすこととなる．

(4) voting rights と cash-flow rights

家族支配によって特徴づけられる東アジア企業の所有構造には，もう1つ重要な側面がある．それは，実質的な支配権を表わすvoting rights（議決権）とキャッシュフローベースの所有権を意味するcash-flow rights（収益受け取り権）との乖離である．

この現象を，図3-2-1で示されている関係に，具体的な数値例を当てはめて解説しよう．まず，比較的シンプルな家族A，企業1および企業1.2の関係に焦点をあてる．ここでは，家族Aが企業1の60%の株式を保有し，企業1が企業1.2の30%の株式を保有していると仮定する．この場合には，家族Aは企業1.2に対して30%のvoting rights[5]を有する一方で，cash-flow rightsは18%（すなわち，60%×30%）となる．

次に，家族Aと企業1.3との関係に着目してみよう．図3-2-1に示されているように，企業1.3は，企業1と企業2が重複して株主になっているケースである．ここで，家族Aの企業1と企業2に対する持株割合を，それぞれ60%と40%，また企業1と企業2の企業1.3に対する持株割合を，それぞれ20%と30%とする．この場合に，家族Aが企業1.3に対して有するvoting rightsとcash-flow rightsは，それぞれの連鎖を合算したものとなる．つまり，voting rightsは50%（すなわち，20%+30%），またcash-flow rightsは24%（すなわち，12%+12%）である．

では，実際に東アジア企業におけるvoting rights と cash-flow rights および両

者の乖離度は，いかなる水準であろうか．表3-2-3は，Claessens, Djankov and Lang（2000）が，支配株主が5％以上のvoting rightsを有している企業を対象にして，voting rights, cash-flow rightsおよび両者の比率を算出した結果をまとめたものである[6]．

まず，cash-flow rightsについてみると，タイが平均値でみて33％ともっとも高く，インドネシア（27％），香港（24％），マレーシア（24％）の順序である．分散所有が一般的で，家族支配が少ない日本は，7％と低率である．また，voting rightsにおいても，平均値でもっとも高率であるタイ（35％）からもっとも低率である日本（10％）にいたるまで，cash-flow rightsをある程度上回る水準で，cash-flow rightsと比較的似通った順序に並んでいる．

さらに，cash-flow rightsとvoting rightsの比率をみると，それぞれの国と地域の平均値は，概ね0.8程度から0.9程度の範囲に分布しており，両者の間に1～2割前後の乖離度合いが存在することがわかる[7]．もっとも，中央値は1.0を記録している国や地域も多いことから，cash-flow rightsとvoting rightsがまったく乖離していない企業が過半を占めていることをうかがい知ることができる．

voting rightsとcash-flow rightsが乖離している企業では，支配株主と外部投資家との間のエージェンシー問題が一層深刻化し，支配株主による搾取が生じやすくなると考えられる．なぜならば，両者が乖離している企業に対する支配株主の支配権は相対的に強固である一方で，当該企業が損失を発生させた際に支配株主が蒙る金銭的な損失は，相対的に低度にとどまるからである．

（5）東アジアと西欧の比較

家族支配が，必ずしも東アジア地域の企業にとりわけ顕著にみられる特徴とはいえないことは，La Porta, Lopez-de-Silanes and Shleifer（1999）によって示されていることは先にみた通りである．東アジアと西欧の企業の支配構造を比較分析したFaccio, Lang and Young（2001）は，両地域がともに家族支配を主体とする支配構造をとりつつも，配当政策の面では異なる特徴を有することを明らかにした優れた研究である．

表 3-2-3　Cash-flow rights と Voting rights　　　　（単位：%）

	企業数	平均値	標準偏差	中央値
Cash-flow rights（A）				
香　　港	330	24.30	11.43	18.67
インドネシア	178	26.61	12.54	24.00
日　　本	1,117	6.90	8.51	4.00
韓　　国	211	13.96	9.36	10.10
マレーシア	238	23.89	11.68	19.68
フィリピン	99	21.34	11.52	19.22
シンガポール	211	20.19	10.82	20.00
台　　湾	92	15.98	8.76	14.42
タ　　イ	135	32.84	13.51	30.00
合　　計	2,611	15.70	13.44	12.00
Voting rights（B）				
香　　港	330	28.08	11.73	19.64
インドネシア	178	33.68	11.93	30.19
日　　本	1,117	10.33	7.98	9.71
韓　　国	211	17.78	10.74	20.00
マレーシア	238	28.32	11.42	29.72
フィリピン	99	24.36	11.58	21.00
シンガポール	211	27.52	11.12	29.35
台　　湾	92	18.96	8.57	21.28
タ　　イ	135	35.25	13.36	39.52
合　　計	2,611	19.77	13.65	19.83
A/B 比率				
香　　港	330	0.882	0.214	1.000
インドネシア	178	0.784	0.241	0.858
日　　本	1,117	0.602	0.376	0.600
韓　　国	211	0.858	0.229	1.000
マレーシア	238	0.853	0.215	1.000
フィリピン	99	0.908	0.201	1.000
シンガポール	211	0.794	0.211	0.800
台　　湾	92	0.832	0.198	0.975
タ　　イ	135	0.941	0.164	1.000
合　　計	2,611	0.746	0.321	1.000

出所：Claessens, Djankov, and Lang (2000).

すなわち，表3-2-4に示されている通り，Faccio, Lang and Young（2001）は，3千社を上回る西欧（フランス，ドイツ，イタリア，スペイン，イギリス）企業の所有構造を，Claessens, Djankov and Lang（2000）の東アジア企業，およびLa Porta, Lopez-de-Silanes and Shleifer（1999）の全世界企業（表3-2-4ではLLSと表記）と比較している．

その結果，西欧では，東アジアに比べて家族支配型企業のウェイトが高いことが示されている（表3-2-4のA欄）[8]．また，家族支配型企業では，支配株主となっている家族から最高経営者[9]が送り込まれているケース，および支配株主以外に株式を10％以上保有する有力株主が一切存在しないケースが，両地域ともそれぞれ過半を占めており，厳格な家族支配体制を構築している企業が多いことがうかがわれる（B欄）．さらに，ピラミッド型や株式持合などを通じて形成される企業グループに属する企業の割合は，両地域とも概ね5割近くに達している（C欄）．なお，cash-flow rightsとvoting rightsに関しては，西欧は東アジアに比べておよそ2倍と集中度が高いものの，両者の乖離度合いは西欧に比べて東アジアの方が大きい（D欄）．

支配構造の分析に続いて，Faccio, Lang and Young（2001）は，配当性向（配当／税引後利益）とcash-flow rights/voting rights比率との関係を定量的に分析している．前述の通り，cash-flow rights/voting rights比率が低率であるということは，cash-flow rightsとvoting rightsとの乖離が大きく，支配株主による外部投資家の搾取が生じやすいことから，配当性向は低くなることが予想される．しかしながら，彼らの実証分析によると，同比率と配当との関係は，必ずしも単純なものではなく，当該企業が企業グループと密接な結びつきを有しているか否かによって異なるというのである．

つまり，企業グループとの結びつきが強い企業では，cash-flow rights/voting rights比率が低くても配当性向は高めとなる傾向がみられるのに対して，企業グループとの結びつきが弱い企業では，同比率が低率であるということは低い配当につながっているというのである[10]．企業グループとの結びつきが弱い企業は，西欧では3％弱にとどまるものの，東アジアでは15％程度に達し，

表 3-2-4 東アジアと西欧の企業支配構造の比較

	20% cutoff			10% cutoff	
	西欧	東アジア	LLS	西欧	東アジア
A：支配構造（%）					
分散所有	39.01	43.60	36.48	15.60	20.28
家族支配	43.13	37.86	30.00	55.90	45.05
国営	3.30	4.58	18.33	3.49	6.26
分散所有の金融機関	10.12	4.94	5.00	19.64	17.80
分散所有の非金融法人	2.38	9.02	5.00	1.46	10.61
その他	2.06	0.00	5.19	3.91	0.00
B：家族支配体制を強固にする要素（%）					
最高経営者の派遣	68.12	57.10	68.59	66.04	54.55
他の有力株主なし	54.69	67.80	75.48	54.91	62.26
C：支配形成（%）					
企業グループ	46.30	48.48	n.a.	49.24	63.93
うち，ピラミッド型支配	15.33	39.60	25.75	18.41	45.68
株式持合	6.01	10.12	3.15	6.27	11.02
うち，相互支配	0.90	n.a.	n.a.	0.69	n.a.
D：cash-flow rights と voting rights（%）					
cash-flow rights (a)	34.60	15.70			
voting rights (b)	37.75	19.77			
a/b 比率	0.877	0.746			

出所：Faccio, Lang and Young (2001).

しかもそれらが大企業に多くみられることから，東アジアでの搾取の問題は，西欧に比較してかなり深刻であると，彼らは結論している．

2-3 アジア危機とコーポレート・ガバナンス

（1） アジア危機とその原因

1997年7月のタイ・バーツの危機を発端として，東アジア諸国に蔓延していった通貨危機は，全世界に衝撃を与えた．なぜならば，同地域は，奇跡的ともいえる経済発展を成し遂げてきており（World Bank, 1993），将来的にも確固たる発展が持続すると広く信じられていたからである．もっとも，事後的に

は，危機発生以前に経済のファンダメンタルズが悪化しつつあったことや，対外債務が蓄積されていったなどの指摘がなされ，投機資金の役割を強調する見方などを含めて，多様な危機モデルが形成され，危機発生のメカニズムが考察されてきた[11]．

一方，マクロ経済学的あるいは国際金融論的アプローチとは異なるアプローチとして，コーポレート・ガバナンスの問題に焦点を当てて，アジア危機との関係を考察しようとする見方がある．その背景には，東アジア地域では，急速な経済発展により貿易や資本移動などの面で先進諸国との結びつきが強まるなか，コーポレート・ガバナンスの弱さ（weak corporate governance）が，危機の引き金となり，危機の影響を増幅したという仮説がある．そして，そのような仮説を，実際のデータにより検証しようとする試みが，いくつかの研究によってなされている．

それらは，2種類に大別される．第1は，コーポレート・ガバナンスのなかでも外部投資家保護という制度的側面に焦点を当てるものであり，第2は，家族支配に象徴される企業の所有構造に着目するものである．

（2）投資家保護の意義

投資家は，一般に株主や債権者の立場で企業に資金を拠出する際には，法律や規則の強制力（enforcement）に裏付けられた権利や権限を獲得する．このうち株主の権利としては，企業収益に見合った配当を受け取る権利や株主総会への出席，株主総会での議案の提出，取締役の選出，取締役の経営責任を追及するための訴訟（株主代表訴訟），株式の売買などの判断を下すための情報の取得，などがある．

もっとも，主要国の投資家保護の状況を整理した La Porta, Lopez-de-Silanes, Shleifer and Vishny（1998）が指摘するように，株主保護の細部は各国によってかなり異なる．たとえば，株主総会で投票するためには株主本人が直接出席しなければならないか，代理投票が認められているか，取締役の選任について累積投票が認められているか，株主総会の前後の期間に株主は株式を預けなければならないか，株主に新株引受権はあるか，臨時株主総会を招集するにはどの

程度の株主が必要とされるか,などである.

また,債権とは,一般的に債務者に対して一定の給付の実現を請求できる権利である.債権者は,債務者に対して債務の履行を請求することができるが,債務者が任意に債務を履行しないときには,裁判所に訴えて強制的に履行させることができる.La Porta, Lopez-de-Silanes, Shleifer and Vishny (1998) で示されているように,コーポレート・ガバナンスの関連で債権者の権利が法規によって保護されているかという点で重要性が高いのは,主に企業破綻や企業再生の手続きに関係したものである.すなわち,担保付き債権者が担保権の実行によって資金回収が可能か,抵当権における優先権が保護されているか,債権者が新たな経営者を任命することができるか,などである.

法規の強制力の問題は,法規の中味の問題と同等に極めて重要である.そのような強制力は,本来的には裁判制度によって保障されるべきものであるのかもしれない.しかしながら,多くの国々では,裁判所による判決が,何年もの長期間を要したり,政治的圧力にさらされるなどの弊害がある.そのような問題を緩和するために,部分的には規制当局者や市場参加者自身によって,強制力が確保されているケースも多い.

外部投資家にとっては,強制力をともなった権利の存在は,適正な収益を確保するうえで必要不可欠である.なぜならば,それらが欠如していると,内部者としての支配株主や経営者は,債権者への返済や一般の株主への利益配分を積極的に実施しようとはせず,搾取が深刻化することとなるからである[12].

(3) 投資家保護の実証分析

東アジアのコーポレート・ガバナンスの問題として,支配株主による外部投資家の搾取が生じやすい点は,すでに指摘した.そして,その搾取の問題が,投資家保護の程度と深くかかわっている可能性があるのも,上述の通りである.

Johnson, Boone, Breach and Friedman (2000) は,投資家保護とアジア危機との間に興味深い仮説を立てている.すなわち,投資家保護が脆弱な国々では,支配株主や経営者などの内部者は,経済の先行きが明るい限りにおいては外部

投資家を厚遇し，外部資金調達を継続しようと努める．しかしながら，経済環境がひとたび悪化しはじめると，内部者は外部投資家を搾取し，投資家保護が不十分なために外部者はそれに対抗することができない．そのような搾取が広がることによって，投資家保護が脆弱な国々の株式価値や通貨価値は，そうでない国々に比べてより大幅に下落する．

この仮説を検証するために，彼らは，1997年から98年にかけてのアジア危機の時期を対象に，25の新興市場国（emerging markets）の外国為替相場と株式市場の動向を実証分析した．その結果，投資家保護に関連するコーポレート・ガバナンス変数[13]が，危機発生時における各国のクロスセクションの通貨価値や株価の下落の程度を有効に説明し，それらの説明力は，対外収支，財政赤字，累積債務などのマクロ変数の説明力に比べても，全般的に高いことが明らかにされている．

また，La Porta, Lopez-de-Silanes, Shleifer and Vishny（2000 a）は，全般的な投資家保護の有効性は，企業の配当状況に表れるとの仮説を提示している．すなわち，企業活動を通じて生み出される利得は，本来はすべての投資家に出資割合に応じて帰属すべきものであるが，内部者が外部株主から搾取しようとねらわれる性格のものでもある．そして，投資家保護制度が有効に機能していれば，その利得は適正な配当を通じて無事に外部株主にも配分されるものの，投資家保護が不十分であれば，内部者によってその利得は搾取され，結果として配当は低率にとどまるというのである．

33か国に渡る4,000社の企業データに基づく実証分析により，投資家保護の面で優れているとみられる英米法（common law）[14]に基づく国々では，日独仏などの大陸法（civil law）[15]に基づく国々に比べて，企業の配当が総じて高いという彼らの仮説と整合的な結果が得られている．

さらに，投資家保護の問題を踏まえて，東アジアにおけるピラミッド型の企業グループの機能を考察したのが，Obata（2002）である．財務危機に陥った企業の株式価値を，その企業が独立系企業である場合とその企業がピラミッド型の企業グループに属している場合とで比較すると，確固たる投資家保護がな

されている国では，両者には有意な差異はみられない．しかしながら，投資家保護が脆弱な国においては，独立系企業である場合に比べて企業グループに属している企業では，総じて株式価値が高くなる．ただし，その関係はその企業が企業グループのどこに位置しているかによって異なり，ピラミッドの低位に位置する企業では，むしろ逆に企業価値が低くなる．

このような事実から Obata（2002）は，企業グループを構成する各企業は，必ずしもリスクをシェアする保険機能を果たしているわけではなく，支配株主によって都合の良いかたちでグループ企業間で収益の移転がなされ，結果的にピラミッドの低位企業の価値が上位企業によって吸い取られる傾向があると解釈している．

(4) 情報開示と所有構造の効果

支配株主による搾取は，支配株主と外部投資家との間の情報の非対称性に起因するエージェンシー問題の帰結であると考えられることから，企業の情報開示の質（disclosure quality）は，搾取から外部投資家を保護するという点で，極めて重要な要素である．

Mitton（2002）は，東アジア5か国（インドネシア，韓国，マレーシア，フィリピンおよびタイ）の情報開示の質などの要素を企業別にとらえて，1997年7月から98年8月までのアジア危機の期間における企業パフォーマンスとの関係を分析している．Mitton（2002）が着目した各企業の情報開示の質を示す具体的尺度は，次の2つである．第1は，企業がアメリカ預託証券（American depositoryreceipt : ADR）を発行しているか否かである．ADR方式は，東アジア企業をはじめとする非アメリカ企業が，アメリカ市場で株式を発行する場合に，直接的に株式を発行する方式よりもむしろ広く用いられているものであり，NYSEやNasdaqなどに上場しようとする際には，その企業は自社株を銀行に預託し，その預託証券（ADR）を発行して販売するという形式をとる．NYSEやNasdaqに上場することを目的にADRを発行する企業は，米国一般会計原則（generally accepted accounting principles : US GAAP）や米国証券法に従うとともに，証券取引委員会（SEC）への登録や報告を施さなければならない．アメリ

カにおけるこれらの法的体系は，零細株主の利益保護の点では世界的にみてももっとも優れているとみなされており，それらの企業が開示する情報の質は極めて高いといえる[16]．

第2は，企業が6大国際会計事務所[17]のいずれかの監査を受けているか否かである．これらの監査法人は，東アジアの現地の監査法人に比べて，監査の質や業務の独立性の面で優れており，それらの監査を受けている企業は，粉飾決算が有効に除去され，経営の透明性が確保されていると考えられる[18]．

Mitton（2002）によれば，このような情報開示の質を表わす変数は，企業パフォーマンスと密接に関連している．すなわち，ADRを発行している企業と6大監査法人の監査を受けている企業のアジア危機の最中における株式収益率は，そうでない企業に比べて10.8％および8.1％，それぞれ高めとなっているのである．これらの事実は，情報開示の質が高いということが，経営の透明性を高めて搾取の問題を緩和することによって，零細株主に便益をもたらすという見方を支持するものである．

2–4 企業の所有構造とアジア危機

（1） 所有構造とアジア危機

企業の支配が特定の株主に集中すればするほど，またvoting rightsとcash-flow rightsの間の乖離が大きくなればなるほど，支配株主による外部投資家の搾取が起こりやすくなることはすでに述べた．

このような企業の所有構造に関連した視点に立って，アジア危機を実証的に分析した研究を概観してみよう．最初に，Mitton（2002）は，さきにみた情報開示の質の問題に加えて，企業の所有集中度がアジア危機の最中の企業パフォーマンスにいかなる影響をおよぼしたのかを考察している．筆頭株主のcash-flow rightsでみた持株比率を所有集中度の尺度として採用した計測によると，10％持株比率が上昇するごとに2.6％株式収益率が向上するとの結果が得られている．

この結果は，支配株主の支配力が増せば増すほど搾取が生じやすくなるとい

う仮説を否定するものである．Mitton（2002）は，その解釈として，経営に関与していない支配株主の場合には必ずしも零細株主と利害が不一致であるわけではなく，むしろそのような株主の影響力が強く出て，搾取が防がれていると述べている．

一方，Lemmon and Lins（2003）は，企業の所有構造のなかでも次の2つの要素に着目している．第1は，voting rights と cash-flow rights とが乖離しているか否か，第2は，経営陣が実質的に企業の支配権を有しているか否かである．彼らは，東アジアの8地域を対象に，1997年7月1日から1998年8月1日までの危機の期間に，それらの要素が企業の株式収益率にいかなる効果を及ぼしたのかを分析している．

800社をサンプルとする計測によると，voting rights と cash-flow rights とが乖離している企業では，そうでない企業に比べて株式収益率が12%ポイント低く，とりわけ経営者が企業の支配権を有している企業では株式収益率の悪化幅は20%ポイントに拡大することが明らかになっている．それらの結果は，アジア危機によって企業の投資環境が悪化し，支配株主が零細株主を搾取しようとするインセンティブが高まったこと，voting rights と cash-flow rights とが乖離している場合には，内部者が外部者を搾取するインセンティブが高まり搾取がより実現しやすくなることを示唆している．

Mitton（2002）および Lemmon and Lins（2003）は，アジア危機とコーポレート・ガバナンスとの関係を実証的に分析した先駆的研究として意義深い．両研究はともに，危機発生直後の1年という短期の株式収益率を，企業ごとのクロスセクションで評価するという似通った手法を用いている．

しかしながら，アジア危機とコーポレート・ガバナンスとの関係に関しては，クロスセクションの効果に，危機前後の期間を含む中期的な時系列の効果を加えた分析が，より有用であろう．また，コーポレート・ガバナンスに関しても，所有構造の重要性は強調されるべきであるが，企業にとっての負債の役割も考察されるべきであろう．以下では，そのような視点から広範な分析を施している花崎・劉（2003）を概観する．

推計モデル

花崎・劉（2003）の推計の基本モデルは，次の通りである．

$PER_{it} = a + b_0 \times CG_{it} + b_1 \times CG_{it} \times D95 + b_2 \times CG_{it} \times D96 + b_3 \times CG_{it} \times D97$
$+ b_4 \times CG_{it} \times D98 + b_5 \times CG_{it} \times D99 + b_6 \times CG_{it} \times D00 + c \times LTA_{it}$
$+ \Sigma d_j \times DIN_j + u_{it}$ ………… (1)

各変数は，次の通りである．

  PER：3種類のパフォーマンス指標
  CG：コーポレート・ガバナンス関連指標，具体的には後述
  D95~D00：1995年から2000年にかけての年次ダミー変数
  LTA：総資産の自然対数
  DIN：産業ダミー変数（SIC 4桁コードに基づき作成）

上式において，添え字 *t* は時系列要素，*i* は企業レベルのクロスセクション要素，また *j* は産業レベルのクロスセクション要素を示している．

（1）式は，総資産と産業ダミーをコントロール変数としたうえで，コーポレート・ガバナンスに関する変数が企業のパフォーマンスにおよぼす影響度合いを，時間の経過とともに測ることを目的としている．とりわけ，1997年のアジア通貨危機の前後で，ガバナンスにかかるパラメータがどのように変化したのかをとらえるのが，主なねらいである．

データは，Worldscope の企業データと Claessens, Djankov and Lang（2000）の各企業の所有構造に関するものである．それらの企業データをもとに，アジア危機の前と後を含む1994年から2000年の期間を対象として，random effects モデルに基づく推計作業を実施している．

なお，企業パフォーマンスを示す3種類の指標は，

  ROA（総資産収益率）：事業損益・前期末総資産
  ROE（自己資本収益率）：当期純利益・前期末自己資本
  PMA（営業利潤率）：営業損益・売上高

であるが，各指標ごとの計測結果は概ね似通っているため，以下では *ROA* を

用いた計測結果を主に紹介する．

支配集中度の影響

上述の通り，東アジア企業の所有構造における特徴の1つは，支配株主への権力の集中化傾向と，外部投資家の搾取である．このような特徴を踏まえて，花崎・劉（2003）が導き出した仮説は，次の通りである．

仮説1：「企業の実質的な支配株主による究極的な支配レベルが高ければ高いほど，支配株主とそのほかの株主との間のエージェンシー問題は深刻となり，企業経営は非効率となる．したがって，そのような企業は，アジア危機の影響をより強く受けるはずである．」

この仮説を検証するためには，(1)式の CG（コーポレート・ガバナンス関連指標）のところに各企業の voting rights（VR）を代入する．その意図は，実質的な支配権を有する大口株主の支配の程度を示す voting rights が企業のパフォーマンスにおよぼす影響が，アジア危機の前後でどのように変化したのかを把握することにある．

計測結果は，表3-2-5に整理されている．まず，アジア危機以前の1994年時点での企業支配集中度の係数をみると，韓国とタイで有意にプラスとなっているほかは，有意な結果は得られていない．また，95年の係数は94年のそれらと有意には異ならない．つまり，元来企業所有の集中度が高まることは，企業のパフォーマンスにとって必ずしもマイナスとはなっていない．

ところが，アジア危機が勃発した97年頃からは，企業支配集中度の係数は総じて有意にマイナスの方向にシフトしている．また，それらのマイナスのシフト幅は，タイでは97年，またインドネシア，韓国およびマレーシアでは98年，さらにフィリピンでは98, 99年頃が，ピークとなっている．しかしながら，すべての国で，2000年においても依然として有意にマイナス方向へのシフトは続いている．

表 3-2-5 企業支配の集中度とパフォーマンス

	インドネシア	韓国	マレーシア	フィリピン	タイ
企業支配集中度（VR）	0.07	0.12**	0.01	0.16	0.30***
VR*D 95	0.01	−0.01	0.01	−0.03	−0.03
VR*D 96	−0.02	−0.10***	0.02	−0.09	−0.07
VR*D 97	−0.18***	−0.13***	−0.02	−0.15**	−0.51***
VR*D 98	−0.20***	−0.16***	−0.13***	−0.29***	−0.10**
VR*D 99	0.09	−0.05	−0.11***	−0.30***	−0.15***
VR*D 00	−0.13*	−0.08**	−0.11***	−0.27***	−0.13***
企業規模（LTA）	−1.63	0.75**	−1.74***	−0.02	0.59
定数項	27.11	−6.73	27.48***	19.31**	−14.99
決定係数	0.441	0.206	0.432	0.456	0.434
データ数（企業数）	392(56)	777(111)	560(80)	280(40)	406(58)

注：1）説明変数のうち，産業ダミーの推定結果は省略している．
　　2）***，**，*は，それぞれ 1%，5%，10% の有意水準を示す．
出所：花崎・劉（2003）．

　以上により，企業支配の集中度合いが高い企業ほど，アジア危機に際してパフォーマンスの悪化の程度が大きいこと，またそのパフォーマンスの悪化はアジア危機直後にとどまらず，総じて 2000 年にいたるまで継続していること，などが明らかとなった．これらは，企業支配の集中度が高い企業ほど，危機の悪影響を大きく受けるという仮説 1 を支持する結果であるといえる．

（2）　所有と支配の乖離の影響

　東アジア企業の支配構造にみられるもう 1 つの特徴が，企業の支配権に該当する voting rights と所有権に相当する cash-flow rights との乖離であることは，すでに述べた．このような所有と支配の乖離が，支配株主とそのほかの株主との間のエージェンシー問題を一層深刻化させる可能性がある点に着目して立てられた仮説が，次の通りである．

仮説 2：「企業の所有構造において，**voting rights** と **cash-flow rights** との乖離が大きくなればなるほど，支配株主がそのほかの株主を搾取するインセンティブは高まり，企業経営は一層非効率的になる．したがって，そのような企

業は，アジア危機の影響をより強く受けるはずである.」

　この仮説の検定に際して用いられる変数は，voting rights と cash-flow rights との差分（*DI*）である．すなわち，(1) 式の *CG* のところに *DI* を用いることによって，所有と支配の乖離が企業のパフォーマンスに及ぼす影響を，アジア危機の前後で比較することができる．

　表3-2-6 に基づき，計測結果を概観してみよう．まず，アジア危機以前の DI の効果については，マレーシアで有意にプラスとなっている以外は，有意な係数は得られていない．つまり，少なくともアジア危機以前には，所有と支配の乖離が企業のパフォーマンスに悪影響を及ぼしていたとの証拠は得られていない．一方，アジア危機以降の *DI* の効果をみると，必ずしも多くの年に影響が出ているわけではないが，いずれかの国においてもマイナスで有意な係数が観察される．

　所有と支配の乖離に関する花崎・劉（2003）の計測作業から，その乖離が増大すれば，アジア危機以降の企業パフォーマンスの低下が増幅されるという，

表 3-2-6　所有と支配の乖離とパフォーマンス

	インドネシア	韓国	マレーシア	フィリピン	タイ
所有と支配の乖離（*DI*）	−0.09	0.32	0.48**	0.04	0.06
*DI*D 95	0.08	−0.03	−0.01	−0.01	−0.06
*DI*D 96	0.09	−0.25*	0.01	0.18	0.00
*DI*D 97	−0.29	−0.35**	−0.06	−0.02	−0.36*
*DI*D 98	−0.47**	−0.29**	−0.29***	−0.16	−0.16
*DI*D 99	0.35*	−0.03	−0.27**	−0.46**	0.03
*DI*D 00	−0.12	−0.27*	−0.19*	−0.30	−0.06
企業規模（*LTA*）	−3.05*	2.37**	−0.35	−2.29	−0.85
定数項	50.00*	−30.15*	2.42	37.49**	10.36
決定係数	0.404	0.152	0.414	0.728	0.314
データ数（企業数）	238(34)	189(27)	182(26)	49(7)	42(6)

　注：1) 説明変数のうち，産業ダミーの推定結果は省略している．
　　　2) ***，**，*は，それぞれ 1%，5%，10% の有意水準を示す．
出所：花崎・劉（2003）.

仮説2と整合的な結果が得られている．

2-5 負債の役割

（1） free-cash-flow 仮説

企業の所有構造に着目した分析に加えて，花崎・劉（2003）では，負債の役割についても検討が加えられている．負債の役割に関する第一の考え方は，Jensen（1986, 1989）による free-cash-flow 仮説である．同仮説は，負債契約が企業経営に及ぼす規律付けのメカニズムの重要性を指摘している．すなわち，潤沢なキャッシュフローを有している企業は，それらの資金が経営者にとっての perquisites を高めるなどの効率性の乏しい用途に使われる可能性がある．逆に，ある程度の債務を負っている企業は，債権者から効果的にモニターされることから，かえって効率的な経営が実現する．

一般的に，東アジア企業は，借金が少なくキャッシュフローが潤沢にあるというよりはむしろ，ある程度の負債を抱えながら操業していることから，free-cash-flow 仮説が示唆するところの負債による企業経営に対する規律付けの効果が期待できる．ただし，そのような規律付けのメカニズムが働くためには，債務者に対する債権者のモニターが効果的になされなければならない．

以上のような見方に基づき，free-cash-flow に関連して，次のような仮説が成り立つ．

仮説3：「債権者の債務者に対するモニターが有効に機能している場合には，債務が多い企業ほど，経営の効率性が高くなる．したがって，そのような企業は，アジア危機の影響をあまり受けないはずである．」

（2） debt-overhang 仮説

もっとも，負債に関しては，別の仮説を立てることができる．その仮説は，debt-overhang の問題に関するものである．すなわち，企業が過剰な債務を負っていると，新規の設備投資がプラスの収益を生み出すことが予想される場合でも，その収益が既存債務の返済に優先的に充当されるため新規の融資を受ける

ことができず，当該投資が実行されなくなる状況が，debt-overhang の問題である[19]．

東アジア企業が debt-overhang の状態に陥っているとすると，次の仮説が考えられる．

仮説4：「債務が多い企業は **debt-overhang** の問題に陥りやすいため，新規に収益をあげる機会が奪われ，収益基盤が脆弱となる．したがって，そのような企業は，アジア危機の影響をより強く受けるはずである．」

負債に関する代替的ともいえる2つの仮説が意味するところは，free-cash-flow 仮説では負債が企業のパフォーマンスにプラスの影響を与え，debt-overhang 仮説では逆にマイナスの影響を及ぼすというものである．ただし，後者の仮説でマイナスの効果が出るのは，言うまでもなく債務過多の企業である．

（3） 負債に関する計測結果

花崎・劉（2003）は，次のような手順で上述の負債に関する2つの仮説の妥当性を検証している．最初に，(1) 式の CG に各企業の前期の負債比率（負債・総資産）を代入し，負債の規律付けのメカニズムとアジア危機との関係を考察する．続いて，各国のサンプル企業を，負債比率に基づき高債務企業，低債務企業，およびその他企業の3つのグループに分類し，高債務企業と低債務企業を対象に (1) 式の計測を実施し，両者の結果を比較する[20]．

負債の効果に関する計測結果は，表3-2-7に整理されている．まず，全サンプルに基づく計測を概観する．94年時点の負債比率の係数は，フィリピンとタイでは有意にプラスの符号を示している．これは，負債が及ぼす規律付けのメカニズムの有効性を示唆するものである．しかしながら，インドネシアでは，逆の結果が得られている．

一方，アジア危機勃発以降における負債比率の係数の変化をみると，有意にプラスであるような結果は一切観察されず，逆にすべての国で有意にマイナスとなっている．タイとフィリピンでは，アジア危機以前にみられた負債の規律

表 3-2-7 負債とパフォーマンス

全サンプル

	インドネシア	韓国	マレーシア	フィリピン	タイ
負債比率（DA_{-1}）	-13.98***	-2.69	-0.44	9.62***	6.36***
$DA_{-1}*D\ 95$	0.63	-0.16	-1.42	-2.17	-1.32
$DA_{-1}*D\ 96$	-1.60	-2.73***	-2.13	-2.86	-4.72***
$DA_{-1}*D\ 97$	-14.17***	-3.84***	-6.78***	-5.63**	-31.92***
$DA_{-1}*D\ 98$	-15.99***	-5.04***	-13.82***	-8.42***	-4.71***
$DA_{-1}*D\ 99$	3.56	-2.08**	-11.09***	-11.19***	-10.04***
$DA_{-1}*D\ 00$	-9.59***	-3.51***	-10.34***	-9.24***	-7.86***
企業規模（LTA）	0.42	0.91***	0.16	-0.04	0.87*
定数項	15.08	-3.67	2.25	1.81	-2.39
決定係数	0.509	0.221	0.434	0.410	0.478
データ数（企業数）	455(65)	931(133)	1099(157)	322(46)	1008(144)

高債務企業

	インドネシア	韓国	マレーシア	フィリピン	タイ
負債比率（DA_{-1}）	-1.83	0.03	-2.54	-22.54***	9.41
$DA_{-1}*D\ 95$	0.56	0.32	-0.13	-0.61	-0.99
$DA_{-1}*D\ 96$	-1.31	-0.49	-1.56	0.03	-1.96
$DA_{-1}*D\ 97$	-11.90*	-1.99	-2.15	-1.25	-29.70***
$DA_{-1}*D\ 98$	-21.44***	-6.33***	-6.70***	-2.37***	-5.09
$DA_{-1}*D\ 99$	-4.83	-4.36***	-7.34***	-3.89***	-8.86**
$DA_{-1}*D\ 00$	-12.06	-3.62**	-4.88**	-3.03***	-8.08**
企業規模（LTA）	3.89	0.38	0.19	-0.22	-0.43
定数項	-38.58	1.51	7.28	25.55***	3.57
決定係数	0.382	0.428	0.293	0.596	0.354
データ数（企業数）	91(13)	182(26)	217(31)	63(9)	196(28)

低債務企業

	インドネシア	韓国	マレーシア	フィリピン	タイ
負債比率（DA_{-1}）	-17.18	-10.22*	5.67	-3.38	18.41***
$DA_{-1}*D\ 95$	-3.07	-0.34	-2.14	2.54	-4.12
$DA_{-1}*D\ 96$	-2.82	-5.08	-4.91	13.47	-13.00***
$DA_{-1}*D\ 97$	-13.75	-7.03**	-8.89	16.45	-40.33***
$DA_{-1}*D\ 98$	-6.20	-6.54**	-23.13***	3.66	-15.33***
$DA_{-1}*D\ 99$	10.91	-3.57	-14.71***	4.00	-19.43***
$DA_{-1}*D\ 00$	-3.45	-0.16	-27.17***	12.03	-14.29***
企業規模（LTA）	-1.52*	0.53	2.05***	-2.66**	3.24***
定数項	33.03***	2.72	-0.50	19.02**	-24.30**
決定係数	0.275	0.235	0.394	0.647	0.577
データ数（企業数）	91(13)	182(26)	217(31)	63(9)	196(28)

注：1) 説明変数のうち，産業ダミーの推定結果は省略している。
  2) ***，**，*は，それぞれ 1%，5%，10% の有意水準を示す。
出所：花崎・劉（2003）。

付けのメカニズムがアジア危機以降弱まったとはいえ依然としてわずかながらプラスの効果が散見されるものの，ほとんどの計測ではアジア危機に際してむしろ free-cash-flow 仮説の考え方とは逆に，負債が企業パフォーマンスに悪影響を及ぼしているとの結果が得られている．

次に debt-overhang 仮説に関連して，表 3-2-7 の高債務企業と低債務企業との比較をする．負債比率に関連した係数の大きさや有意性を両者で比較すると，フィリピンでは，低債務企業の場合には負債は企業のパフォーマンスに有意な影響を与えていないのに対して，高債務企業では負債が有意にマイナスの影響を及ぼし，しかもそのマイナスの効果はアジア危機を境に強まっている．このフィリピンのケースは，高債務企業において debt-overhang の問題が発生していることを示唆するものである．しかしながら，それ以外の国々では，高債務企業と低債務企業との間に顕著な違いは観察されない．すなわち，高債務それ自体が企業パフォーマンスに悪影響を及ぼしているとの証拠は乏しく，debt-overhang の問題が顕在化しているとは解釈できない．

以上のような負債の役割に関する実証分析から，アジア危機に際して free-cash-flow 仮説は支持されず，また debt-overhang 仮説も部分的にしか支持されていない．これらの結果は，過大な債務が企業パフォーマンスにマイナスの影響を及ぼしているとは必ずしも言えず，むしろ債権者が債務者をモニターする際のシステムやノウハウが未整備または未熟であり，負債の規律付けのメカニズムが有効には働いていないために，かえって負債によって調達された資金が非効率な用途に使われている懸念が高いことを示している．

2-6 crony capitalism の可能性

花崎・劉（2003）をはじめとする企業のマイクロデータを用いた近年の実証分析により，アジア危機の際にコーポレート・ガバナンスの要素が，企業パフォーマンスに無視し得ない影響を及ぼしていることが明らかとなった．とりわけ，企業支配の集中化や支配と所有の分離といった企業の所有構造の特徴は，アジア危機を境にそのような要素を多分に有する企業の経営を圧迫してき

たことが,企業データに基づく分析によって裏付けられた.その背景には,家族支配のもとでの支配株主による外部投資家の搾取の可能性が示唆されている.

また,大規模な企業グループを実質的に支配する家族のなかには,取引関係の範囲を超えて一国経済全体や政府の経済政策自体に影響を及ぼすものもあると言われている[21].その影響力が及ぶ領域としては,貿易および為替管理政策,マクロの財政金融政策,公共投資や公共支出の発注プロセスなどに加え,独占禁止法や会社法などの法体系にまで及んでいる可能性がある.

そのような企業グループは,政府や役人に積極的なロビー活動を展開することによって,自分たちの収益機会を直接,間接に高めることができる.一方,政府の立場からしても大きな企業グループに何らかの便宜を与えることによって,政権の支持基盤が固まることに効果があるとすれば,そのような干渉を受け入れるであろう.つまり,企業グループと政府のもたれ合いの構造は,双方にとっての高いインセンティブ・メカニズムのもとに成立していると解釈することができる.

crony capitalism としての性格を色濃く有している東アジアにおけるこのような企業グループと政府部門との癒着の構造は,資源配分や所得分配を歪め,経済が危機的状況に陥った際の混迷を一層深めるものであるかもしれない.もっとも,市場原理に基づくものではない企業グループと政府との協調的あるいは一体的な意思決定は,東アジアの奇跡的な経済発展プロセスのなかで,従来はそれほどネガティブにとらえられていたものであるとはいえない[22].それが,アジア危機を契機としてネガティブな評価へと転じてしまったとするならば,その背景や要因などに関して今後一層の考察が必要とされよう.

1) ちなみに,日本は5%,アメリカは20%が家族支配とされている(20% cutoff のケース).
2) 株式持合のケースの分類は,悩ましい問題である.すなわち,La Porta, Lopez-de-Silanes and Shleifer (1999) は,それらを基本的には分散所有として分類して

いるのに対して，Claessens, Djankov and Lang (2000) では，cutoff レベルを上回っている場合には，一般的なケースと同様に家族支配などに分類している．
3) なお，タイの非金融企業に関しては Khanthavit, Polsiri and Wiwattanakantang (2004)，またタイの金融機関に関してはアヌチットウォラウォン・相馬・ウィワッタナカンタン (2003) が，所有構造を詳細に分析している．
4) Johnson, La Porta, Lopez-de-Silanes and Shleifer (2000) は，支配株主が自分自身の利益のために社内の資源を社外に流出させる行為を tunneling と呼び，そのような行為が非合法的のみならず合法的にもなされる可能性があることを示している．
5) voting rights の値を算出する際には，voting rights の連鎖のなかで，もっとも弱い繋がり (the weakest link) が選ばれる．
6) 5％以上の株式を有する株主が一切存在しない企業は，表3-2-3の対象から除外されている．そのような企業の数は，表3-2-2と表3-2-3の企業数の差異として表れている．
7) 表3-2-3で示されている通り，日本における cash-flow rights と voting rights の比率は，0.6 ともっとも低率で乖離度合いがもっとも大きくでているが，cash-flow rights と voting rights がともに低率であるため，両者の乖離幅 (voting rights マイナス cash-flow rights) でみると，必ずしもほかの国や地域に比べて，乖離が大きいわけではない．
8) Faccio, Lang and Young (2001) の東アジアには，分散所有が主体の日本が含まれているため，家族支配の割合が低めに出ているというバイアスがある．日本を除く東アジアのベースでみれば，家族支配の割合は，西欧を上回るであろう．
9) 最高経営者とは，CEO，会長，副会長および名誉会長を意味する．
10) Faccio, Lang and Young (2001) は，その背景として，企業グループと密接な関係を有する企業に対しては，外部投資家が搾取に対する強い警戒感を有しているがゆえに，それを払拭するために企業は高い配当を支払うものの，企業グループとの関係が希薄な企業に対しては，投資家の警戒感が乏しいために，企業はあまり配当を支払わないとの解釈を示している．
11) 詳細については，小川 (1998)，Corsetti, Pesenti and Roubini (1999)，および Stiglitz (2000) などを参照．
12) La Porta, Lopez-de-Silanes, Shleifer and Vishny (2000 b) は，投資家保護の問題は，コーポレート・ガバナンスに関する議論において，金融システムが銀行中心であるかあるいは資本市場中心であるかという問題と比較しても，より有益であるとの議論を展開している．
13) 彼らが採用している変数は，次の通りである．司法面での効率性 (judicial efficiency)，汚職 (corruption)，法の支配 (rule of law)，強制力のある零細株主の権利 (enforceable minority shareholder rights)，株主の取締役への対抗的権利 (anti-directors rights)，債権者の権利 (creditors rights)，1990年時点の会計基準 (accounting standards, 1990)．なお，これらの変数に関する各国ごとの具体的データの多くは，La Porta, Lopez-de-Silanes, Shleifer and Vishny (1998) によっている．
14) ゲルマン法を淵源として，慣習や判例からなる common law という概念を中心

として成り立ち，イギリスから主に英連邦諸国に伝播したもの．
15) ローマ法を淵源として，成文法主義を特色とし，主にヨーロッパ大陸諸国に伝播したもの．
16) 非アメリカ企業のアメリカ市場での上場の問題を，零細株主保護の観点から分析した研究として，Reese and Weisbach (2002) がある．
17) 具体的には，Arthur Andersen, Coopers & Lybrand, Deloitte & Touche, Ernst & Young, KPMG Peat Marwick, そして Price Waterhouse の6社である．
18) もっともアメリカで2001年12月に勃発したエンロン (Enron) 事件では，同社の監査を担当した Author Andersen が，経営者と結託して粉飾に手を貸したのではないかとの疑惑が生じ，大手監査法人に対する信頼を大きく傷つけたことは否定できない．
19) Myers (1977), Myers and Majluf (1984) を参照．
20) グループ分けの基準としては，1996年末時点で企業を債務の多い順に並べて，上位20%を高債務企業，下位20%を低債務企業，そして中間の60%をその他企業としている．
21) Claessens, Djankov and Lang (2000) では，インドネシアのスハルト一族の企業グループやフィリピンのイメルダ・マルコス一族の企業グループが，例としてあげられている．
22) World Bank (1993) および Stiglitz and Yusuf (eds.) (2001) を参照．

参考文献

アヌチットウォラウォン，チャイヤシット・相馬利行・ウィワッタナカンタン，ユパナ，「タイの金融機関——アジア金融危機後に家族所有は残るのか？——」花崎正晴・寺西重郎編著『コーポレートガバナンスの経済分析——変革期の日本と金融危機後の東アジア——』東京大学出版会，2003年，397-420頁．

Berle, Adolf A. and Gardiner C. Means, *The Modern Corporation and Private Property*, Transaction Publishers, 1932.

Claessens, Stijn, Simeon Djankov and Larry H. P. Lang, "The Separation of Ownership and Control in East Asian Corporations", *Journal of Financial Economics*, 58, 2000, pp. 81-112.

Corsetti, Giancarlo, Paolo Pesenti and Nouriel Roubini, "The Asian Crisis: An Overview of the Empirical Evidence and Policy Debate", *The Asian Financial Crisis*, Cambridge University Press, 1999, pp. 127-164.

Faccio, Mara, Larry H. P. Lang and Leslie Young, "Dividends and Expropriation", *American Economic Review*, 91 (1), 2001, pp. 54-78.

花崎正晴・劉群，「アジア危機とコーポレート・ガバナンス」花崎正晴・寺西重郎編著『コーポレート・ガバナンスの経済分析——変革期の日本と金融危機後の東アジア——』東京大学出版会，2003年，339-368頁．

Jensen, Michael C., "Agency Costs of Free Cash Flow, Corporate Finance, and Takeovers", *American Economic Review*, 76, 1986, pp. 323-329.

Jensen, Michael C., "Eclipse of the Public Corporation", *Harvard Business Review*, Sept.–Oct., 1989, pp. 61–74.

Johnson, Simon, Peter Boone, Alasdair Breach and Eric Friedman, "Corporate Governance in the Asian Financial Crisis", *Journal of Financial Economics*, 58, 2000, pp. 141–186.

Johnson, Simon, Rafael La Porta, Florencio Lopez–de–Silanes and Andrei Shleifer, "Tunneling", *American Economic Review*, Vol. 90, No. 2, 2000, pp. 22–27.

Khanthavit, Anya, Piruna Polsiri and Yupana Wiwattanakantang, "Did Families Lose or Gain Control after the East Asian Financial Crisis?", in Joseph P. H. Fan, Masaharu Hanazaki and Juro Teranishi (eds.), *Designing Financial Systems in East Asia and Japan*, Routledge Curzon, Chapter 10, 2004, pp. 247–272.

La Porta, Rafael, Florencio Lopez–de–Silanes and Andrei Shleifer, "Corporate Ownership around the World", *Journal of Finance*, 54, 1999, pp. 471–517.

La Porta, Rafael, Florencio Lopez–de–Silanes, Andrei Shleifer and Robert W. Vishny, "Law and Finance", *Journal of Political Economy*, 106 (6), 1998, pp. 1113–1155.

La Porta, Rafael, Florencio Lopez–de–Silanes, Andrei Shleifer and Robert W. Vishny, "Agency Problems and Dividend Policies around the World", *Journal of Finance*, 55, 2000 a, pp. 1–33.

La Porta, Rafael, Florencio Lopez–de–Silanes, Andrei Shleifer and Robert W. Vishny, "Investor Protection and Corporate Governance", *Journal of Financial Economics*, 58, 2000 b, pp. 3–27.

Lemmon, Michael L. and Karl V. Lins, "Ownership Structure, Corporate Governance, and Firm Value : Evidence from the East Asian Financial Crisis", *Journal of Finance*, Vol. 58, No. 4, 2003, pp. 1445–1468.

Mitton, Todd "A Cross–Firm Analysis of the Impact of Corporate Governance on the East Asian Financial Crisis", *Journal of Financial Economics*, 64, 2002, pp. 215–241.

Myers, Stewart C., "Determinants of Corporate Borrowing", *Journal of Financial Economics*, 5, 1977, pp. 147–175.

Myers, Stewart C. and Nicholas S. Majluf, "Corporate Financing and Investment Decisions When Firms Have Information that Investors Do Not Have", *Journal of Financial Economics*, 13, 1984, pp. 187–221.

Obata, Seki, "Pyramid Business Groups in East Asia : Insurance or Tunneling?", Center for Economic Institutions Working Paper Series, No. 2002–13, Hitotsubashi University, 2002.

小川英治『国際通貨システムの安定性』東洋経済新報社, 1998年.

Reese Jr., William A. and Michael S. Weisbach, "Protection of Minority Shareholder Interests, Cross–Listings in the United States, and Subsequent Equity Offerings", *Journal of Financial Economics*, 66, 2002, pp. 65–104.

Shleifer, Andrei and Robert W. Vishny, "A Survey of Corporate Governance", *Journal of Finance*, 52, 1997, pp. 737–783.

Stiglitz, Joseph, "The Insider : What I Learned at the World Economic Crisis", The New Republic Online, 2000.

Stiglitz, Joseph E. and Shahid Yusuf (eds.), *Rethinking the East Asia Miracle*, World Bank and Oxford University Press, 2001.

World Bank, *The East Asian Miracle : Economic Growth and Public Policy*, Oxford University Press, 1993.

〔花崎正晴〕

コメント

1　報告の概要

花崎論文は，アジアのコーポレート・ガバナンスの特徴に関する解説と，東アジア危機とコーポレート・ガバナンスの関係に関する実証分析のサーベイと，大きく2つの部分から構成されている．前半の「コーポレート・ガバナンス論の展開」（2–1）では，プリンシパル・エージェント理論によるコーポレート・ガバナンスの考え方を紹介し，次の「東アジアのコーポレート・ガバナンス」（2–2）ではこの理論的枠組みを用いて，家族支配と企業グループによるピラミッド型所有構造を特徴とする東アジアのコーポレート・ガバナンスの問題を，外部投資家を搾取するメカニズムとして解説している．

後半の「アジア危機とコーポレート・ガバナンス」（2–3）では，東アジアのコーポレート・ガバナンスの弱さと金融危機との関連を指摘する2つの見方——投資家保護と家族所有構造——を取り上げ，それぞれに関する実証分析をサーベイし，「企業の所有構造とアジア危機」（2–4）と「負債の役割」（2–5）で，危機前後の期間を含むパネル・データを用いて所有構造と負債の効果を検証した花崎・劉（2003）の計測結果を紹介している．

花崎・劉論文では，企業支配の集中度が高い企業ほど，株式持合いにより支配権と所有権の乖離が大きい企業ほど危機の影響が強く，cash flow 仮説が示唆するような負債の規律付けも働かなかったとする結論を導いている．さらに，この計測結果を踏まえて，東アジアでは，家族支配のもとで支配株主が外部投資家を搾取している可能性，および，家族支配による企業グループと政府との癒着構造とクローニー・キャピタリズムを生み出すインセンティブ・メカニズムの存在の可能性が高いと指摘している．

花崎論文の前半部分は，アジアのコーポレート・ガバナンスの特徴について手際良い解説となっているが，コンフェランスでは主として花崎・劉論文を中心に後半部分が報告されたので，ここでは2–4と2–5について，コメントを述べることにしたい．

2 花崎・劉論文の評価

　花崎・劉論文のコントリビューションは，次の3点にあると考える．第1に，企業データを用いたアジア金融危機のミクロ構造的要因分析を目的とする，Classens et al.（2000）やMitton（2001）等による一連の実証研究の流れに，危機後の分析を含むより広範囲な分析を付け加えている．第2に，危機前後の東アジアのコーポレート・ガバナンス問題と企業パフォーマンスとの関係について，エージェンシー理論から示唆される仮設を網羅的かつ丁寧に検証しており，包括的な実証研究となっている．第3に，支配株主による外部少数株主の搾取，クローニー・キャピタリズムの源泉としてのピラミッド型の家族所有構造，そのもとでの銀行のモニタリング機能の低さという，いわゆるアジア型ガバナンスの「通説」を網羅的に取り上げ，それを支持する実証結果を得ており，極めてわかりやすい分析となっている．

　以上の点から，同論文はアジアのコーポレート・ガバナンス研究を一歩進める貢献をしているものと高く評価できる．以下では，分析方法と結果の解釈について若干のコメントと質問を申し述べる．

3 コメント

① 　家族所有によるコングロマリット化がアジア企業の典型とみなす場合，所有構造と負債との関係（事業会社と銀行との関係）についても明示的に分析するべきではないか．所有構造と負債による規律づけに分けて，考えうる仮説を個別に検証するやり方は網羅的ではあるが，結果の解釈をわかりにくくする可能性があるのではないか．

② 　企業支配の集中化や支配と所有の分離がアジア企業の経営を圧迫してきた可能性を示唆する点には賛同するが，検出されたガバナンス構造の特徴とクローニー・キャピタリズムという政治経済的問題を結びつける，2-6の解釈はやや強引ではなかろうか．

③ 　分析結果をそのまま受け取ると，所有集中度の高い企業は，危機前にはパフォーマンスがよかったと読めるが，危機後のガバナンス問題との関連

でこれはどのように解釈すべきだろうか.
④　負債が投資抑制効果をもつか，過少投資問題をもたらすかは，その企業の将来の成長期待に依存する．危機後に負債に関して明らかな結果が出ていないのは，企業に対する成長期待があいまいであることによるのではないだろうか．

4　データとサンプルに関する若干の質問
① サンプル抽出について
　　徹底して異常値を除去する作業を行なっているが，それによってサンプルの偏りが大きくなっている懸念はないだろうか．
② 所有構造データに関して
　　家族所有のもとでの支配株主と少数株主との利害対立に焦点が当てられているが，支配株主として政府（国営金融機関，国営企業など）は，所有関係データでどのように扱われているのか．
③ 負債比率データに関して
　　債権者によるモニタリングという場合に，民間金融機関と国営金融機関とでは行動が異なる可能性がある．その違いは考慮しているか．

〔首藤　恵〕

リプライ

首藤先生からのコメントは，いずれも重要なポイントを指摘するものであり，今後の研究に大いに役立てていきたい．

各コメントに対するリプライは，次の通りである．

1. 花崎・劉（2003）において，所有構造と負債の効果がそれぞれ独立して取り扱われており，両者の関係が明示的に分析されていないというのは，ご指

摘の通りである．周知の通り，日本のメインバンク・システムにおいては，銀行が融資に加え，株主として機能しているケースが多い．東アジアについても，企業グループ内における銀行と企業との関係の実態を明らかにして，所有構造と負債との複合的な効果を検証すべきであり，今後の重要な課題としたい．

2. 本文および注で示唆されている通り，一部の有力な政治家が，自分が支配する企業グループの利益を確保するために，各種の政策決定プロセスに介入し，影響力を発揮しているというのは，現地の関係者の間ではよく知られた事実のようである．しかしながら，このようなクローニー・キャピタリズムにつながるような現象が，どの程度広範に発生しているのか，マクロ的にみてどの程度影響を及ぼしているのか，具体的にはどのようなメカニズムが働いているのかなどは，今後究明すべき課題である．

3. 花崎・劉（2003）の計測結果によると，企業支配集中度や所有と支配の乖離は，アジア危機以降には，企業パフォーマンスに有意にマイナスの影響を及ぼしているが，危機以前には両者間には有意な関係はみられないか，あるいは一部のケースではむしろプラスの効果を発揮している．なぜ，コーポレート・ガバナンスのネガティブな側面が，危機後にのみ鮮明に観察されるのかの説明としては，暫定的には次のような推論がありえるであろう．経済環境が良好で支配株主が十分な収益を稼得できている間は，外部投資家を搾取するインセンティブは乏しいが，マクロ経済の落ち込みなどにより企業のパフォーマンスが悪化したときには，何とかある一定の収益を確保したいという支配株主の欲求が高まり，トンネリングなどの形で搾取の問題が顕在化する．なお，この推論に関するデータによる裏付けは，今後の課題である．

4. 花崎・劉（2003）では，アジア危機を境に負債が企業パフォーマンスに対してネガティブな影響を及ぼしているとの計測結果が得られている．それは，負債の規律付けのメカニズムが必ずしも有効には機能していないことを示唆するものである．一方，負債が投資抑制効果を持つか，あるいは過少投資問題を惹起するかという首藤先生の指摘は，極めて重要であり，設備投資

関数の計測などを通じて別の機会に解明したい．

データとサンプルに関する首藤先生の指摘のリプライについては，次の通りである．

1. 花崎・劉（2003）では，2段階の異常値削除の処理がなされている．しかしながら，処理前と処理後の計測結果の比較によって，サンプル・セレクション・バイアスがないことは確認されている．
2. 花崎・劉（2003）では，国営企業は分析対象5か国で，社数ベースで3%程度から7%程度のウェイトを占めている．なお，国営企業はそれ自体が企業グループを構成している例はあまりなく，むしろ独立しているケースがほとんどである．
3. 債権者によるモニタリングの主体は，民間金融機関，国営金融機関および外国金融機関などがある．しかしながら，花崎・劉（2003）では，それらの違いを分析するにはいたっていない．今後に残された課題である．

〔花崎正晴〕

第3章まとめ

　以上のようにシンポジウムでは，アジア的な経済システムの根幹をなすコーポレート・ガバナンスについて，そのオリジンを農業・農村的基礎に即してとらえる寺西報告とアジア型の家族支配企業の実証研究である花崎報告を軸として，これらに対して金子研究員，首藤客員研究員がそれぞれ経済史の立場，経済理論の立場からのコメントを中心に議論がなされた．またフロアからも発言があった．
　そこで以下では，それぞれの報告，およびコメントを受けた議論などを紹介し，まとめにかえることにしたい．

　寺西論文・報告に対する金子研究員のコメントは，寺西論文の結論部分については賛成しつつも，まず歴史分析として，戦前の日本の農業と戦後のアジアを比較することや日本の小作制度の評価をめぐる議論が提起された．また日本の株主権の強弱という問題をどのようにとらえるべきかに関連して，コーポレート・ガバナンスという問題は，もともと株主権が弱いということが問題とならなかったのに対して，バブルの崩壊後にキャピタルゲインが消失し，外人投資家も開示その他の問題を取り上げるようになったことを考えると，むしろ金融機関のモラル・ハザードとそれによって蔑ろにされた預金者と顧客の問題としてとらえるべきではないかという提起であった．
　それに対する寺西氏の回答は，前者については歴史家の視点との違いを言われ，また戦後の「地主小作漸進型」という評価の存在も紹介されている．また株主権の弱さという問題については，基本的には株式の持ち合いが株主権の弱体化をもたらし，その結果としてキャピタルゲインしか問題にならないような弱体化した株主権のもとで経営者・従業員が尊重される側面があったことが強

調されている．

　司会者ながらあえてコメントすると，前者の歴史的な比較方法の問題はともかくとして，キャピタルゲインもまた重要な株主権の1つであり，資本の水増し行為も含めて企業価値が過大に評価される基盤が形成され，それが結局は法人のレベルで蓄積されていくという姿は，翻って法人資本主義と，そのもとでの経営者資本主義の基礎となり，これも東アジア的な家族所有によって立つコーポレート・ガバナンスとの対照をなす特徴付けとなることを付記しておきたい．

　続いて花崎論文・報告に対する首藤客員研究員のコメントは，大別して(1)コーポレート・ガバナンスとその他の要因の比較をアジア企業のパフォーマンス評価の中にどう入れるのか，(2)企業に投融資を行なう債権者すなわち金融機関のモニタリングをどのように考えるか，そして，(3)この実証研究の結果をどう評価するかという3点にわたっている．

　これに対して花崎氏は，企業のコーポレート・ガバナンスに関する実証分析なので，今後の課題となると同時に，アジア危機の後に企業にとってマイナスに効いているのが，危機の前にプラスの要因としてあらわれているものをどう考えるかという点を改めて提起している．そしてこれについては，暫定的に経済環境が順調にいっているときにはあまりガバナンスの問題は作用せず，逆にパフォーマンスの悪化を契機に株主収益性が低下してトンネリングのようなかたちで問題が顕在化するのではないかと述べている．また負債の効果が企業の成長期待に依存して異なる可能性もあると述べられている．

　続いて議論は，司会者から「寺西シェーマ」のとらえ方，すなわち同じ農村的な基礎を持ちながら，東アジアと日本がそれぞれ違ったタイプの経済システム，あるいはコーポレート・ガバナンスの枠組みを作っていくという場合，これを離陸と考えてよいか，またそのロジックは，契約コストやリスクに対する態度など要するに国民性に根ざしたのか，そして東アジアについても，このよ

うな方向に収斂するという方向が考えられうるのかといった問題に進んだ．

　寺西氏は，難しい問題で，どの位東アジアを一般化できるのかも問題だが，日本の経済システムの設計思想には，金利生活者や消費効用の極大化や資産の最大化志向とは異なる直接的生産者の生産意欲や働き甲斐の問題を大事にするシステムの存在が考えられ離陸という認識では必ずしもないと述べている．

　また首藤客員研究員は，コンバージェンスに関連して，アングロ・アメリカン的なコーポレート・ガバナンスとの対比で，東アジアにおける家族所有の解体の可能性を含めてコメントした．寺西論文が農村経済におけるインセンティブの問題に焦点をあてた結果，そのインセンティブの違いが実は多様性をもたらしているのではないかと理解できるとして，むしろアジア的な内部化を中心としたインサイダーシステムとアングロ・アメリカ型のアウトサイダーシステムというガバナンスシステムの類型化で見ると，その面では変わりつつあり，グローバル化や情報の共通化共有化の進展は世界的な収斂の方向であると述べている．

　最後に寺西氏は，市場型間接金融の積極評価を提起した日本経済新聞の「経済教室」での議論に関連して，確かにグローバリズムのもとで市場型のシステムへ動いているが，成長力の基本的な要因は，完全にアウトサイダーにあるのではなく，個々の組織の効率を重視せざるを得ず，またそこでの配分効率と組織効率のバランスを含む議論が重要であると述べている．

　シンポジウムの議論は，経済システム，コーポレート・ガバナンス論全体の枠組みからミクロ的分析や企業パフォーマンスの議論におよんでいるが，いずれも東アジアのクローニー・キャピタリズム（身びいき資本主義）や日本の「閉塞的平等社会」と結びつけて考えられるような優れて現実的で緊急性の高い問題でもある．最後に，フロアーからは，以上の議論に対して，東アジアのどの国を想定した議論であるのかをもっと明確にすべきであったとの意見も出されたことを付記しておく．

〔井村進哉〕

第 4 章

アジアの地域経済統合と経済成長

1. 日中地域経済統合とアジアの経済成長[1]
——日本経済への影響——

　日本・中国自由貿易協定（FTA），もしくは地域貿易協定（*Regional Trade Agreement*），場合によっては，特恵貿易協定（*Preferential Trade Agreement*）という言葉が一般にかなり使われるようになってきたが，このような協定が与える日本経済への影響を，マクロ経済と産業別に将来にわたって予測することが，この報告の主なる目的である．ここでのアプローチは，従来のアプローチと次の点で異なる．第1は，産業連関分析の用具を使って，これに動学的なマクロ経済モデルを構築するための計量経済学的なアプローチを統合した．そういう意味では非常に贅沢とも言える手法が技術的な進歩と研究により可能になった，INFORUM アプローチを採用している．この後述される INFORUM アプローチに基礎を置いているという点が1つの特徴である．これに対して，近年の政策シミュレーションに多用されている CGE；*Computable General Equilibrium* アプローチ（計算可能な一般均衡アプローチ）[2]と呼ばれ，非常に多くの政策論議において使用されているアプローチはパラメーターの多くを与件とするような，ドラスティックな仮定を行う，単純化された，極めて手軽な分析用具と言ってよ

いだろう．さらに，一般的な産業連関の手法は比較静学を前提としているが，ここで紹介する INFORUM のシステムでは，時系列としてデータを過去から現在，そして将来にわたって続くものとしてとらえ，それにマクロ経済変数を整備した動学的な枠組みの中で展開するという手法が確立されている．それを運用しているという点が特徴である．

このような分析手法の特徴に加えて，第2に，アジア経済を語る上で，筆者グループは，従来の日本の通商政策の WTO を中心とした多角的な貿易自由化を進めるという指針からかなり大きな方向転換の時期を模索しつつある，あるいはそういう時期を迎えているというふうに考えている．地域的に市場自由化を進めるべきではないという，一方で *Jagdish Bhagwati* の主張[3]がある．この *Jagdish Bhagwati* は，GATT から改組された WTO を設立する上で最大の貢献をしたことで知られているが，こうした Bhagwati の WTO の枠組みに基づいたグローバルな自由化のアプローチと異なって，ここでの分析は，ここでは2国間の地域主義的自由化アプローチがアジア経済，世界経済，ひいては日本経済にとって——もちろんパートナー経済にとって——好ましい影響をもたらすものかどうか，ということについて検証を進める．

これに加えて，第3として，本プロジェクトは，日本の国民経済モデルと中国の国民経済モデルの2国をダイレクトにリンクして，より詳細な相互の経済に及ぼす影響について分析することを意図している．

1–1 アジアの経済成長と国際貿易

INFORUM システム（あるいは，アプローチ）のプロジェクトには，多くの国際パートナーが参加し，各パートナーは，各国の国民経済モデルをクロッパー・アーモン博士の開発した"G"と *Interdyme* と呼ばれる同じプログラムを共通に使用して構築，運用している[4]．これら各国の国民経済モデルは，BTM (*Bilateral Trade Model*) システムのなかで，国際的にリンクされている[5]．

BTM とは太陽系の太陽に当たり，各国のモデルを惑星のように従える形になっている．BTM は現在，産業は120部門に分類されているが，地域は，世

界を16地域に分けて組み立てられ,各国モデルとの間でキャッチボールが行なわれるという枠組みをもっている.このような世界貿易の地域別シェアを描いた図(図4-1-1)が,筆者グループの所属するINFORUMというプロジェクトのなかのBTMシステムによって計算された2010年まで先の世界貿易の姿である.これを見ると,1985年から2010年の25年間に世界貿易はこの推計で約4倍に成長することが予測されている.世界貿易に占める日本のシェアは13%である.この段階では中国は,本貿易データのなかにおいて,まだ世界経済には実質的に登場していない.2010年という最終年次にいたっても,日中を足し合わせたシェアは——ここで日本と中国の2つの部分を足し合わせると——15.5%になる.25年前の13%に比べて,大きく変化することはない.一方,今日,米国・カナダ・メキシコから成るNAFTAを形成している3か国であるが,この貿易シェアは2010年に世界貿易の20%である.欧州とその他のOECD,これをRest of OECD(その他の先進国)に括ることができ,これをROECDと呼ぶことにしている.これは85年の66%が2010年で58%へと僅かに減少することとなる.図に名前が登場しないその他の開発途上国を意味するその他世界Rest of the World(一番上の白抜きの部分)の,この25年間の推移を見ると,殆ど変化は無いことがわかる.世界貿易におけるシェアの増大は,これを全体的に見ると,アジア地域に観察されるということである.この意味でアジアは,アジアの経済危機が'97年に発生したものの,今日もなお,世界経済におけるダイナミックな牽引力を持ち続けているということを,この推計が示していると理解してよい.EUとNAFTAに次いで,今日RTA(WTO,その他の通商政策論議の場においてこの語が使われている用語としての,*Regional Trade Agreement*の頭文字の「地域的貿易協定」)の締結は,2002年末までにWTOへ通告された数によると,2005年末までに300に達するであろうと報告されている.アジア経済は高い経済成長と,高い貿易成長を今日も経験している.

さて,表4-1-1として,アジアにおけるGDPと貿易の成長という,WTOが報告しているものをここに引用した[6].アジア経済は対外貿易がそのGDP成長率よりもはるかに高い速度で成長していることを示している.アジアの中

表 4-1-1　アジアにおける GDP と貿易の成長

GDP and trade developments in Asia, 2002
(Annual percentage change)

	Asia					Japan					Developing Asia*				
	1990–00	1999	2000	2001	2002	1990–00	1999	2000	2001	2002	1990–00	1999	2000	2001	2002
GDP	3.3	2.5	4.2	1.5	1.5	1.5	0.2	2.8	0.4	−0.7	6.7	6.4	7.1	3.4	5.4
Merchandise	9	7	18	−9	8	5	8	14	−16	3	11	7	21	−7	10
Exports (value)	8	9	23	−7	6	5	11	22	−8	−3	10	9	25	−7	9
Exports (volume)															
Imports (value)	8	5	16	−4	11	3	2	9	−10	8	8	5	15	−4	11
Inports (volume)	8	10	17	−2	10	5	10	11	−1	2	6	10	16	−2	9
Commercial services	9	5	12	−1	7	5	−2	13	−7	2	11	7	13	2	8
Exports (value)	7	5	8	−2	3	3	3	1	−7	0	11	6	13	1	5
Imports (value)															

* Defined as Asia excluding Japan, Australia and New Zealand.

でも，日中が他のアジア経済に強い影響力を持っているのは，周知の通りである．

　この BTM の下にぶら下がっているのが，一方に日本経済を分析するための *JIDEA*（*Japan Inter-industry Dynamic Econometric Analysis*）モデル，そして中国経済を分析するための MUDAN モデル（中国語で中国の国花である牡丹を意味している言葉をなぞり，*MUltilateral Dynamic ANalysis model* の頭文字を使って MUDAN と呼んでいる）である．日本モデル JIDEA は Japanese Idea とも読めるが，これも同じように頭文字を使い，産業連関型動学分析モデルの略として JIDEA という名称を使っている．こうした各国の国民経済モデルは BTM のシステムの下で，国際的にリンクされるかたちになっている．筆者グループの日本経済モデルというのは，JIDEA と名づけたが，JIDEA を作成するにあたって，過去を経年的にとらえられる産業連関表を時系列として推計するという作業を積み重ねながら，モデルのなかに取り込んでいる[7]．これに加えて，この産業連関分析モデルをベースとはするが，マクロ経済モデルの性格をもたせるという意味において，国民所得勘定統計もこの中に組み込んでいる．そして前述の BTM のデータから，とくに今回のシミュレーションの作業において必要とされる貿易データを中国の部分だけ取り出し，そして中国以外の部分と切り離す上で，この BTM のもっているデータベースから JIDEA モデルのなかに，その他世界

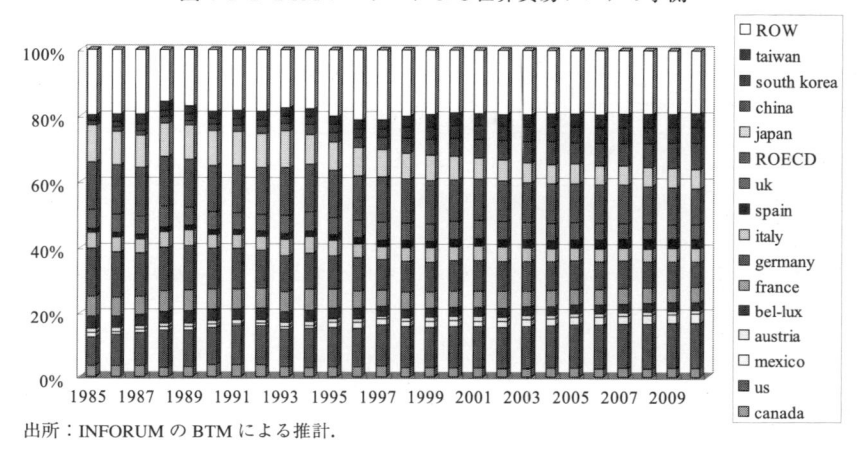

図 4-1-1 BTM システムによる世界貿易シェアの予測

出所：INFORUM の BTM による推計．

を分割したかたちで新たに取り込むという作業を加えた．

1-2 日本の輸入関税

上述の CGE モデルでは，内外価格差は輸入関税により全面的に引き起こされるものと仮定する．オペレーショナルなかたちで関税率の実際のデータを入手することは，比較的に困難なことである．この論文では，PTA（特恵貿易協定）とは，双方の加盟国が関税を撤廃することを意味するものとして，限定的な分析を行なった．その意味において，関税率の正確な準備がこのような分析においてとくに重要である．

従価関税率 Ad-valorem tariff rate および従量関税 specific tariff は，日本の関税についての『実行関税率表 2003 年度版』の中で混在して公表されている．このデータベース[8]には，従価関税率，および従量関税のいずれかで表示された基本，協定，特恵，暫定関税率というさまざまな関税率を含んでいる．日本における実行輸入関税率のデータベースは，上記の基本的に価格に賦課される従価関税率，および従量に賦課される従量関税率の 2 種類の関税率によって記述されている．表 4-1-2 は，日本の関税構造のいくつかの事例を示している．小麦と精米は，従量税で定義されるのに対して，乗用車の場合は従価税で賦課

表 4-1-2 日本の実行関税率の事例

HS 9	NACCS	Description	基本1	基本2	協定1	協定2	特恵	暫定	単位1	単位2
100190019	6	小麦	(\65/kg)	(\65/kg)	0			0		MT(＝ton)
100630090	1	精米(その他)	(\40/kg)	(\402/kg)	*(\341/kg)			\49/kg		MT
610311010	1	男性用スーツ	16.80%	0.168	11.50%	10.90%	×0		NO	KG
870323000		乗用車(1,500 cm~3,000 cm)	0	0	0					NO

出所：財務省『実行関税率表 2003 年度版』より抽出.

されるが，これは無税である．従量税は，単位2の列にMT, KG, etc.のように日本円で表示されている．

しかし実は，この関税率表を利用する場合に財務省が別に発表している貿易統計とタイアップさせる必要があるが，これらの部門分類は，相互に異なっている．筆者グループは，何万という膨大な数の異なるコードを対応させるという，目も眩むような作業に，今回の研究の準備のために相当な時間を費やした．世界全体からの輸入に対する関税データから分離して，中国に対して日本経済が，あるいは日本政府がどのような貿易障壁をこれまで課してきたのかということを，関税率で測ることの出来る部分に限定して作り上げるという作業を行なったわけである．

こうした経済的実績の下で，今，日中は両国間の特恵貿易協定の締結に関心を強めつつある．これには，他方で強い警戒を叫ぶ考え方が存在しているのも事実である．既述のとおり，この分析では，特恵貿易協定を，双方の貿易にかかる関税障壁を除去することと定義し，その範囲でのシミュレーションを行なうことにした．ここで紹介するシミュレーションはこうした脈絡の延長で，今回は日中二国間の関税障壁の撤廃による貿易自由化に焦点を当て，両国の経済にどう影響するのかを予測することにした．この作業を進める上で，すでに言及したように，関税率表はかなり膨大で，かつ複雑であり，なかなか簡単に利用できるようなかたちにはなっていない．

この論文のシミュレーションは，*JIDEA* モデル version 5.0 の応用としての version 5.1 である[9]．前述のように，筆者グループは，複雑な関税率表を従価税率に一本化するということを，さまざまな作業の積み重ねのなかで行なっ

た．まず，世界全体に対しての関税率というかたちを，貿易統計も，関税率表で計算された関税額というのも，対中国についてだけ取り出す必要があった．貿易データは，財務省の貿易統計を利用している[10]．このシミュレーションのために変更したモデルの内容に関しては後述するが，関税率表，そしてそれと対応させるような財務省の貿易統計についての作業が，シミュレーションの準備段階で行われた．関税率表は財務省の管轄，公表するデータである．

JIDEA 5.1 で利用された輸入従価関税率は，9桁コードで5,798商品についての中国からの輸入関税率のオリジナルなデータベースから，100部門に再分類された．従価関税率を求めるには，貿易統計における商品部門は，関税率データベースにおいて使用されている部門に分類されるべく調整された．表4-1-3は，筆者のとった手順で計算されたJIDEA 100 部門についての従価関税率の結果である．JIDEAモデルは100部門の産業をもっている．しかしそのうちの64部門だけが貿易可能財の部門 tradable sectors で，それ以降の65部門から100部門に関しては非貿易可能部門 non-tradable sectors である．第3部門の貿易統計は存在しないから，実際には貿易部門は63部門からなる．そして，63部門のなかでも関税のかかるものと，かからないものがあり，従価関税率が0以上のものは，63部門中15部門となっている．中国からの輸入に関しては，残りのおよそ40部門の産業では無税として輸入されているという実態にあることが示されている．多くの文献において，個別の商品についての高い保護がかけられていることが言及されることはあっても，この全体としての実態はあまり知られていない．何万品目の商品についての関税率が存在しているが，これを第1段階として，貿易統計に対応させる作業を行った．5,000品目以上の品目がいまだ存在するこの集計された表の中で，従量関税を従価税率に変換する作業を行なった．表4-1-3における従価関税率の表は，各100部門に対応する集計された関税収入を，集計された輸入額で除した値としての関税率の計算値を示している．

中国から輸出された製品のうち，高い従価関税率が課されている産業は，繊維産業で19.04%である．次いで，穀物の3.42%である．中国からの輸入額に

よって除した中国からの輸出商品に課された総関税収入として計算した中国製品に関する輸入関税率を全体で評価するとすれば，2003年のその単純平均関税率は0.44％と，きわめて小さな保護率であることがわかる．

65部門から100部門までの非貿易部門は，産業連関表の外国取引のデータとして存在するので，日中FTAのシミュレーションにおいてサービス貿易を加えたマクロの経常収支の観察に利用することができる．

さて，上記で求められた関税率表をどのように使うかというと，日本から中国に輸出されるものが JAexpCN と表わされ，日本の輸出関数，すなわちこれは中国にとっての日本からの輸入に相当する．この部分は中国サイドが推計作業にあたるという，今回のジョイント・プロジェクトにおける最初の取り決めが行われている．我々のパートナーモデルは世界銀行のサポートのもとで中国の国務院発展研究センターの開発したMUDANモデルである．このプロジェクトの取り決めは，2004年の1月の段階で計画したのであるが，JIDEAモデル側としては中国から入ってくる輸入額を計算して，そして関税を外した場合にどれくらい増えるのかということを中国に投げかけ，お互いに均衡するまでキャッチボールを続けて，均衡解を求めるというモデルを設計したのだが，中国からの作業結果が戻ってこない状況に置かれて，初期の予定を変更してとったアプローチは，INFORUMでこの *Bilateral Trade Model* の責任者であるナイハス博士 Douglas Nyhus に依頼し，この部分の計算結果を得ることができた．そして，それを中国から与えられるデータの代わりに入れて計算したものが，本論文に提示された推計結果である（表4-1-4）．関税を指数化して，それを輸入価格に調整係数として使って割り引き，輸入価格の下落値を求めた．

1-3 FTAの地域と貿易データの準備

この論文は，日本と中国との間のFTAの影響について，2010年までについてJIDEAモデルによるマクロ変数とミクロ変数を予測するためのシミュレーションを行なう．この分析において，JAは日本を表記し，CNは中国を，RWはその他世界を意味する．各国の輸出の基本方程式は，次の形式によって表わ

第4章 アジアの地域経済統合と経済成長　147

表 4-1-3　Japanese Ad-valorem tariff rate for JIDEA 5.1

JIDEA 51	Import from China (JPY 1,000)	Calculated ad-valorem tariff (JPY 1,000)	Calculated ad-valorem tariff rate (%)	sectors.ttl
13	114728573	21839167.70	19.04	Textiles ; 13 e "Fabricated textile products"
1	70455601	2412341.62	3.42	Agri crops ; 1 e "Agriculture for crops"
11	19269804	337903.00	1.75	Beverages ; 11 e "Beverages & tobacco"
31	209725247	2875070.54	1.37	Leather ; 31 e "Leather & Fur products"
24	5197751	67200.86	1.29	Chem fiber ; 24 e "Chemical fibers"
12	7593690	68886.00	0.91	Feeds&fert ; 12 e "Feeds and organic fertilizers"
9	72395443	633710.02	0.88	Petro & gas ; 9 e "Crude petroleum & gas"
27	23675473	123703.04	0.52	Petro prod ; 27 e "Petroleum refinery products"
22	58757629	128414.65	0.22	Chem organ ; 22 e "Organic chemical products"
14	1885353356	3863819.50	0.20	Clothing ; 14 e "Wearing and other textile products"
10	606719513	1042552.60	0.17	Food prod ; 10 e "Food products"
26	42915708	59540.35	0.14	Chem final ; 26 e "Final chemical products"
20	49661267	52371.10	0.11	Chem basic ; 20 e "Inorganic basic chemicals"
23	4978519	4745.49	0.10	Chem resin ; 23 e "Synthetic resin"
39	81217249	62654.93	0.08	Non fer meta ; 39 e "Non-ferrous metals refinery products"
2	13436257	0.00	0.00	Agri Livestk ; 2 e "Livestock raising and sericulture"
3			0.00	Agriculture Service ; 3
4	33242154	0.00	0.00	Forestry ; 4 e "Forestry and logging"
5	41947077	0.00	0.00	Fishery ; 5 e "Fishery"
6	4183093	0.00	0.00	Metal ores ; 6 e "Metal ores"
7	33476721	0.00	0.00	Nonmet ores ; 7 e "Non-metal ores"
8	133673660	0.00	0.00	Coal ; 8 e "Coal and lignite"
15	120760032	0.00	0.00	Wooden prod ; 15 e "Timber and wooden products"
16	124607291	0.00	0.00	Furniture ; 16 e "Wooden & Metal Furniture, Fittings"
17	27364300	0.00	0.00	Pulp&paper ; 17 e "Pulp and paper"
18	6967568	0.00	0.00	Printing ; 18 e "Publishing and printing"
19	6307267	0.00	0.00	Chem fert ; 19 e "Chemical fertilizer"
21	738327	0.00	0.00	Chem petro ; 21 e "Petrochemical basic products"
25	15005736	0.00	0.00	Medicine ; 25 e "Medicaments"
28	22454963	0.00	0.00	Coal prod ; 28 e "Coal products"
29	115227127	0.00	0.00	Plastic prod ; 29 e "Plastic products"
30	214768578	0.00	0.00	Rubber prod ; 30 e "Rubber products"
32	23027003	0.00	0.00	Glass ; 32 e "Glass and glass products"
33	1724248	0.00	0.00	Cement ; 33 e "Cement and cement products"
34	23113059	0.00	0.00	Pottery ; 34 e "Pottery, tiles and earthenware"
35	110708176	0.00	0.00	Oth ceramic ; 35 e "Other ceramic, stone and clay products"
36	38691643	0.00	0.00	Pig iron ; 36 e "Pig iron and crude steel"
37	3425768	0.00	0.00	Steel ; 37 e "Steel bar and sheet"
38	12193264	0.00	0.00	Steel Cast ; 38 e "Steel castings and forging"
40	131225173	0.00	0.00	Proce Nonfer ; 40 e "Processed non-ferrous metal products"
41	18924586	0.00	0.00	Metal const ; 41 e "Metal products for construction"
42	3201382	0.00	0.00	Heating equi ; 42 e "Heating equipment"
43	107589692	0.00	0.00	Metal other ; 43 e "Other metal products"
44	83710568	0.00	0.00	Machine gene ; 44 e "General Machineery"
45	6624797	0.00	0.00	Machine tool ; 45 e "Machine Tool & Robot"
46	43659931	0.00	0.00	Machine spec ; 46 e "Special industry machinery"
47	28333272	0.00	0.00	Machine oth ; 47 e "Other general machines and tools"
48	69773889	0.00	0.00	Mach office ; 48 e "Machinery for office and for vending"
49	17016320	0.00	0.00	Mach service ; 49 e "Machinery for service"
50	450547243	0.00	0.00	Mach hous el ; 50 e "Household electric & electronic equipment"
51	683920215	0.00	0.00	Computer ; 51 e "Electronic computing equipment and accessories equipment"
52	62500284	0.00	0.00	Communic eqp ; 52 e "Communication equipment"
53	21812404	0.00	0.00	El apld&meas ; 53 e "Electronic appliances & measuring equipment"
54	74081737	0.00	0.00	IC ; 54 e "Semi-conductor devices and integrated circuits"
55	274017744	0.00	0.00	Electro part ; 55 e "Electronic Parts"
56	260810026	0.00	0.00	Heavy el ; 56 e "Heavy electrical equipment, Generators, Motors, etc."
57	138512057	0.00	0.00	Oth light el ; 57 e "Electric illuminator, batteries & other light electric app."
58	76425123	0.00	0.00	Motor vehicl ; 58 e "Motor vehicle"
59	6993768	0.00	0.00	Ships ; 59 e "Ships and repair of ships"
60	293242	0.00	0.00	Rail equipme ; 60 e "Railway equipment"
61	224729	0.00	0.00	Air plane ; 61 e "Air plane & repair"
62	54696071	0.00	0.00	Other transp ; 62 e "Other transportation equipment"
63	167325830	0.00	0.00	Precision ; 63 e "Precision instruments, Medical instrument, etc."
64	383626844	0.00	0.00	Mfg miscella ; 64 e "Miscellaneous manufacturing products"
tradable sectors	Import value from China	Tariff duty from China	Average tariff rate	
1–64 sectors	7545535062	33572081.4	0.445	

表 4-1-4 Macroeconomic Summary in JIDEA Simulation

Titles of Alternate Runs
Line 1 : Japan–China FTA : Base Line 22/05/2004
Line 2 : Japan–China FTA : Alt Case I – Japanese Tariff Cut for China – difference from baseline
Line 3 : Japan–China FTA : Alt Case II – Japan & China Tariff Cut each other – difference from baseline
Alternatives are shown in deviations from base values.

GDP Components by Expenditure Category   Trillions of 1995 Yen

	1998	2000	2003	2004	2005	2006	2007	2008	2009	2010
Gross Domestic Product (nominal)	532.253	533.533	533.556	550.226	557.093	562.222	565.970	571.980	580.565	591.861
	0.000	0.000	−0.016	0.055	0.004	−0.012	−0.061	−0.052	−0.051	−0.061
	0.000	0.000	−0.016	0.055	0.004	−0.012	−0.061	−0.052	−0.051	−0.061
Gross Domestic Product (real)	523.156	539.259	560.323	578.258	584.188	587.677	589.610	592.580	597.600	604.612
	0.000	0.000	−0.023	0.055	0.007	−0.018	−0.073	−0.064	−0.063	−0.076
	0.000	0.000	−0.023	0.055	0.007	−0.018	−0.073	−0.064	−0.063	−0.076
GDP deflator (1995 price)	0.001	0.001	0.001	0.001	0.001	0.001	0.001	0.001	0.001	0.001
	0.000	0.000	0.000	0.000	0.000	0.000	0.000	0.000	0.000	0.000
	0.000	0.000	0.000	0.000	0.000	0.000	0.000	0.000	0.000	0.000
Total Consumption	370.304	364.719	386.043	399.032	401.734	405.001	408.288	411.619	415.691	420.509
	0.000	0.000	0.001	0.009	0.023	0.012	0.006	0.009	0.007	0.001
	0.000	0.000	0.001	0.009	0.023	0.012	0.006	0.009	0.007	0.001
Consumption of Business	20.032	21.882	22.848	23.502	23.652	23.706	23.719	23.778	23.926	24.159
	0.000	0.000	−0.001	0.002	0.000	−0.001	−0.003	−0.003	−0.003	−0.003
	0.000	0.000	−0.001	0.002	0.000	−0.001	−0.003	−0.003	−0.003	−0.003
Consumption of Households	283.430	269.783	276.664	282.615	284.288	286.877	289.691	292.391	295.528	299.115
	0.000	0.000	0.002	0.002	0.022	0.014	0.017	0.019	0.016	0.012
	0.000	0.000	0.002	0.002	0.022	0.014	0.017	0.019	0.016	0.012
Consumption of Government	66.842	73.054	86.531	92.915	93.794	94.417	94.878	95.449	96.237	97.235
	0.000	0.000	0.000	0.006	0.001	−0.002	−0.008	−0.007	−0.007	−0.008
	0.000	0.000	0.000	0.006	0.001	−0.002	−0.008	−0.007	−0.007	−0.008
Total Investment	146.476	149.831	149.439	154.121	155.697	156.799	156.419	156.548	157.200	158.385
	0.000	0.000	−0.005	0.012	0.001	−0.001	−0.014	−0.012	−0.012	−0.012
	0.000	0.000	−0.005	0.012	0.001	−0.001	−0.014	−0.012	−0.012	−0.012
Business Investment	107.161	108.944	108.551	113.232	114.808	115.910	115.529	115.657	116.309	117.493
	0.000	0.000	−0.005	0.012	0.001	−0.001	−0.014	−0.012	−0.012	−0.012
	0.000	0.000	−0.005	0.012	0.001	−0.001	−0.014	−0.012	−0.012	−0.012
Dwelling Construction	22.243	22.299	21.787	23.520	23.940	23.389	22.171	21.202	20.474	20.066
	0.000	0.000	−0.003	0.007	0.002	0.000	−0.009	−0.008	−0.009	−0.008
	0.000	0.000	−0.003	0.007	0.002	0.000	−0.009	−0.008	−0.009	−0.008
Government Investment	39.315	40.887	40.888	40.889	40.889	40.890	40.890	40.891	40.891	40.891
	0.000	0.000	0.000	0.000	0.000	0.000	0.000	0.000	0.000	0.000
	0.000	0.000	0.000	0.000	0.000	0.000	0.000	0.000	0.000	0.000
Inventory Change	2.097	−3.216	−3.216	−3.216	−3.216	−3.216	−3.216	−3.216	−3.216	−3.216
	0.000	0.000	0.000	0.000	0.000	0.000	0.000	0.000	0.000	0.000
	0.000	0.000	0.000	0.000	0.000	0.000	0.000	0.000	0.000	0.000
Exports	53.803	61.347	67.284	67.292	67.590	68.497	69.387	71.490	74.931	79.666
	0.000	0.000	0.000	0.001	0.000	0.000	0.001	0.000	0.001	0.000
	0.000	0.000	0.000	0.001	0.000	0.000	0.001	0.000	0.001	0.000
Tradable sectors	43.661	49.507	53.846	53.753	53.916	54.580	55.236	56.885	59.632	63.439
	0.000	0.000	0.000	0.000	0.000	0.000	0.000	0.000	0.001	0.000
	0.000	0.000	0.000	0.000	0.000	0.000	0.000	0.000	0.001	0.000
Imports	50.704	47.018	46.137	49.059	51.060	53.415	55.560	57.800	60.361	63.479
	0.000	0.000	0.017	−0.053	0.020	0.020	0.063	0.024	0.022	0.036
	0.000	0.000	0.017	−0.053	0.020	0.020	0.063	0.024	0.022	0.036
Tradable sectors	39.293	34.767	32.318	34.530	35.744	37.261	38.482	39.710	41.174	43.098
	0.000	0.000	0.017	−0.054	0.020	0.019	0.063	0.023	0.021	0.035
	0.000	0.000	0.017	−0.054	0.020	0.019	0.063	0.023	0.021	0.035
Trade balance (trillions of 1995 yen)	3.099	14.329	21.146	18.233	16.530	15.082	13.827	13.690	14.570	16.187
	0.000	0.000	−0.017	0.054	−0.019	−0.020	−0.063	−0.023	−0.022	−0.036
	0.000	0.000	−0.017	0.054	−0.019	−0.020	−0.063	−0.023	−0.022	−0.036
Tradable sectors	4.369	14.741	21.528	19.223	18.172	17.319	16.754	17.175	18.458	20.341
	0.000	0.000	−0.017	0.054	−0.020	−0.019	−0.062	−0.022	−0.021	−0.035
	0.000	0.000	−0.017	0.054	−0.020	−0.019	−0.062	−0.022	−0.021	−0.035
Total Industry Employment (million)	69.133	68.858	69.608	71.077	71.011	70.602	70.025	69.577	69.365	69.369
	0.000	0.000	−0.003	0.004	0.001	−0.003	−0.011	−0.010	−0.010	−0.011
	0.000	0.000	−0.003	0.004	0.001	−0.003	−0.011	−0.010	−0.010	−0.011
Tradable sectors (million)	20.401	21.163	21.484	21.686	21.563	21.374	21.167	21.012	20.977	21.035
	0.000	0.000	−0.002	0.003	−0.001	−0.002	−0.008	−0.005	−0.006	−0.006
	0.000	0.000	−0.002	0.003	−0.001	−0.002	−0.008	−0.005	−0.006	−0.006
Unemployment rate (%)	1.35	4.81	5.06	4.18	4.15	4.24	4.57	4.96	5.02	4.77
	0.00	0.00	0.00	−0.01	0.00	0.00	0.02	0.01	0.01	0.02
	0.00	0.00	0.00	−0.01	0.00	0.00	0.02	0.01	0.01	0.02

される.

$$JAexpRWr = f\,(relpri,\ fdmrw,\ timet,\ dum\ 85\ y,\ dum\ 90\ y)$$

関税撤廃に起因する貿易変化は，外国の製品価格と国内製品価格の相対価格 *relpri* によって推計される．この意味において，基本的な推計式は，価格が感応するように定式化し，推計される．

FTA のパートナーは次のような輸出方程式をもつものとし，推計された．

$$JA\ exp\ CN = f\,(relpri\ ;\ .....) = f\,(JA\ pim\ CN\ /\ pdd_{JA}\ ;\ .....)$$
$$JA\ exp\ RW = f\,(relpri\ ;\ .....) = f\,(JA\ pim\ RW\ /\ pdd_{JA}\ ;\ .....)$$
$$CN\ exp\ JA = f\,(relpri\ ;\ .....) = f\,(CNpim\ JA\ /\ pdd_{CN}\ ;\ .....)$$
$$CN\ exp\ RW = f\,(relpri\ ;\ .....) = f\,(CN\ pim\ JA\ /\ pdd_{CN}\ ;\ .....)$$

この論文の主要な考察は，自由貿易協定における輸入関税撤廃後の同盟国の日本と中国にとっての貿易変化を推計することにある．この論文における FTA （Free Trade Agreement）とは，輸入関税撤廃を意味する．シミュレーションは，本来，日本モデルについての JIDEA と中国モデルである MUDAN と呼ばれるそれぞれの産業連関分析に基づいた動学的マクロ計量経済モデルをリンクすることによって行なわれるべく FTA の影響についての分析がデザインされた[11]．

FTA の静学的な効果は，貿易変化における2つの部分から構成される．すなわち貿易転換と貿易創出である．両国間の FTA の結果としての貿易変化についての分析概念は，図4-1-2 に描かれている．JIDEA モデルの *version 5.1* により 2010 年までの3種類の予測を行なった．基本的に，*JIDEA 5.0* におけるオリジナルの貿易データは，1パートナー・モデルとして，INFORUM システムにおける双方向貿易モデル BTM に連結されることになっている．JIDEA 貿易可能部門の部門数は 64 部門であり，中国モデルの MUDAN（59 部門からなる）はこれとは別部門数（42 部門）をもつ．INFORUM システムにおける BTM は，その他世界からの輸入価格とその他世界への輸出額を 16 地域からなる各

150　第Ⅱ部　アジア的経済システムを問う

表 4-1-5　日中モデル連結の変数表記

JIDEA 51	version 5.1　100 sectors	MUDAN 275	version 2.75　59 sectors
pex	price of Japanese export	priceexp	price of Chinese export
pim	price of Japanese import		price of Chinese import
JApimCN	price of import from China	cnpimja	price of import from Japan
JApimRW	price of import from ROW	cnpimrw	price of import from ROW
JAexpCN	export from Japan to China	cnexpja	export from China to Japan
JAexpRW	export from Japan to ROW	cnexprw	export from China to ROW
JAimpCN	import of Japan from China	cnimpja	import of China from Japan
JAimpRW	import of Japan from ROW	cnimprw	import of China from ROW
JAexpCNr	export from Japan to China in real term		
JAexpRWr	export from Japan to ROW in real term		
JAimpCNr	import of Japan from China in real term		
JAimpRWr	import of Japan from ROW in real term		

図 4-1-2　日中 FTA の分析概念

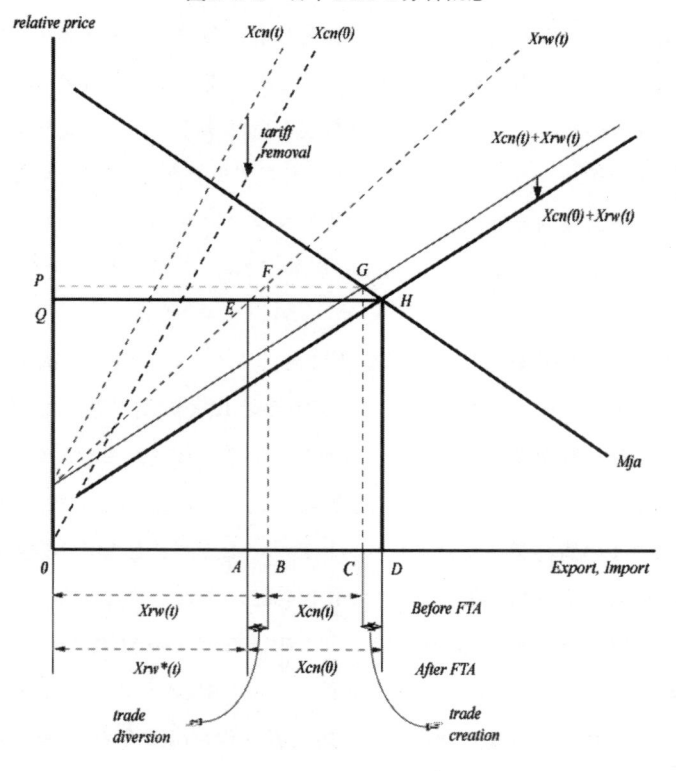

サテライト国のモデルに提供する．日中間のFTAシミュレーションのためのデータ準備のための次の作業は，日本と中国についてのデータとその他世界についてのデータを切り離すことであった．この作業結果は，表4-1-5における変数名によって表記され，モデルに導入された．

今回のシミュレーションでは，1度限りの貿易変化によって生じた日本経済側への影響についてのみを計算したものである．国際的に連結するBTMのようなアプローチでは，貿易変化について国内で起こる変化を何度も貿易を経由して，均衡するまでキャッチボールする収束演算を行なうべきである．プロジェクトの当初の予定もこうした企画であったが，中国側からの計算データの遅れのために，1回限りの変化でシミュレーションを諦めざるをえなかった[12]．

1-4　シミュレーションの結果

最後に推計結果を整理することにしよう．ここでのシミュレーションは2010年までの予測について3種類の計算をした．関税の撤廃前の環境を2010年まで延長したベースライン，次に日本側だけが関税を撤廃した場合の影響を計算したシミュレーション1（sm1），最後に日本とともに中国側も関税を撤廃した場合の影響について計算したシミュレーション2（sm2）といった作業を行なう．分析概念を示す図4-1-2における日本の商品の輸入関数 Mja を提供するのは，中国を除いたその他世界の輸出関数と中国の輸出関数を足し合わせたもので，図4-1-2における $Xcn(t) + Xrw(t)$ が世界全体の日本に対する輸出関数になる．輸出供給関数と輸入需要関数の交わったG点が，日本の当初の，関税の賦課された状態での輸入である．ここで中国からの輸入関税を日本側が引き下げることで，中国の輸出関数が下方シフトする．日本にとっての世界全体としての供給曲線がやはり下方シフトし，$Xcn(0) + Xrw(t)$ となることを意味するから，GからHに均衡点が変わる．これは2つの内容をもっている．1つは，日本の総輸入が点CからDに貿易が増えたということ，これを関税同盟の貿易創出効果と呼ぶ．一方で，その他の世界が輸出していた0からBまでの量

が，0からAにまで縮小する．これが貿易転換と呼ばれる効果である．こういったことに関して筆者は，産業別に計算するということを念頭に置いてさまざまな取り組みを実施した．

　JIDEAモデルや他の産業連関分析のような一般均衡分析は，成長産業と衰退産業を別々に描き出すことができる．JIDEAモデルでは，1985年から1998年までの産業連関表を用い，予測は1998年からスタートする．しかしながら，最近までのマクロ変数をモデルに導入している．関税撤廃は，2003年に行なわれたものとして，シミュレーションが行なわれた．表4-1-5は，日中間のPTA締結の日本のマクロ経済に生じるネットの影響の要約をしたものである．第2行と第3行は，一方的な関税撤廃と双務的な関税撤廃の効果をベースラインからの差分として表示したものである．

　実際のところ，この種の関税同盟の理論的な，あるいは実証的な研究のなかで，一般的に，ほとんどが輸入産業について限定された議論がおこなわれ，輸出産業に関しての議論は，どこかに置かれた状態にある．100部門を基本的な枠組みで行なったシミュレーションを，29部門にセミマクロとして集約して表の予測結果を観察してみた．シミュレーション2（$sim\,2$）により，双務的な関税撤廃はベースライン（$base$）の水準から2,190万円だけ総産出高を拡大させることになる．中国からの総輸入は，2010年においてベースラインから6,700万円の拡大をもたらす．雇用のネットの効果は，2010年のベースラインの水準から9,880人の増加となる．雇用の減少は，1，3，4，5，13，16部門という，輸入競争産業の方には明らかにマイナスの影響が出る．雇用の変化に対応するように，部門別の総国内産出高でも，1，3，4，5，16および28部門においてマイナスとなる．これらマイナスの生じる減退する産業に比べて，2010年の段階でプラスになっている産業のほうが効果としては大きく，ベースラインと比べてシミュレーション2（相互に関税を取り外した場合）においてネットでプラスに出てくる．成長の規模が，絶対的な減少の規模よりも大きいことを予測できるのである．こういった輸出産業についての議論を見落としているがために，この種の特恵的貿易協定に対して，一方で被害を受けがちだという議

論が大手を振るような状況にあるのではないだろうか．

表4-1-4における粗く部門統合したシミュレーションのサマリーは，JIDEAモデルの100部門のための詳細な表である表4-1-7から調整されたものである．図4-1-3と図4-1-4においては，ベースラインにおける2010年までの日本の輸出と輸入の10大産業の趨勢を示している．これに加えて，図4-1-5と図4-1-6では，日本の対中国10大輸出及び輸入産業の趨勢を描いている．

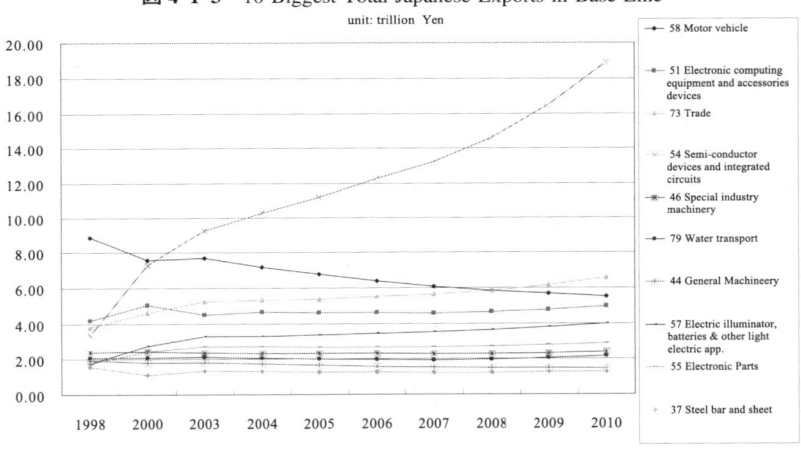

図 4-1-3　10 Biggest Total Japanese Exports in Base Line

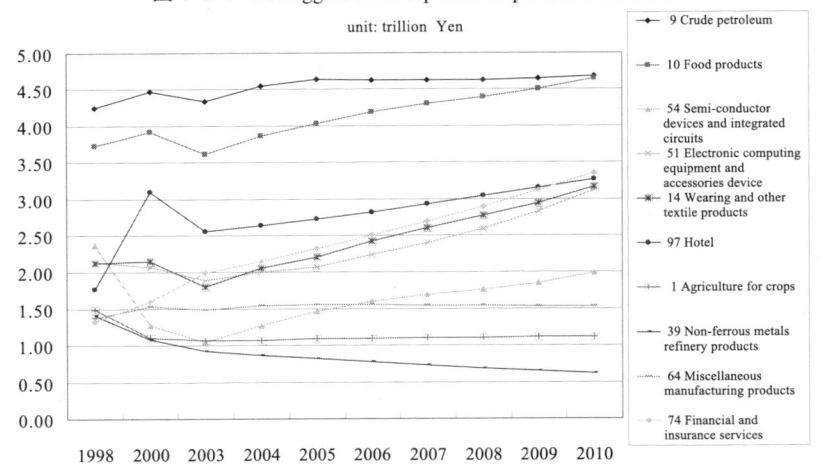

unit: trillion Yen

- 58 Motor vehicle
- 51 Electronic computing equipment and accessories devices
- 73 Trade
- 54 Semi-conductor devices and integrated circuits
- 46 Special industry machinery
- 79 Water transport
- 44 General Machineery
- 57 Electric illuminator, batteries & other light electric app.
- 55 Electronic Parts
- 37 Steel bar and sheet

図 4-1-4　10 Biggest Total Japanese Imports in Base Line

unit: trillion Yen

- 9 Crude petroleum
- 10 Food products
- 54 Semi-conductor devices and integrated circuits
- 51 Electronic computing equipment and accessories device
- 14 Wearing and other textile products
- 97 Hotel
- 1 Agriculture for crops
- 39 Non-ferrous metals refinery products
- 64 Miscellaneous manufacturing products
- 74 Financial and insurance services

表 4-1-4 から 4-1-6 のサマリー・テーブルは，主に中国の関税撤廃によって引き起こされた成長産業のプラスの効果が，日本の関税撤廃によって引き起こされた縮小産業におけるマイナスの効果よりも大きいことを意味している．これがために，日本経済は中国との RTA（地域的貿易取り決め）によって，便益を受けることとなるという結果を得ることとなった．

図 4-1-5 10 Biggest Total Japanese Exports to China in Base Line
unit: trillion Yen

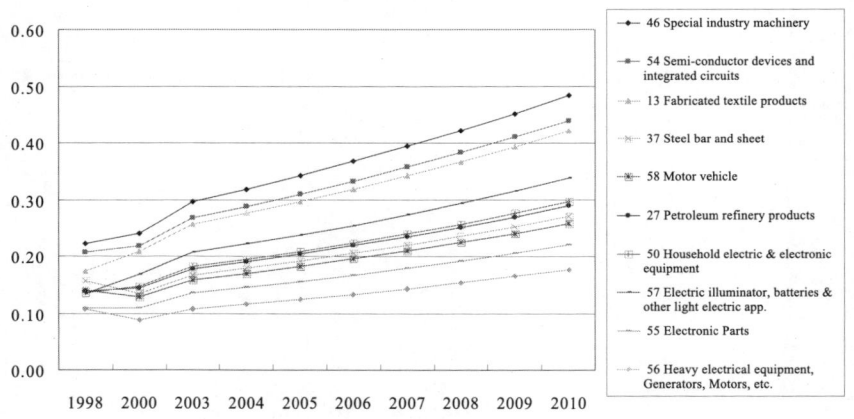

図 4-1-6 10 Biggest Total Japanese Inports from China in Base Line
unit: trillion Yen

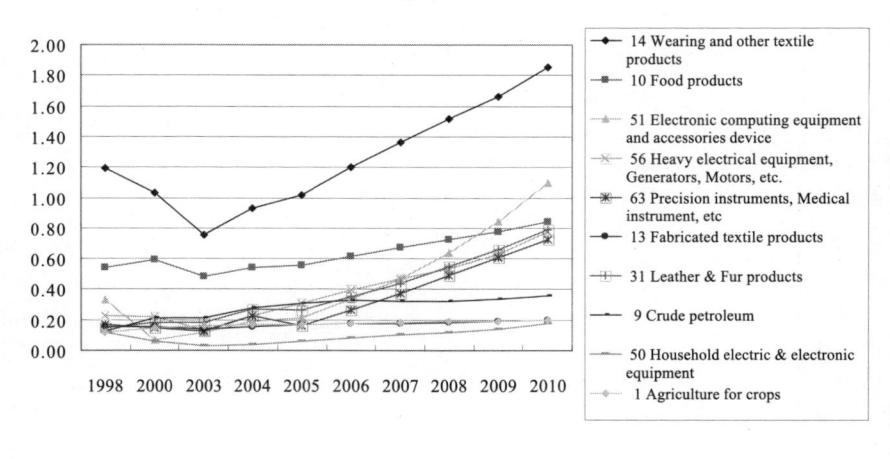

第4章 アジアの地域経済統合と経済成長 155

表 4-1-6-1 Broad sectoral summary of JIDEA Simulation

JIDEA Simulation Summary

Titles of Alternate Runs
Line 1 : Japan-China FTA : Base Line 22/05/2004
Line 2 : Japan-China FTA : Alt Case II - Japan & China Tariff Cut each other - difference from base

Alternatives are shown in deviations from base values.

GDP Components by Expenditure Category (Trillion of yen)

	1985	1990	1998	2000	2003	2004	2005	2006	2007	2008	2009	2010
GDP (nominal)	317.600	428.743	532.253	533.533	533.556	550.226	557.093	562.222	565.970	571.980	580.565	591.861
	0.000	0.000	0.000	0.000	-0.016	0.055	0.004	-0.012	-0.061	-0.052	-0.051	-0.061
GDP (1995 price)	372.481	469.121	523.156	539.259	560.323	578.258	584.188	587.677	589.610	592.580	597.600	604.612
	0.000	0.000	0.000	0.000	-0.023	0.055	0.007	-0.018	-0.073	-0.064	-0.063	-0.076
GDP deflator	0.853	0.914	1.017	0.989	0.952	0.952	0.954	0.957	0.960	0.965	0.971	0.979
	0.000	0.000	0.000	0.000	0.000	0.000	0.000	0.000	0.000	0.000	0.000	0.000
Total Consumption	253.830	313.162	370.304	364.719	386.043	399.032	401.734	405.001	408.288	411.619	415.691	420.509
	0.000	0.000	0.000	0.000	0.001	0.009	0.023	0.012	0.006	0.009	0.007	0.001
Private consumption	200.339	252.893	303.463	291.665	299.511	306.117	307.940	310.584	313.410	316.169	319.454	323.274
	0.000	0.000	0.000	0.000	0.001	0.004	0.014	0.014	0.014	0.016	0.013	0.009
Consumption of Business	16.423	18.521	20.032	21.882	22.848	23.502	23.652	23.706	23.719	23.778	23.926	24.159
	0.000	0.000	0.000	0.000	-0.001	0.002	0.000	-0.001	-0.003	-0.003	-0.003	-0.003
Consumption of Households	183.917	234.372	283.430	269.783	276.664	282.615	284.288	286.877	289.691	292.391	295.528	299.115
	0.000	0.000	0.000	0.000	0.002	0.002	0.022	0.014	0.017	0.019	0.016	0.012
Consumption of Government	53.491	60.269	66.842	73.054	86.531	92.915	93.794	94.417	94.878	95.449	96.237	97.235
	0.000	0.000	0.000	0.000	0.000	0.006	0.001	-0.002	-0.008	-0.007	-0.007	-0.008
Total Investment	96.690	144.677	146.476	149.831	149.439	154.121	155.697	156.799	156.419	156.548	157.200	158.385
	0.000	0.000	0.000	0.000	-0.005	0.012	0.001	-0.001	-0.014	-0.012	-0.012	-0.012
Government Investment	26.354	33.359	39.486	41.044	41.036	41.039	41.042	41.043	41.040	41.036	41.032	41.028
	0.000	0.000	0.000	0.000	0.000	0.000	0.000	0.000	0.000	0.000	0.000	0.000
Private investment	70.336	111.317	106.990	108.787	108.403	113.082	114.655	115.756	115.380	115.512	116.169	117.356
	0.000	0.000	0.000	0.000	-0.005	0.012	0.001	-0.001	-0.014	-0.012	-0.012	-0.012
Dwelling construction	17.731	27.046	22.243	22.299	21.787	23.520	23.940	23.389	22.171	21.202	20.474	20.066
	0.000	0.000	0.000	0.000	-0.003	0.007	0.002	0.000	-0.009	-0.008	-0.009	-0.012
Exports	42.155	44.378	53.803	61.347	67.284	67.292	67.590	68.497	69.387	71.490	74.931	79.666
	0.000	0.000	0.000	0.000	0.000	0.001	0.000	0.001	0.000	0.001	0.000	0.000
Tradable sectors	33.241	36.385	43.661	49.507	53.846	53.753	53.916	54.580	55.236	56.885	59.632	63.439
	0.000	0.000	0.000	0.000	0.000	0.000	0.000	0.000	0.000	0.001	0.000	0.000
Imports	21.986	36.195	50.704	47.018	46.137	49.059	51.060	53.415	55.560	57.800	60.361	63.479
	0.000	0.000	0.000	0.000	0.017	-0.053	0.020	0.020	0.063	0.024	0.021	0.036
Tradable sectors	17.429	27.977	39.293	34.767	32.318	34.530	35.744	37.261	38.482	39.710	41.174	43.098
	0.000	0.000	0.000	0.000	0.017	-0.054	0.020	0.019	0.063	0.023	0.021	0.035
Trade balance (trillions of 1995 yen)	20.170	8.183	3.099	14.329	21.146	18.233	16.530	15.082	13.827	13.690	14.570	16.187
	0.000	0.000	0.000	0.000	-0.017	0.054	-0.019	-0.020	-0.063	-0.023	-0.022	-0.036
Tradable sectors	15.813	8.408	4.369	14.741	21.528	19.223	18.172	17.319	16.754	17.175	18.458	20.341
	0.000	0.000	0.000	0.000	-0.017	0.054	-0.020	-0.019	-0.062	-0.022	-0.021	-0.035
Trade balance (Billion in US$)	0.048	0.011	-0.011	0.132	0.162	0.140	0.122	0.110	0.100	0.099	0.106	0.119
	0.000	0.000	0.000	0.000	0.000	0.000	0.000	0.000	0.000	0.000	0.000	0.000
Total Employment (10 thousand)	6104.003	6426.801	6913.289	6885.759	6960.797	7107.695	7101.084	7060.215	7002.504	6957.669	6936.512	6936.857
	0.000	0.000	0.000	0.000	-0.310	0.402	0.070	-0.318	-1.114	-0.996	-1.015	-1.099
Tradable sectors	2139.133	2107.093	2040.091	2116.257	2148.381	2168.645	2156.301	2137.403	2116.718	2101.211	2097.685	2103.463
	0.000	0.000	0.000	0.000	-0.196	0.271	-0.072	-0.246	-0.787	-0.550	-0.572	-0.642
Unemployment rate (%)	2.60	2.10	1.35	4.81	5.06	4.18	4.15	4.24	4.57	4.96	5.02	4.77
	0.00	0.00	0.00	0.00	0.00	-0.01	0.00	0.00	0.02	0.01	0.01	0.02

表 4-1-6-2 Broad sectoral summary of JIDEA Simulation

JIDEA Simulation Summary

Titles of Alternate Runs
Line 1 : Japan–China FTA : Base Line 22/05/2004
Line 2 : Japan–China FTA : Alt Case II – Japan & China Tariff Cut each other – difference from base

Output by sector	(Trillion of 1995 Yen)											
	1985	1990	1998	2000	2003	2004	2005	2006	2007	2008	2009	2010
Total output	689.995	877.144	956.950	1001.659	1041.157	1070.864	1079.816	1084.802	1087.074	1091.892	1100.920	1113.831
	0.000	0.000	0.000	0.000	−0.049	0.093	0.001	−0.038	−0.160	−0.115	−0.102	−0.144
01 Agriculture, Forestry & Fishery	17.366	17.022	15.465	15.856	15.005	15.005	14.677	14.249	13.851	13.450	13.073	12.708
	0.000	0.000	0.000	0.000	0.001	0.000	0.003	0.001	−0.001	−0.002	−0.002	−0.002
02 Mining	2.046	2.383	1.664	1.976	2.157	1.988	1.827	1.778	1.731	1.712	1.720	1.753
	0.000	0.000	0.000	0.000	0.000	0.052	0.000	0.000	−0.001	0.000	0.000	0.000
Total Manufacturing	251.759	320.131	336.094	356.315	372.989	379.594	381.107	382.030	382.138	384.148	388.442	394.540
	0.000	0.000	0.000	0.000	−0.034	0.015	−0.023	−0.033	−0.116	−0.056	−0.042	−0.078
03 Food & beverage, etc.	35.821	38.375	38.663	35.341	35.669	36.658	36.843	36.701	36.659	36.549	36.488	36.442
	0.000	0.000	0.000	0.000	−0.002	−0.004	0.002	−0.002	−0.008	−0.013	−0.013	−0.012
04 Textile	13.550	14.601	10.020	12.037	13.177	13.117	12.957	12.743	12.562	12.433	12.324	12.177
	0.000	0.000	0.000	0.000	−0.005	−0.003	−0.002	−0.012	−0.008	−0.021	−0.023	−0.016
05 Wood products & papers	16.075	19.392	17.739	18.628	18.681	19.021	18.948	18.618	18.239	17.916	17.661	17.466
	0.000	0.000	0.000	0.000	0.000	0.000	0.001	0.002	−0.004	−0.007	−0.005	−0.009
06 Chemical products	28.910	37.864	40.250	46.245	50.622	52.005	52.352	52.576	52.770	53.186	53.880	54.824
	0.000	0.000	0.000	0.000	−0.004	0.001	−0.002	−0.004	−0.014	−0.007	−0.010	−0.016
061 Medicine	2.762	4.803	6.414	8.033	9.784	10.615	10.937	11.238	11.523	11.829	12.160	12.529
	0.000	0.000	0.000	0.000	0.000	0.000	0.000	0.000	−0.001	−0.001	−0.001	−0.001
07 Petro & coal products	7.949	8.875	10.936	11.018	11.156	11.349	11.292	11.271	11.284	11.315	11.387	11.503
	0.000	0.000	0.000	0.000	0.000	0.001	0.001	0.001	0.000	−0.001	−0.001	−0.001
08 Glass & cement, etc.	8.349	10.231	9.723	10.008	9.811	9.856	9.747	9.594	9.414	9.274	9.176	9.112
	0.000	0.000	0.000	0.000	0.000	0.001	0.000	0.000	−0.002	0.000	0.000	0.000
09 Iron & steel	20.964	22.189	20.858	21.431	21.910	22.038	21.962	21.900	21.807	21.906	22.208	22.711
	0.000	0.000	0.000	0.000	−0.001	0.002	0.000	0.000	−0.003	0.000	−0.001	−0.001
10 Non-ferrous metal	5.127	6.140	6.753	8.611	9.479	9.663	9.758	9.850	9.903	10.019	10.202	10.441
	0.000	0.000	0.000	0.000	0.000	0.002	0.000	0.000	−0.003	0.001	−0.001	0.001
11 Metal Products	12.054	16.321	16.263	15.927	16.373	16.846	16.960	16.975	16.912	16.913	16.977	17.090
	0.000	0.000	0.000	0.000	0.000	0.002	0.000	−0.001	−0.003	−0.002	−0.002	−0.001
12 General machinery	21.741	28.549	27.105	26.737	26.643	26.843	26.878	26.923	26.730	26.659	26.707	26.853
	0.000	0.000	0.000	0.000	0.001	0.001	−0.001	−0.002	−0.002	0.000	−0.002	−0.003
13 Electrical machinery	29.654	47.723	69.103	82.487	89.307	92.030	94.010	96.260	98.005	100.632	104.243	108.657
	0.000	0.000	0.000	0.000	−0.003	0.008	0.000	0.011	−0.022	0.015	0.030	−0.020
133 Computer & Communication equip.	11.111	19.941	39.474	52.304	57.231	59.756	61.720	64.019	65.886	68.497	71.962	76.188
	0.000	0.000	0.000	0.000	0.000	0.001	−0.004	0.004	−0.005	0.011	0.032	0.001
14 Transportation equipments	32.407	44.969	44.253	41.692	43.572	43.668	42.946	42.560	42.212	42.103	42.258	42.604
	0.000	0.000	0.000	0.000	0.002	−0.001	−0.002	−0.003	−0.002	−0.001	−0.002	−0.002
141 Motor vehicle	26.464	39.015	39.182	36.098	38.100	38.158	37.517	37.224	37.002	36.977	37.159	37.467
	0.000	0.000	0.000	0.000	−0.001	0.002	−0.001	−0.001	0.001	0.000	−0.001	−0.001
15 Precision machinery	3.672	4.563	4.207	4.205	4.341	4.229	4.214	4.042	3.867	3.696	3.555	3.429
	0.000	0.000	0.000	0.000	−0.007	0.010	−0.008	−0.010	−0.019	0.020	0.014	0.043
16 Micelleneous manufacturing	15.485	20.339	20.221	21.949	22.246	22.272	22.240	22.015	21.774	21.546	21.378	21.231
	0.000	0.000	0.000	0.000	−0.006	−0.008	−0.013	−0.014	−0.026	−0.039	−0.027	−0.038
17 Construction	66.001	93.571	83.616	85.603	84.330	86.720	87.061	86.488	85.290	84.458	83.965	83.855
	0.000	0.000	0.000	0.000	−0.004	0.009	0.001	0.000	−0.011	−0.008	−0.010	−0.009
18 Electricity, gas, water	20.027	24.249	27.709	28.699	29.664	30.692	31.026	31.249	31.428	31.623	31.911	32.301
	0.000	0.000	0.000	0.000	−0.001	0.003	0.000	0.000	−0.002	−0.002	−0.003	−0.003
Service industry total	325.738	413.215	486.671	507.185	531.596	551.479	558.894	563.956	567.775	571.825	577.301	584.326
	0.000	0.000	0.000	0.000	−0.011	0.012	0.019	−0.006	−0.030	−0.045	−0.044	−0.049
19 Trade	61.329	81.816	98.984	92.594	96.108	98.769	100.441	101.598	102.401	103.349	104.581	106.127
	0.000	0.000	0.000	0.000	−0.003	0.000	0.003	0.000	−0.005	−0.008	−0.007	−0.009
20 Finance, Real estate	30.994	44.208	46.132	48.660	51.134	52.816	53.470	53.838	54.122	54.441	54.929	55.558
	0.000	0.000	0.000	0.000	−0.002	0.004	0.001	−0.002	0.000	−0.007	−0.006	−0.006
21 House rent	35.936	41.631	53.088	49.539	49.928	51.542	52.840	53.798	54.776	55.530	56.288	57.101
	0.000	0.000	0.000	0.000	0.001	−0.004	0.005	0.003	0.006	0.000	0.000	0.000
22 Transportation	32.359	38.041	42.876	42.899	44.715	45.653	45.863	45.853	45.724	45.705	45.929	46.414
	0.000	0.000	0.000	0.000	−0.002	0.000	−0.001	−0.001	−0.005	−0.007	−0.007	−0.007
23 Communication	7.410	10.208	19.798	20.100	19.698	20.559	21.543	22.426	23.206	23.951	24.729	25.594
	0.000	0.000	0.000	0.000	0.000	0.001	0.000	0.002	0.001	0.000	0.000	0.000
24 Public administration	25.243	25.780	30.158	32.018	37.097	39.693	40.107	40.385	40.604	40.855	41.203	41.641
	0.000	0.000	0.000	0.000	0.000	0.002	0.001	−0.001	−0.003	−0.003	−0.003	−0.003
25 Education & Research	25.133	30.782	34.023	40.929	43.028	45.480	45.848	46.413	46.762	47.229	47.800	48.524
	0.000	0.000	0.000	0.000	−0.001	0.002	0.000	0.000	−0.005	−0.006	−0.006	−0.004
26 Hospital	23.677	29.184	36.519	39.635	44.950	47.661	48.276	48.717	49.077	49.441	49.893	50.449
	0.000	0.000	0.000	0.000	0.000	0.002	0.001	0.001	0.000	0.000	−0.003	−0.003
27 Business service	38.770	57.133	68.579	71.283	73.990	76.311	77.389	78.171	78.598	79.137	79.912	80.926
	0.000	0.000	0.000	0.000	−0.003	0.008	0.001	−0.002	−0.008	−0.006	−0.006	−0.007
28 Personal service	43.331	52.457	54.335	67.272	68.604	70.589	70.693	70.325	70.073	69.749	69.587	69.520
	0.000	0.000	0.000	0.000	−0.001	−0.003	0.004	−0.004	−0.003	−0.011	−0.011	−0.010
29 N. E. C.	8.615	8.549	7.910	8.280	7.758	7.793	7.649	7.483	7.292	7.115	6.959	6.821
	0.000	0.000	0.000	0.000	0.000	0.001	0.000	0.000	−0.001	−0.001	−0.001	−0.001

表 4-1-6-3 Broad Sectoral Summary of JIDEA Simulation

Line 1: Japan–China FTA: Base Line 22/05/2004
Line 2: Japan–China FTA: Alt Case II – Japan & China Tariff Cut each other – difference from baseline

Import from China by sector (Trillion of 1995 Yen)

	1985	1990	1998	2000	2003	2004	2005	2006	2007	2008	2009	2010
Total industry	0.000	1.351	4.337	3.825	3.152	4.128	4.380	5.359	6.255	7.229	8.335	9.731
	0.000	0.000	0.000	0.000	0.017	−0.002	0.016	0.017	0.061	0.023	0.023	0.039
01 Agriculture, Forestry & Fishery	0.000	0.157	0.137	0.172	0.184	0.190	0.195	0.201	0.206	0.212	0.218	0.225
	0.000	0.000	0.000	0.000	0.000	0.000	0.000	0.000	0.000	0.000	0.000	0.000
02 Mining	0.000	0.472	0.218	0.310	0.299	0.374	0.405	0.429	0.424	0.428	0.443	0.470
	0.000	0.000	0.000	0.000	0.000	0.000	0.000	0.000	0.000	0.000	0.000	0.000
Total Manufacturing	0.000	0.879	4.119	3.515	2.853	3.755	3.975	4.931	5.831	6.801	7.892	9.261
	0.000	0.000	0.000	0.000	0.017	−0.002	0.016	0.017	0.061	0.023	0.023	0.039
03 Food & beverage, etc.	0.000	0.193	0.552	0.608	0.501	0.560	0.574	0.638	0.695	0.750	0.803	0.864
	0.000	0.000	0.000	0.000	0.001	0.001	−0.001	0.000	0.004	0.004	0.005	0.004
04 Textile	0.000	0.335	1.343	1.188	0.898	1.088	1.186	1.373	1.541	1.696	1.852	2.045
	0.000	0.000	0.000	0.000	0.004	0.003	0.001	0.009	0.005	0.015	0.017	0.012
05 Wood products & papers	0.000	0.045	0.167	0.265	0.233	0.284	0.263	0.312	0.353	0.411	0.481	0.562
	0.000	0.000	0.000	0.000	0.000	0.001	−0.001	−0.003	0.000	0.003	0.002	0.004
06 Chemical products	0.000	0.053	0.193	0.078	0.066	0.085	0.084	0.102	0.119	0.140	0.162	0.186
	0.000	0.000	0.000	0.000	0.000	0.000	0.000	0.000	0.001	−0.002	0.001	0.003
061 Medicine	0.000	0.006	0.017	0.009	0.007	0.008	0.009	0.010	0.011	0.011	0.012	0.013
	0.000	0.000	0.000	0.000	0.000	0.000	0.000	0.000	0.000	0.000	0.000	0.000
07 Petro & coal products	0.000	0.069	0.022	0.038	0.036	0.050	0.060	0.067	0.069	0.071	0.077	0.086
	0.000	0.000	0.000	0.000	0.000	0.000	0.000	0.000	−0.0	0.000	0.000	0.000
08 Glass & cement, etc.	0.000	0.022	0.098	0.081	0.061	0.072	0.084	0.094	0.104	0.110	0.118	0.128
	0.000	0.000	0.000	0.000	0.000	0.000	0.000	0.000	0.000	0.000	0.000	0.000
09 Iron & steel	0.000	0.048	0.067	0.098	0.095	0.113	0.124	0.133	0.136	0.139	0.146	0.155
	0.000	0.000	0.000	0.000	0.000	0.000	0.000	0.000	0.000	0.000	0.000	0.000
10 Non-ferrous metal	0.000	0.024	0.116	0.096	0.099	0.102	0.103	0.105	0.108	0.111	0.114	0.117
	0.000	0.000	0.000	0.000	0.000	0.000	0.000	0.000	0.000	0.000	0.000	0.000
11 Metal Products	0.000	0.005	0.055	0.043	0.025	0.047	0.071	0.094	0.110	0.125	0.149	0.189
	0.000	0.000	0.000	0.000	0.000	0.000	0.000	0.000	0.000	0.000	0.000	0.000
12 General machinery	0.000	0.007	0.097	0.063	0.046	0.068	0.079	0.101	0.121	0.140	0.164	0.197
	0.000	0.000	0.000	0.000	0.000	0.000	0.001	0.001	0.000	−0.001	0.001	0.002
13 Electrical machinery	0.000	0.030	0.943	0.517	0.397	0.660	0.781	1.128	1.481	1.876	2.350	2.977
	0.000	0.000	0.000	0.000	0.002	−0.006	−0.002	−0.010	0.013	−0.011	−0.013	0.018
133 Computer & Communication equip.	0.000	0.002	0.467	0.128	0.154	0.237	0.277	0.419	0.569	0.755	0.980	1.264
	0.000	0.000	0.000	0.000	−0.001	0.000	0.001	−0.004	−0.001	−0.006	−0.015	0.000
14 Transportation equipments	0.000	0.018	0.061	0.040	0.038	0.054	0.050	0.068	0.069	0.073	0.080	0.090
	0.000	0.000	0.000	0.000	0.000	0.000	0.000	0.000	0.000	0.000	0.000	0.000
141 Motor vehicle	0.000	0.017	0.030	0.026	0.025	0.039	0.045	0.050	0.048	0.049	0.052	0.058
	0.000	0.000	0.000	0.000	0.000	0.000	0.000	0.000	0.000	0.000	0.000	0.000
15 Precision machinery	0.000	0.005	0.171	0.148	0.123	0.227	0.159	0.264	0.375	0.494	0.608	0.727
	0.000	0.000	0.000	0.000	0.006	−0.009	0.007	0.008	0.017	−0.019	−0.013	−0.039
16 Micelleneous manufacturing	0.000	0.011	0.085	0.070	0.055	0.072	0.082	0.095	0.107	0.116	0.127	0.141
	0.000	0.000	0.000	0.000	0.000	0.000	0.000	0.000	0.000	0.001	0.001	0.000

Import from Rest of the world (Trillion of 1995 Yen)

	1985	1990	1998	2000	2003	2004	2005	2006	2007	2008	2009	2010
Total industry	14.554	24.203	29.473	29.488	27.781	29.057	30.089	30.739	31.104	31.395	31.798	32.384
	0.000	0.000	0.000	0.000	0.000	−0.001	0.005	0.003	0.002	0.000	−0.001	0.000
01 Agriculture, Forestry & Fishery	2.875	2.265	1.869	1.321	1.194	1.177	1.176	1.171	1.167	1.163	1.160	1.161
	0.000	0.000	0.000	0.000	0.000	0.000	0.000	0.000	0.000	0.000	0.000	0.000
02 Mining	3.859	4.521	5.508	5.786	5.570	5.764	5.912	6.001	6.050	6.090	6.145	6.225
	0.000	0.000	0.000	0.000	0.000	0.000	0.000	0.001	0.001	0.000	0.000	0.000
Total Manufacturing	10.695	19.682	23.965	23.702	22.211	23.293	24.177	24.738	25.054	25.305	25.653	26.160
	0.000	0.000	0.000	0.000	0.000	−0.001	0.004	0.002	0.002	0.000	−0.001	0.000
03 Food & beverage, etc.	1.702	3.318	4.139	4.360	4.105	4.359	4.557	4.680	4.751	4.809	4.888	5.000
	0.000	0.000	0.000	0.000	0.000	0.000	0.001	0.001	0.001	0.000	0.000	0.000
04 Textile	0.823	1.400	1.176	1.363	1.327	1.394	1.450	1.485	1.504	1.519	1.540	1.570
	0.000	0.000	0.000	0.000	0.000	0.000	0.000	0.000	0.000	0.000	0.000	0.000
05 Wood products & papers	0.757	1.357	1.419	1.557	1.482	1.557	1.614	1.650	1.670	1.687	1.710	1.742
	0.000	0.000	0.000	0.000	0.000	0.000	0.000	0.000	0.000	0.000	0.000	0.000
06 Chemical products	1.581	2.281	2.944	2.625	2.547	2.620	2.682	2.722	2.749	2.770	2.794	2.826
	0.000	0.000	0.000	0.000	0.000	0.000	0.000	0.000	0.000	0.000	0.000	0.000
061 Medicine	0.219	0.355	0.525	0.496	0.471	0.496	0.516	0.528	0.535	0.541	0.548	0.559
	0.000	0.000	0.000	0.000	0.000	0.000	0.000	0.000	0.000	0.000	0.000	0.000
07 Petro & coal products	0.966	1.275	1.062	0.999	1.020	1.050	1.098	1.143	1.145	1.150	1.156	1.164
	0.000	0.000	0.000	0.000	0.000	0.000	0.000	0.000	0.000	0.000	0.000	0.000
08 Glass & cement, etc.	0.199	0.316	0.247	0.222	0.204	0.210	0.215	0.219	0.219	0.220	0.221	0.223
	0.000	0.000	0.000	0.000	0.000	0.000	0.000	0.000	0.000	0.000	0.000	0.000
09 Iron & steel	0.312	0.473	0.369	0.360	0.346	0.344	0.341	0.339	0.338	0.339	0.342	0.345
	0.000	0.000	0.000	0.000	0.000	0.000	0.000	0.000	0.000	0.000	0.000	0.000
10 Non-ferrous metal	1.105	1.654	1.422	1.240	1.050	1.007	0.970	0.931	0.894	0.856	0.821	0.789
	0.000	0.000	0.000	0.000	0.000	0.000	0.000	0.000	0.000	0.000	0.000	0.000
11 Metal Products	0.115	0.255	0.253	0.283	0.235	0.212	0.202	0.196	0.191	0.186	0.181	0.175
	0.000	0.000	0.000	0.000	0.000	0.000	0.000	0.000	0.000	0.000	0.000	0.000
12 General machinery	0.642	1.085	1.257	1.016	0.969	1.024	1.057	1.076	1.083	1.090	1.102	1.120
	0.000	0.000	0.000	0.000	0.000	0.000	0.000	0.000	0.000	0.000	0.000	0.000
13 Electrical machinery	0.858	2.148	5.551	5.516	4.913	5.328	5.697	5.954	6.139	6.293	6.482	6.739
	0.000	0.000	0.000	0.000	0.000	0.000	0.002	0.001	0.001	0.000	−0.001	0.000
133 Computer & Communication equip.	0.386	1.088	3.765	3.705	3.178	3.463	3.753	3.961	4.115	4.242	4.396	4.604
	0.000	0.000	0.000	0.000	0.000	0.000	0.001	0.001	0.001	0.000	−0.001	0.000
14 Transportation equipments	0.574	1.545	1.744	1.655	1.581	1.681	1.764	1.820	1.856	1.887	1.926	1.979
	0.000	0.000	0.000	0.000	0.000	0.000	0.000	0.000	0.000	0.000	0.000	0.000
141 Motor vehicle	0.216	0.905	0.955	1.062	0.969	1.062	1.136	1.183	1.211	1.233	1.264	1.308
	0.000	0.000	0.000	0.000	0.000	0.000	0.000	0.000	0.000	0.000	0.000	0.000
15 Precision machinery	0.306	0.479	0.743	0.663	0.629	0.663	0.690	0.706	0.716	0.723	0.734	0.749
	0.000	0.000	0.000	0.000	0.000	0.000	0.000	0.000	0.000	0.000	0.000	0.000
16 Micelleneous manufacturing	0.574	1.548	1.200	1.458	1.436	1.471	1.475	1.457	1.442	1.423	1.408	1.394
	0.000	0.000	0.000	0.000	0.000	0.000	0.000	0.000	−0.001	0.000	0.000	0.000

表 4-1-6-4 Broad Sectoral Summary of JIDEA Simulation

Line 1 : Japan-China FTA : Base Line 22/05/2004
Line 2 : Japan-China FTA : Alt Case II - Japan & China Tariff Cut each other - difference from baseline

Export to China by sector (Trillion of 1995 Yen)

	1985	1990	1998	2000	2003	2004	2005	2006	2007	2008	2009	2010
Total industry	2.620	0.785	2.415	2.556	3.153	3.381	3.626	3.889	4.171	4.474	4.798	5.146
	0.000	0.000	0.000	0.000	0.000	0.000	0.000	0.000	0.000	0.000	0.000	0.000
01 Agriculture, Forestry & Fishery	0.000	0.000	0.006	0.012	0.014	0.016	0.017	0.018	0.019	0.021	0.022	0.024
	0.000	0.000	0.000	0.000	0.000	0.000	0.000	0.000	0.000	0.000	0.000	0.000
02 Mining	0.000	0.000	0.002	0.001	0.001	0.001	0.001	0.002	0.002	0.002	0.002	0.002
	0.000	0.000	0.000	0.000	0.000	0.000	0.000	0.000	0.000	0.000	0.000	0.000
Total Manufacturing	2.619	0.785	2.413	2.554	3.151	3.380	3.625	3.888	4.170	4.472	4.796	5.144
	0.000	0.000	0.000	0.000	0.000	0.000	0.000	0.000	0.000	0.000	0.000	0.000
03 Food & beverage, etc.	0.006	0.004	0.012	0.013	0.016	0.017	0.018	0.020	0.021	0.023	0.024	0.026
	0.000	0.000	0.000	0.000	0.000	0.000	0.000	0.000	0.000	0.000	0.000	0.000
04 Textile	0.050	0.050	0.189	0.230	0.284	0.305	0.327	0.351	0.376	0.403	0.432	0.464
	0.000	0.000	0.000	0.000	0.000	0.000	0.000	0.000	0.000	0.000	0.000	0.000
05 Wood products & papers	0.034	0.017	0.039	0.048	0.059	0.064	0.068	0.073	0.079	0.084	0.090	0.097
	0.000	0.000	0.000	0.000	0.000	0.000	0.000	0.000	0.000	0.000	0.000	0.000
06 Chemical products	0.183	0.130	0.234	0.277	0.341	0.366	0.392	0.421	0.451	0.484	0.519	0.557
	0.000	0.000	0.000	0.000	0.000	0.000	0.000	0.000	0.000	0.000	0.000	0.000
061 Medicine	0.002	0.008	0.005	0.006	0.007	0.008	0.008	0.009	0.010	0.010	0.011	0.012
	0.000	0.000	0.000	0.000	0.000	0.000	0.000	0.000	0.000	0.000	0.000	0.000
07 Petro & coal products	0.003	0.009	0.139	0.144	0.178	0.191	0.205	0.220	0.236	0.253	0.271	0.291
	0.000	0.000	0.000	0.000	0.000	0.000	0.000	0.000	0.000	0.000	0.000	0.000
08 Glass & cement, etc.	0.019	0.016	0.045	0.052	0.064	0.069	0.074	0.080	0.085	0.091	0.098	0.105
	0.000	0.000	0.000	0.000	0.000	0.000	0.000	0.000	0.000	0.000	0.000	0.000
09 Iron & steel	0.566	0.127	0.168	0.145	0.179	0.192	0.206	0.221	0.237	0.255	0.273	0.293
	0.000	0.000	0.000	0.000	0.000	0.000	0.000	0.000	0.000	0.000	0.000	0.000
10 Non-ferrous metal	0.049	0.011	0.058	0.071	0.087	0.094	0.100	0.108	0.116	0.124	0.133	0.143
	0.000	0.000	0.000	0.000	0.000	0.000	0.000	0.000	0.000	0.000	0.000	0.000
11 Metal Products	0.134	0.014	0.036	0.039	0.048	0.052	0.055	0.059	0.064	0.068	0.073	0.079
	0.000	0.000	0.000	0.000	0.000	0.000	0.000	0.000	0.000	0.000	0.000	0.000
12 General machinery	0.370	0.131	0.428	0.434	0.536	0.574	0.616	0.661	0.709	0.760	0.815	0.874
	0.000	0.000	0.000	0.000	0.000	0.000	0.000	0.000	0.000	0.000	0.000	0.000
13 Electrical machinery	0.461	0.157	0.815	0.843	1.040	1.116	1.197	1.283	1.376	1.476	1.583	1.698
	0.000	0.000	0.000	0.000	0.000	0.000	0.000	0.000	0.000	0.000	0.000	0.000
133 Computer & Communication equip.	0.099	0.056	0.350	0.354	0.437	0.469	0.503	0.539	0.578	0.620	0.665	0.713
	0.000	0.000	0.000	0.000	0.000	0.000	0.000	0.000	0.000	0.000	0.000	0.000
14 Transportation equipments	0.655	0.088	0.164	0.153	0.189	0.202	0.217	0.233	0.250	0.268	0.287	0.308
	0.000	0.000	0.000	0.000	0.000	0.000	0.000	0.000	0.000	0.000	0.000	0.000
141 Motor vehicle	0.572	0.062	0.140	0.129	0.159	0.170	0.183	0.196	0.210	0.225	0.242	0.259
	0.000	0.000	0.000	0.000	0.000	0.000	0.000	0.000	0.000	0.000	0.000	0.000
15 Precision machinery	0.054	0.016	0.043	0.041	0.051	0.055	0.059	0.063	0.068	0.072	0.078	0.083
	0.000	0.000	0.000	0.000	0.000	0.000	0.000	0.000	0.000	0.000	0.000	0.000
16 Micelleneous manufacturing	0.028	0.010	0.033	0.052	0.064	0.068	0.073	0.079	0.084	0.090	0.097	0.104
	0.000	0.000	0.000	0.000	0.000	0.000	0.000	0.000	0.000	0.000	0.000	0.000

Export to Rest of the World (Trillion of 1995 Yen)

	1985	1990	1998	2000	2003	2004	2005	2006	2007	2008	2009	2010
Total industry	30.536	35.545	41.174	43.293	47.971	44.363	40.673	37.467	34.234	31.973	30.787	30.638
	0.000	0.000	0.000	0.000	0.000	0.000	0.000	0.000	0.000	0.000	0.001	0.000
01 Agriculture, Forestry & Fishery	0.000	0.000	0.006	0.012	0.014	0.016	0.017	0.018	0.019	0.021	0.022	0.024
	0.000	0.000	0.000	0.000	0.000	0.000	0.000	0.000	0.000	0.000	0.000	0.000
02 Mining	0.020	0.015	0.015	0.013	0.013	0.011	0.010	0.008	0.007	0.006	0.006	0.005
	0.000	0.000	0.000	0.000	0.000	0.000	0.000	0.000	0.000	0.000	0.000	0.000
Total Manufacturing	30.516	35.530	41.159	43.280	47.958	44.351	40.663	37.459	34.226	31.966	30.782	30.632
	0.000	0.000	0.000	0.000	0.000	0.000	0.000	0.000	0.000	0.000	0.001	0.000
03 Food & beverage, etc.	0.324	0.226	0.198	0.164	0.149	0.130	0.112	0.098	0.085	0.075	0.067	0.063
	0.000	0.000	0.000	0.000	0.000	0.000	0.000	0.000	0.000	0.000	0.000	0.000
04 Textile	0.959	0.682	0.431	0.583	0.639	0.547	0.473	0.430	0.385	0.353	0.333	0.322
	0.000	0.000	0.000	0.000	0.000	0.000	0.000	0.000	0.000	0.000	0.000	0.000
05 Wood products & papers	0.265	0.320	0.243	0.202	0.193	0.174	0.155	0.138	0.122	0.110	0.102	0.097
	0.000	0.000	0.000	0.000	0.000	0.000	0.000	0.000	0.000	0.000	0.000	0.000
06 Chemical products	2.289	2.933	4.131	4.809	5.791	5.341	4.898	4.494	4.108	3.813	3.620	3.530
	0.000	0.000	0.000	0.000	0.000	0.000	0.000	0.000	0.000	0.000	0.000	0.000
061 Medicine	0.050	0.080	0.147	0.169	0.209	0.199	0.186	0.175	0.162	0.153	0.148	0.145
	0.000	0.000	0.000	0.000	0.000	0.000	0.000	0.000	0.000	0.000	0.000	0.000
07 Petro & coal products	0.130	0.181	0.137	0.072	0.073	0.064	0.056	0.050	0.045	0.041	0.038	0.037
	0.000	0.000	0.000	0.000	0.000	0.000	0.000	0.000	0.000	0.000	0.000	0.000
08 Glass & cement, etc.	0.501	0.453	0.436	0.415	0.466	0.412	0.367	0.323	0.283	0.253	0.231	0.218
	0.000	0.000	0.000	0.000	0.000	0.000	0.000	0.000	0.000	0.000	0.000	0.000
09 Iron & steel	1.847	1.326	1.504	1.191	1.631	1.559	1.508	1.474	1.443	1.454	1.514	1.631
	0.000	0.000	0.000	0.000	0.000	0.000	0.000	0.000	0.000	0.000	0.000	0.000
10 Non-ferrous metal	0.412	0.415	0.702	0.949	1.192	1.102	1.018	0.941	0.865	0.806	0.769	0.755
	0.000	0.000	0.000	0.000	0.000	0.000	0.000	0.000	0.000	0.000	0.000	0.000
11 Metal Products	0.765	0.574	0.452	0.330	0.316	0.269	0.228	0.192	0.162	0.138	0.120	0.108
	0.000	0.000	0.000	0.000	0.000	0.000	0.000	0.000	0.000	0.000	0.000	0.000
12 General machinery	4.175	4.967	5.490	4.836	4.878	4.334	3.871	3.424	2.999	2.677	2.447	2.298
	0.000	0.000	0.000	0.000	0.000	0.000	0.000	0.000	0.000	0.000	0.000	0.000
13 Electrical machinery	7.036	10.545	14.934	19.447	22.165	21.333	20.099	19.049	17.810	17.069	16.905	17.306
	0.000	0.000	0.000	0.000	0.000	0.000	0.000	0.000	0.000	0.000	0.000	0.000
133 Computer & Communication equip.	2.547	4.920	9.268	13.555	15.408	15.238	14.606	14.095	13.353	13.001	13.107	13.658
	0.000	0.000	0.000	0.000	0.000	0.000	0.000	0.000	0.000	0.000	0.000	0.000
14 Transportation equipments	9.883	10.975	10.487	8.549	8.860	7.701	6.684	5.802	5.017	4.391	3.931	3.615
	0.000	0.000	0.000	0.000	0.000	0.000	0.000	0.000	0.000	0.000	0.000	0.000
141 Motor vehicle	8.204	9.486	8.727	6.925	7.165	6.178	5.321	4.584	3.936	3.419	3.036	2.770
	0.000	0.000	0.000	0.000	0.000	0.000	0.000	0.000	0.000	0.000	0.000	0.000
15 Precision machinery	1.148	1.222	1.144	1.072	1.108	0.975	0.856	0.764	0.669	0.592	0.537	0.507
	0.000	0.000	0.000	0.000	0.000	0.000	0.000	0.000	0.000	0.000	0.000	0.000
16 Micelleneous manufacturing	0.630	0.603	0.826	0.634	0.476	0.395	0.325	0.271	0.224	0.188	0.161	0.142
	0.000	0.000	0.000	0.000	0.000	0.000	0.000	0.000	0.000	0.000	0.000	0.000

第4章 アジアの地域経済統合と経済成長　161

表 4-1-6-5　Broad Sectoral Summary of JIDEA Simulation

Line 1 : Japan–China FTA : Base Line 22/05/2004
Line 2 : Japan–China FTA : Alt Case II – Japan & China Tariff Cut each other – difference from baseline

Employment by sector　(10 thousand)

	1985	1990	1998	2000	2003	2004	2005	2006	2007	2008	2009	2010
Total employment	6104.003	6426.801	6913.289	6885.759	6960.797	7107.695	7101.084	7060.215	7002.504	6957.669	6936.512	6936.857
	0.000	0.000	0.000	0.000	−0.310	0.402	0.070	−0.318	−1.114	−0.996	−1.015	−1.099
01 Agriculture, Forestry & Fishery	659.800	563.100	500.062	485.180	445.615	441.298	428.214	412.674	398.116	383.501	369.732	356.464
	0.000	0.000	0.000	0.000	0.048	0.036	0.098	0.053	0.017	−0.035	−0.020	−0.034
02 Mining	12.399	10.100	8.757	84.512	135.739	144.258	151.320	160.299	169.646	183.636	202.580	226.414
	0.000	0.000	0.000	0.000	−0.032	0.264	−0.005	0.006	−0.123	0.041	−0.037	−0.056
Total Manufacturing	1477.902	1541.502	1540.464	1555.690	1575.971	1592.158	1585.755	1573.287	1557.702	1542.683	1533.859	1528.951
	0.000	0.000	0.000	0.000	−0.211	−0.029	−0.164	−0.303	−0.681	−0.557	−0.516	−0.553
03 Food & beverage, etc.	156.999	159.600	175.232	172.521	187.133	196.142	200.886	204.490	208.914	213.040	217.443	221.854
	0.000	0.000	0.000	0.000	−0.008	−0.026	0.014	−0.011	−0.045	−0.073	−0.080	−0.074
04 Textile	191.115	189.742	148.807	162.465	162.955	158.467	152.890	146.984	141.612	136.277	131.317	126.126
	0.000	0.000	0.000	0.000	−0.072	−0.051	−0.029	−0.144	−0.098	−0.236	−0.247	−0.175
05 Wood products & papers	101.967	106.589	106.659	107.456	103.734	104.956	103.895	100.724	97.472	94.435	91.771	89.456
	0.000	0.000	0.000	0.000	−0.004	−0.001	0.013	0.017	−0.026	−0.048	−0.037	−0.050
06 Chemical products	114.658	124.562	135.851	143.661	148.955	151.406	151.406	150.673	149.728	148.916	148.766	149.178
	0.000	0.000	0.000	0.000	−0.010	0.005	−0.005	−0.010	−0.051	−0.019	−0.024	−0.047
061 Medicine	9.069	8.046	9.995	11.007	12.430	13.317	13.560	13.736	13.881	13.824	13.771	13.733
	0.000	0.000	0.000	0.000	0.000	0.000	0.000	0.000	−0.001	−0.001	−0.001	−0.001
07 Petro & coal products	4.800	4.300	4.384	3.944	3.714	3.726	3.651	3.590	3.539	3.447	3.366	3.295
	0.000	0.000	0.000	0.000	0.000	0.000	0.000	0.000	0.000	0.000	0.000	0.000
08 Glass & cement, etc.	60.800	60.299	62.561	59.657	56.178	55.962	54.816	53.423	51.887	50.397	49.129	48.031
	0.000	0.000	0.000	0.000	−0.002	0.005	−0.001	−0.002	−0.009	−0.002	0.000	−0.001
09 Iron & steel	46.807	41.674	40.222	39.389	38.794	38.936	38.428	37.975	37.336	36.744	36.325	36.031
	0.000	0.000	0.000	0.000	−0.002	0.004	−0.001	−0.001	−0.006	−0.006	−0.002	−0.003
10 Non–ferrous metal	19.693	20.426	21.492	25.990	27.411	27.632	27.492	27.309	27.037	26.904	26.948	27.137
	0.000	0.000	0.000	0.000	−0.002	0.004	0.001	0.001	−0.008	0.002	−0.001	−0.003
11 Metal Products	106.100	117.500	120.605	115.574	114.688	116.978	117.497	116.647	115.156	114.040	113.239	112.728
	0.000	0.000	0.000	0.000	−0.005	0.006	0.004	−0.007	−0.024	−0.011	−0.011	−0.010
12 General machinery	137.857	150.540	158.149	160.017	160.255	162.186	162.522	163.019	161.739	161.656	162.246	163.282
	0.000	0.000	0.000	0.000	0.005	0.007	−0.006	−0.011	−0.012	0.000	−0.012	−0.020
13 Electrical machinery	245.145	265.361	254.123	258.975	263.282	266.051	266.794	267.876	267.729	265.807	265.668	266.507
	0.000	0.000	0.000	0.000	0.017	0.035	0.010	0.034	−0.086	0.035	0.051	−0.079
133 Computer & Communication equip.	92.518	90.623	102.828	124.001	129.441	133.921	137.015	140.768	143.612	145.246	148.265	152.288
	0.000	0.000	0.000	0.000	0.000	0.004	−0.009	0.005	−0.013	0.019	0.054	0.004
14 Transportation equipments	143.100	145.600	152.115	139.280	141.057	142.324	138.296	136.003	133.598	132.028	130.947	130.610
	0.000	0.000	0.000	0.000	0.002	−0.006	−0.006	−0.006	−0.010	−0.006	−0.005	−0.007
141 Motor vehicle	113.770	121.913	129.580	115.225	117.918	118.976	115.309	113.458	111.635	110.527	109.622	109.159
	0.000	0.000	0.000	0.000	−0.001	0.002	−0.005	−0.005	−0.007	−0.003	−0.003	−0.003
15 Precision machinery	33.700	33.200	26.946	23.249	22.253	21.541	21 270	20.139	19.056	17.579	16.300	15.132
	0.000	0.000	0.000	0.000	−0.029	0.057	−0.047	−0.049	−0.098	0.107	0.062	0.196
16 Micelleneous manufacturing	115.161	122.109	133.319	143.512	145.562	145.852	145.911	144.435	142.899	141.413	140.395	139.583
	0.000	0.000	0.000	0.000	−0.054	−0.075	−0.109	−0.113	−0.208	−0.304	−0.208	−0.281
17 Construction	549.201	620.000	707.813	659.434	616.916	626.229	621.256	608.881	592.439	580.707	571.551	565.288
	0.000	0.000	0.000	0.000	−0.028	0.065	0.010	0.001	−0.074	−0.059	−0.068	−0.059
18 Electricity, gas, water	47.860	52.900	56.976	51.899	49.348	50.876	50.580	50.111	49.588	47.892	46.301	44.805
	0.000	0.000	0.000	0.000	−0.001	0.003	0.002	−0.001	−0.003	−0.004	−0.004	−0.004
Service industry total	3356.901	3639.199	4099.217	4049.044	4137.208	4252.879	4263.960	4254.963	4235.012	4219.250	4212.489	4214.935
	0.000	0.000	0.000	0.000	−0.085	0.060	0.128	−0.074	−0.250	−0.381	−0.370	−0.394
19 Trade	1098.800	1103.700	1132.358	961.955	946.515	960.567	964.320	962.619	957.153	944.011	932.715	923.325
	0.000	0.000	0.000	0.000	−0.025	−0.004	0.028	0.000	−0.046	−0.073	−0.067	−0.078
20 Finance, Real estate	254.375	287.674	256.609	247.038	242.096	246.746	246.450	244.652	242.302	235.112	228.278	221.596
	0.000	0.000	0.000	0.000	−0.009	0.023	0.006	−0.010	−0.025	−0.028	−0.026	−0.026
21 House rent	13.425	19.926	41.608	34.385	32.207	32.730	33.030	33.091	33.140	32.734	32.299	31.866
	0.000	0.000	0.000	0.000	−0.001	−0.003	0.003	0.002	0.002	0.000	0.000	0.000
22 Transportation	270.078	282.079	316.296	280.386	297.547	302.501	302.869	301.406	298.551	297.162	297.410	299.164
	0.000	0.000	0.000	0.000	−0.016	0.008	0.004	−0.012	−0.052	−0.054	−0.052	−0.059
23 Communication	67.023	69.420	63.317	56.990	52.460	53.769	55.440	56.814	57.839	58.433	58.990	59.641
	0.000	0.000	0.000	0.000	−0.001	0.002	0.004	0.005	0.003	0.002	0.000	−0.001
24 Public administration	323.152	329.246	364.607	357.916	387.419	402.261	398.755	393.528	388.128	389.279	391.217	393.692
	0.000	0.000	0.000	0.000	−0.002	0.014	0.011	−0.013	−0.022	−0.034	−0.030	−0.033
25 Education & Research	204.283	282.166	356.673	397.474	392.895	406.542	399.702	394.518	387.245	389.653	392.718	396.909
	0.000	0.000	0.000	0.000	0.000	0.005	0.002	−0.005	−0.033	−0.006	−0.004	−0.012
26 Hospital	198.672	214.621	321.858	358.750	424.653	456.973	469.990	481.563	492.608	503.888	516.319	530.105
	0.000	0.000	0.000	0.000	0.000	0.016	0.013	0.000	−0.018	−0.026	−0.027	−0.033
27 Business service	293.176	368.000	438.515	428.866	421.737	427.251	425.695	422.416	416.648	414.068	412.576	412.180
	0.000	0.000	0.000	0.000	−0.013	0.033	0.007	−0.015	−0.031	−0.033	−0.031	−0.036
28 Personal service	633.917	682.367	807.384	925.284	939.680	963.539	967.711	964.356	961.399	954.910	949.968	946.458
	0.000	0.000	0.000	0.000	−0.015	−0.045	0.050	−0.032	−0.024	−0.129	−0.133	−0.115
29 N. E. C.	0.000	0.000	0.000	0.000	0.000	0.000	0.000	0.000	0.000	0.000	0.000	0.000
	0.000	0.000	0.000	0.000	0.000	0.000	0.000	0.000	0.000	0.000	0.000	0.000

表 4-1-6-6 Broad Sectoral Summary of JIDEA Simulation

Line 1: Japan–China FTA : Base Line 22/05/2004
Line 2: Japan–China FTA : Alt Case II – Japan & China Tariff Cut each other – difference from baseline

Household Consumption by sector   (Trillion of 1995 Yen)

	1985	1990	1998	2000	2003	2004	2005	2006	2007	2008	2009	2010
Total consumption	183.917	234.372	283.430	269.783	276.664	282.615	284.288	286.877	289.691	292.391	295.528	299.115
	0.000	0.000	0.000	0.000	0.002	0.002	0.022	0.014	0.017	0.019	0.016	0.012
01 Agriculture, Forestry & Fishery	3.855	4.184	3.928	3.631	3.556	3.555	3.504	3.467	3.438	3.411	3.391	3.374
	0.000	0.000	0.000	0.000	0.001	0.002	0.002	0.002	0.002	0.002	0.002	0.001
02 Mining	0.004	0.000	0.000	0.011	0.025	0.030	0.034	0.039	0.043	0.048	0.052	0.057
	0.000	0.000	0.000	0.000	0.000	0.000	0.000	0.000	0.000	0.000	0.000	0.000
Total Manufacturing	46.466	60.044	64.157	61.680	64.169	65.627	65.785	66.172	66.698	67.220	67.869	68.589
	0.000	0.000	0.000	0.000	0.000	0.000	0.004	0.001	−0.001	0.001	0.002	0.001
03 Food & beverage, etc.	24.044	27.153	29.000	25.425	25.945	26.552	26.667	26.794	26.982	27.151	27.371	27.621
	0.000	0.000	0.000	0.000	0.000	0.000	0.002	0.000	0.000	0.000	0.001	0.000
04 Textile	6.777	8.282	5.732	6.740	7.450	7.604	7.615	7.704	7.802	7.920	8.048	8.178
	0.000	0.000	0.000	0.000	0.000	0.001	0.000	0.000	0.000	0.001	0.001	0.001
05 Wood products & papers	0.877	0.989	0.923	1.057	1.149	1.174	1.172	1.177	1.185	1.195	1.207	1.219
	0.000	0.000	0.000	0.000	0.000	0.000	0.000	0.000	0.000	0.000	0.000	0.000
06 Chemical products	3.046	3.663	4.363	4.472	4.721	4.824	4.818	4.818	4.827	4.837	4.859	4.890
	0.000	0.000	0.000	0.000	0.000	0.000	0.000	0.000	0.000	0.000	0.000	0.000
061 Medicine	0.381	0.644	0.893	1.101	1.142	1.177	1.168	1.161	1.160	1.161	1.166	1.172
	0.000	0.000	0.000	0.000	0.000	0.000	0.000	0.000	0.000	0.000	0.000	0.000
07 Petro & coal products	1.354	2.180	3.282	2.800	2.804	2.851	2.811	2.851	2.896	2.935	2.977	3.024
	0.000	0.000	0.000	0.000	0.000	0.000	0.001	0.001	0.001	0.000	0.000	0.000
08 Glass & cement, etc.	0.323	0.362	0.384	0.527	0.514	0.526	0.522	0.520	0.521	0.522	0.524	0.527
	0.000	0.000	0.000	0.000	0.000	0.000	0.000	0.000	−0.0	0.000	0.000	0.000
09 Iron & steel	−0.031	−0.027	−0.022	0.000	0.000	0.000	0.000	0.000	0.000	0.000	0.000	0.000
	0.000	0.000	0.000	0.000	0.000	0.000	0.000	0.000	0.000	0.000	0.000	0.000
10 Non−ferrous metal	0.222	0.132	0.173	0.186	0.192	0.198	0.196	0.197	0.198	0.199	0.201	0.202
	0.000	0.000	0.000	0.000	0.000	0.000	0.000	0.000	0.000	0.000	0.000	0.000
11 Metal Products	0.451	0.418	0.516	0.451	0.490	0.505	0.506	0.509	0.515	0.520	0.527	0.533
	0.000	0.000	0.000	0.000	0.000	0.000	0.000	0.000	0.000	0.000	0.000	0.000
12 General machinery	0.005	0.038	0.040	0.033	0.033	0.033	0.034	0.035	0.036	0.037	0.038	0.039
	0.000	0.000	0.000	0.000	0.000	−0.0	0.000	0.000	0.000	0.000	0.000	0.000
13 Electrical machinery	2.179	4.769	8.353	7.924	8.103	8.290	8.358	8.436	8.525	8.613	8.722	8.844
	0.000	0.000	0.000	0.000	0.000	0.000	0.000	0.000	0.000	0.000	0.000	0.001
133 Computer & Communication equip.	0.258	0.418	1.834	1.785	1.558	1.579	1.619	1.658	1.691	1.719	1.749	1.785
	0.000	0.000	0.000	0.000	0.000	0.000	0.000	0.000	0.000	0.000	0.000	0.000
14 Transportation equipments	2.653	5.739	5.131	5.325	5.741	5.886	5.928	5.990	6.070	6.142	6.222	6.306
	0.000	0.000	0.000	0.000	0.000	0.000	0.000	0.000	0.001	0.001	0.000	0.000
141 Motor vehicle	2.525	5.546	4.978	5.170	5.576	5.717	5.759	5.821	5.899	5.969	6.048	6.130
	0.000	0.000	0.000	0.000	0.000	0.000	0.000	0.000	0.001	0.000	0.000	0.000
15 Precision machinery	0.650	0.894	1.027	0.898	0.964	0.989	0.986	0.988	0.994	1.001	1.011	1.020
	0.000	0.000	0.000	0.000	0.000	0.000	0.000	0.000	0.000	0.000	0.000	0.000
16 Micelleneous manufacturing	3.916	5.453	5.255	5.843	6.063	6.195	6.173	6.153	6.149	6.148	6.164	6.184
	0.000	0.000	0.000	0.000	0.000	0.000	0.000	0.000	−0.001	0.000	0.000	−0.001
17 Construction	0.000	0.000	0.000	0.000	0.000	0.000	0.000	0.000	0.000	0.000	0.000	0.000
	0.000	0.000	0.000	0.000	0.000	0.000	0.000	0.000	0.000	0.000	0.000	0.000
18 Electricity, gas, water	5.024	6.401	10.152	8.093	8.190	8.343	8.460	8.621	8.783	8.927	9.078	9.245
	0.000	0.000	0.000	0.000	0.000	0.000	0.001	0.001	0.001	0.001	0.001	0.001
Service industry total	128.452	163.723	205.163	196.339	200.693	205.030	206.476	208.549	210.700	212.757	215.110	217.822
	0.000	0.000	0.000	0.000	0.001	−0.001	0.016	0.011	0.014	0.014	0.011	0.008
19 Trade	30.164	38.276	51.689	39.468	41.954	42.782	43.584	44.359	45.087	45.866	46.718	47.685
	0.000	0.000	0.000	0.000	0.000	0.000	0.003	0.004	0.005	0.005	0.004	0.003
20 Finance, Real estate	5.021	8.752	8.148	7.681	8.036	8.179	8.090	8.025	7.995	7.955	7.923	7.874
	0.000	0.000	0.000	0.000	0.000	0.000	0.000	0.000	0.000	0.000	0.000	0.000
21 House rent	35.938	41.636	53.165	47.486	49.065	50.110	50.794	51.633	52.542	53.350	54.213	55.141
	0.000	0.000	0.000	0.000	0.000	0.006	−0.001	0.005	0.004	0.006	0.007	0.005
22 Transportation	10.001	13.533	16.531	14.642	15.628	15.822	15.845	15.859	15.865	15.854	15.878	15.949
	0.000	0.000	0.000	0.000	0.000	0.000	0.001	0.001	0.000	0.000	0.000	−0.001
23 Communication	2.510	3.086	9.908	8.724	7.084	7.047	7.353	7.684	7.975	8.232	8.483	8.771
	0.000	0.000	0.000	0.000	0.000	0.000	0.001	0.002	0.003	0.003	0.002	0.002
24 Public administration	3.344	3.661	3.798	3.774	4.041	4.148	4.165	4.198	4.248	4.293	4.346	4.400
	0.000	0.000	0.000	0.000	0.000	0.000	0.000	0.000	0.000	0.000	0.000	0.000
25 Education & Research	4.859	6.148	6.752	10.989	9.154	9.708	9.549	9.705	9.732	9.790	9.820	9.879
	0.000	0.000	0.000	0.000	0.000	0.000	0.001	0.000	0.000	0.000	0.000	0.000
26 Hospital	4.000	5.618	8.908	7.839	7.996	8.147	8.313	8.497	8.681	8.842	9.009	9.192
	0.000	0.000	0.000	0.000	0.000	0.000	0.001	0.001	0.001	0.001	0.001	0.001
27 Business service	2.809	3.566	5.044	6.047	6.368	6.531	6.629	6.723	6.821	6.913	7.019	7.138
	0.000	0.000	0.000	0.000	0.000	0.000	0.000	0.000	0.000	0.000	0.000	0.000
28 Personal service	29.805	39.447	41.218	49.690	51.366	52.557	52.153	51.866	51.755	51.660	51.701	51.792
	0.000	0.000	0.000	0.000	−0.001	0.000	0.003	−0.002	−0.002	−0.003	−0.003	−0.003
29 N. E. C.	0.115	0.020	0.031	0.029	0.030	0.030	0.029	0.029	0.029	0.029	0.028	0.028
	0.000	0.000	0.000	0.000	0.000	0.000	0.000	0.000	0.000	0.000	0.000	0.000

表 4-1-6-7　Broad Sectoral Summary of JIDEA Simulation

Line 1 : Japan–China FTA : Base Line 22/05/2004
Line 2 : Japan–China FTA : Alt Case II – Japan & China Tariff Cut each other – difference from baseline

Alternatives are shown in deviations from base values.
Investment by sector/ by purchaising industry　(Trillion of 1995 Yen)

	1985	1990	1998	2000	2003	2004	2005	2006	2007	2008	2009	2010
Total investment	70.943	111.842	107.161	108.951	114.049	120.730	124.205	127.906	128.525	129.652	131.304	133.487
	0.000	0.000	0.000	0.000	−0.005	0.012	0.001	−0.001	−0.014	−0.012	−0.012	−0.012
01 Agriculture, Forestry & Fishery	2.180	2.887	2.301	2.232	2.132	2.192	2.212	2.215	2.151	2.088	2.033	1.988
	0.000	0.000	0.000	0.000	0.000	0.000	0.000	0.000	0.000	0.000	0.000	0.000
02 Mining	0.141	0.217	0.188	0.210	0.222	0.233	0.218	0.224	0.225	0.231	0.238	0.246
	0.000	0.000	0.000	0.000	0.000	0.000	0.000	0.000	0.000	0.000	0.000	0.000
Total Manufacturing	15.807	24.569	25.115	26.190	27.942	29.308	30.318	31.609	32.099	32.586	33.130	33.717
	0.000	0.000	0.000	0.000	0.000	0.000	0.000	−0.001	−0.001	−0.003	−0.001	−0.001
03 Food & beverage, etc.	1.556	2.428	2.408	2.531	2.670	2.774	2.772	2.878	2.918	2.978	3.044	3.108
	0.000	0.000	0.000	0.000	0.000	0.001	0.000	0.000	0.000	0.000	0.000	0.000
04 Textile	0.523	0.754	0.710	0.686	0.724	0.743	0.765	0.798	0.812	0.827	0.841	0.852
	0.000	0.000	0.000	0.000	0.000	0.000	0.000	0.000	0.000	0.000	0.000	0.000
05 Wood products & papers	0.708	1.082	1.044	1.141	1.198	1.259	1.327	1.381	1.386	1.383	1.382	1.385
	0.000	0.000	0.000	0.000	0.000	0.000	0.000	0.000	0.000	0.000	−0.001	0.000
06 Chemical products	1.358	2.151	2.450	2.649	2.912	3.071	3.238	3.406	3.466	3.522	3.583	3.656
	0.000	0.000	0.000	0.000	0.000	0.000	0.000	0.000	0.000	0.000	−0.001	0.000
061 Medicine	0.443	0.712	0.803	0.821	0.863	0.892	0.924	0.965	0.982	1.000	1.017	1.034
	0.000	0.000	0.000	0.000	0.000	0.000	0.000	0.000	0.000	0.000	0.000	0.000
07 Petroleum & Coal products	0.506	0.818	0.918	0.959	1.008	1.040	1.074	1.119	1.136	1.154	1.171	1.188
	0.000	0.000	0.000	0.000	0.000	0.000	0.000	0.000	0.000	0.000	0.000	0.000
08 Glass & cement, etc.	0.376	0.571	0.556	0.592	0.628	0.659	0.669	0.695	0.704	0.715	0.729	0.743
	0.000	0.000	0.000	0.000	0.000	0.000	0.000	0.000	0.000	0.000	0.000	0.000
09 Iron & steel	1.024	1.623	1.727	1.798	1.861	1.922	1.988	2.066	2.088	2.108	2.130	2.155
	0.000	0.000	0.000	0.000	0.000	0.000	0.000	0.000	0.000	0.000	0.000	0.000
10 Non-ferrous metal	0.413	0.653	0.684	0.678	0.703	0.723	0.743	0.776	0.790	0.804	0.817	0.828
	0.000	0.000	0.000	0.000	0.000	0.000	0.000	0.000	0.000	0.000	0.000	0.000
11 Metal Products	0.650	0.975	0.841	0.800	0.869	0.934	0.938	0.956	0.965	0.982	1.005	1.026
	0.000	0.000	0.000	0.000	0.000	0.000	0.000	0.000	0.000	0.000	0.000	0.000
12 General machinery	1.540	2.343	2.202	2.277	2.386	2.511	2.581	2.696	2.741	2.778	2.825	2.875
	0.000	0.000	0.000	0.000	0.000	0.000	0.000	0.000	0.000	0.000	0.000	0.000
13 Electrical machinery	3.006	4.783	5.215	5.508	6.031	6.312	6.569	6.896	7.047	7.183	7.325	7.476
	0.000	0.000	0.000	0.000	0.000	0.000	0.000	0.000	−0.001	0.001	0.000	0.000
133 Computer & Communication equip.	1.596	2.532	2.776	2.992	3.235	3.378	3.516	3.694	3.785	3.868	3.955	4.047
	0.000	0.000	0.000	0.000	0.000	0.000	0.000	0.000	0.000	0.000	0.000	0.001
14 Transportation equipments	2.098	3.213	3.227	3.351	3.365	3.567	3.683	3.798	3.842	3.891	3.953	4.027
	0.000	0.000	0.000	0.000	0.000	0.000	0.000	0.000	0.000	0.000	0.000	0.000
141 Motor vehicle	1.792	2.740	2.754	2.876	2.863	3.046	3.148	3.240	3.278	3.318	3.370	3.434
	0.000	0.000	0.000	0.000	0.000	0.000	0.000	0.000	0.000	0.000	0.000	0.000
15 Precision machinery	0.268	0.425	0.459	0.494	0.548	0.591	0.619	0.652	0.667	0.683	0.703	0.725
	0.000	0.000	0.000	0.000	0.000	0.000	0.000	0.000	0.000	0.000	0.000	0.000
16 Micelleneous manufacturing	1.804	2.784	2.702	2.773	3.033	3.182	3.326	3.455	3.481	3.502	3.528	3.563
	0.000	0.000	0.000	0.000	0.000	0.000	0.000	0.000	0.000	−0.001	−0.001	−0.001
17 Construction & Civil Engeneering	16.023	24.615	20.356	21.447	19.926	21.381	20.910	20.386	19.164	18.151	17.434	16.952
	0.000	0.000	0.000	0.000	0.003	0.009	0.001	−0.003	−0.010	−0.008	−0.007	−0.008
18 Electricity, gas, water & Waste treatment	4.302	6.883	8.297	8.788	9.366	9.761	10.233	10.762	11.008	11.237	11.463	11.701
	0.000	0.000	0.000	0.000	0.000	0.000	0.001	0.000	0.000	0.000	0.000	0.000
Service industry total	47.062	74.948	69.221	69.366	72.134	76.853	78.814	80.591	80.514	80.952	81.835	83.181
	0.000	0.000	0.000	0.000	−0.005	0.011	0.000	−0.001	−0.013	−0.009	−0.011	−0.010
19 Trade	4.487	7.282	5.631	4.843	5.662	6.156	6.362	6.512	6.552	6.648	6.797	6.955
	0.000	0.000	0.000	0.000	0.000	0.000	0.000	0.000	−0.001	−0.001	0.000	0.000
20 Finance, Real estate	1.408	2.333	2.822	2.863	3.207	3.385	3.555	3.767	3.880	3.999	4.123	4.252
	0.000	0.000	0.000	0.000	0.000	0.000	0.000	0.000	0.000	0.000	0.000	0.000
21 House rent	4.444	6.826	5.573	4.472	5.787	6.343	7.472	7.536	7.522	7.579	7.594	7.729
	0.000	0.000	0.000	0.000	0.000	−0.001	0.001	0.003	0.000	0.000	−0.003	0.000
22 Transportation	3.909	6.110	6.378	6.586	6.581	6.800	7.061	7.310	7.346	7.403	7.501	7.677
	0.000	0.000	0.000	0.000	0.000	0.000	0.000	0.000	0.000	−0.001	−0.001	0.000
23 Communication	1.861	3.264	5.457	6.109	5.954	6.205	6.579	7.077	7.395	7.692	7.981	8.273
	0.000	0.000	0.000	0.000	0.000	0.000	0.000	0.000	0.001	0.000	0.000	0.000
24 Public administration	0.538	0.881	0.536	0.571	0.698	0.742	0.783	0.835	0.856	0.874	0.892	0.910
	0.000	0.000	0.000	0.000	0.000	0.000	0.000	0.000	0.000	0.000	0.000	0.000
25 Education & Research	2.529	4.200	3.172	3.738	3.953	4.182	3.776	3.831	3.827	3.944	4.109	4.270
	0.000	0.000	0.000	0.000	−0.001	0.003	−0.002	−0.001	−0.003	0.001	0.000	−0.001
26 Hospital & Social securities	2.603	4.329	3.486	3.631	3.709	4.012	4.054	4.084	4.135	4.188	4.246	4.305
	0.000	0.000	0.000	0.000	0.000	0.000	0.000	0.000	0.000	0.000	0.000	0.000
27 Business service	6.233	10.357	12.339	12.618	13.911	14.769	15.559	16.484	17.033	17.570	18.136	18.722
	0.000	0.000	0.000	0.000	0.000	0.000	0.001	0.000	0.000	0.000	0.000	0.000
28 Personal service	4.360	6.894	5.350	4.490	4.826	5.082	4.927	5.080	5.133	5.261	5.421	5.582
	0.000	0.000	0.000	0.000	−0.001	0.002	−0.001	−0.001	−0.002	0.000	0.000	0.000
29 N. E. C.	0.141	0.231	0.196	0.202	0.214	0.219	0.227	0.237	0.242	0.246	0.250	0.254
	0.000	0.000	0.000	0.000	0.000	0.000	0.000	0.000	0.000	0.000	0.000	0.000

164　第Ⅱ部　アジア的経済システムを問う

表 4-1-7-1　100 Sector Summary of JIDEA Simulation for Japan–China FTA

JIDEA Model 5.1 : Simulation 2 for Japan–China Mutual Tariff Removal 27/05/2004

Gross Outputs by Industry – 100 Sectors

		1998	2000	2003	2004	2005	2006	2007	2008	2009	2010
	Total Gross Outputs	956.950	1001.659	1041.307	1071.126	1080.087	1085.068	1087.238	1092.121	1101.175	1114.050
1	Agriculture for crops"	8.448	8.162	7.682	7.676	7.520	7.316	7.125	6.928	6.743	6.564
2	Livestock raising and sericulture"	2.902	2.770	2.784	2.850	2.839	2.815	2.800	2.782	2.768	2.754
3	Agricultural services"	0.664	0.702	0.688	0.697	0.691	0.681	0.672	0.663	0.655	0.647
4	Forestry and logging"	1.221	1.783	1.582	1.551	1.476	1.367	1.263	1.166	1.076	0.992
5	Fishery"	2.228	2.439	2.271	2.232	2.154	2.071	1.991	1.910	1.830	1.750
6	Metal ores"	0.014	0.366	0.588	0.629	0.662	0.702	0.743	0.805	0.888	0.993
7	Non–metal ores"	1.506	1.442	1.212	1.145	1.069	0.990	0.910	0.832	0.758	0.685
8	Coal and lignite"	0.058	0.098	0.120	0.111	0.097	0.087	0.080	0.076	0.075	0.075
9	Crude petroleum & gas"	0.087	0.072	0.237	0.104	0.000	0.000	0.000	0.000	0.000	0.000
10	Food products"	26.409	25.330	26.016	26.741	26.847	26.801	26.855	26.857	26.880	26.889
11	Beverages & tobacco"	11.133	8.963	8.598	8.847	8.932	8.838	8.736	8.623	8.539	8.489
12	Feeds and organic fertilizers"	1.120	1.047	1.054	1.068	1.066	1.062	1.061	1.059	1.057	1.054
13	Fabricated textile products"	3.684	4.630	4.846	4.754	4.635	4.530	4.437	4.370	4.324	4.282
14	Wearing and other textile products"	6.336	7.407	8.334	8.365	8.327	8.206	8.121	8.047	7.981	7.885
15	Timber and wooden products"	4.283	4.770	4.574	4.602	4.539	4.323	4.087	3.872	3.673	3.496
16	Wooden & Metal Furniture, Fittings"	3.839	3.879	3.886	3.960	3.935	3.876	3.800	3.741	3.697	3.661
17	Pulp and paper"	9.617	9.979	10.225	10.463	10.479	10.425	10.353	10.300	10.290	10.303
18	Publishing and printing"	12.611	13.242	13.500	13.872	13.914	13.890	13.848	13.821	13.834	13.877
19	Chemical fertilizer"	0.390	0.371	0.352	0.349	0.340	0.329	0.318	0.308	0.299	0.291
20	Inorganic basic chemicals"	1.702	1.968	2.145	2.192	2.194	2.191	2.187	2.201	2.232	2.279
21	Petrochemical basic products"	1.663	2.111	2.260	2.251	2.224	2.201	2.182	2.181	2.199	2.236
22	Organic chemical products"	5.228	6.673	7.810	7.945	8.001	8.060	8.129	8.260	8.462	8.733
23	Synthetic resin"	3.272	4.068	4.519	4.612	4.668	4.722	4.775	4.857	4.971	5.115
24	Chemical fibers"	0.715	0.829	0.911	0.902	0.891	0.880	0.872	0.869	0.869	0.870
25	Medicaments"	6.414	8.033	9.784	10.616	10.938	11.239	11.524	11.830	12.161	12.530
26	Final chemical products"	7.130	7.085	7.343	7.497	7.497	7.454	7.409	7.387	7.396	7.427
27	Petroleum refinery products"	9.474	9.460	9.640	9.857	9.832	9.841	9.880	9.931	10.016	10.140
28	Coal products"	1.462	1.559	1.518	1.494	1.462	1.432	1.406	1.387	1.374	1.365
29	Plastic products"	10.533	11.686	12.258	12.480	12.539	12.550	12.533	12.564	12.649	12.777
30	Rubber products"	3.202	3.422	3.252	3.178	3.076	2.966	2.849	2.745	2.655	2.576
31	Leather & Fur products"	0.845	0.921	0.895	0.785	0.773	0.648	0.518	0.368	0.238	0.069
32	Glass and glass products"	1.831	1.949	2.030	2.056	2.044	2.025	2.002	1.993	1.996	2.010
33	Cement and cement products"	4.699	4.620	4.323	4.300	4.225	4.133	4.025	3.926	3.835	3.752
34	Pottery, tiles and earthenware"	1.136	1.155	1.184	1.219	1.227	1.224	1.216	1.215	1.221	1.234
35	Other ceramic, stone and clay products"	2.057	2.284	2.278	2.286	2.255	2.216	2.175	2.146	2.130	2.122
36	Pig iron and crude steel"	5.472	6.032	6.331	6.433	6.516	6.633	6.772	7.032	7.424	7.961
37	Steel bar and sheet"	11.182	11.282	11.574	11.615	11.523	11.411	11.265	11.178	11.143	11.154
38	Steel castings and forging"	4.204	4.117	4.016	4.004	3.939	3.870	3.782	3.712	3.655	3.609
39	Non–ferrous metals refinery products"	1.457	2.644	3.161	3.267	3.340	3.409	3.464	3.551	3.666	3.810
40	Processed non–ferrous metal products"	5.296	5.967	6.322	6.402	6.424	6.446	6.442	6.475	6.541	6.635
41	Metal products for construction"	6.734	6.723	6.878	7.134	7.218	7.247	7.229	7.241	7.276	7.334
42	Heating equipment"	1.087	0.978	1.019	1.063	1.075	1.082	1.083	1.088	1.098	1.111
43	Other metal products"	8.443	8.226	8.479	8.653	8.672	8.652	8.602	8.587	8.606	8.648
44	General Machineery"	9.874	9.791	9.733	9.782	9.734	9.726	9.638	9.593	9.594	9.633
45	Machine Tool & Robot"	3.685	3.642	3.652	3.682	3.708	3.725	3.719	3.726	3.751	3.789
46	Special industry machinery"	9.373	9.286	9.235	9.320	9.384	9.434	9.379	9.377	9.411	9.475
47	Other general machines and tools"	4.173	4.018	4.032	4.071	4.063	4.049	4.007	3.976	3.964	3.967
48	Machinery for office and for vending"	2.591	2.389	2.515	2.512	2.506	2.475	2.433	2.393	2.372	2.318
49	Machinery for service"	1.624	1.545	1.608	1.655	1.639	1.665	1.676	1.704	1.739	1.776
50	Household electric & electronic equipment"	9.250	7.926	8.107	8.244	8.226	8.175	8.134	8.103	8.093	8.088
51	Electronic computing equipment and accessories devices"	12.675	14.434	14.106	14.458	14.574	14.677	14.611	14.604	14.673	14.765
52	Communication equipment"	6.777	6.951	6.747	6.882	7.047	7.235	7.356	7.471	7.587	7.712
53	Electronic appliances & measuring equipment"	3.521	4.032	4.351	4.391	4.406	4.447	4.470	4.510	4.569	4.638
54	Semi–conductor devices and integrated circuits"	8.103	14.644	18.094	19.428	20.567	21.963	23.234	25.030	27.404	30.292
55	Electronic Parts"	11.919	16.274	18.299	19.004	19.545	20.165	20.697	21.419	22.346	23.436
56	Heavy electrical equipment, Generators, Motors, etc."	5.839	5.569	5.852	5.775	5.709	5.638	5.536	5.457	5.365	5.242
57	Electric illuminator, batteries & other light electric app."	6.803	8.722	9.652	9.716	9.822	9.861	9.867	9.984	10.152	10.396
58	Motor vehicle"	39.182	36.098	38.133	38.194	37.554	37.262	37.042	37.020	37.204	37.513
59	Ships and repair of ships"	2.242	2.445	2.308	2.290	2.246	2.179	2.100	2.055	2.055	2.113
60	Railway equipment"	0.797	0.997	1.005	1.018	1.016	1.009	0.998	0.985	0.975	0.967
61	Air plane & repair"	0.957	1.085	1.146	1.186	1.171	1.160	1.142	1.128	1.118	1.111
62	Other transportation equipment"	1.075	1.067	1.015	1.019	1.000	0.990	0.973	0.961	0.954	0.950
63	Precision instruments, Medical instrument, etc."	4.207	4.205	4.335	4.239	4.206	4.032	3.847	3.715	3.567	3.469
64	Miscellaneous manufacturing products"	6.766	7.785	7.847	7.611	7.544	7.469	7.387	7.324	7.282	7.251
65	Dwelling construction"	24.924	24.970	23.417	24.748	24.819	23.885	22.613	21.597	20.817	20.343
66	Other construction"	21.420	20.513	20.827	21.473	21.450	21.526	21.482	21.528	21.647	21.804
67	Civil engineering public"	21.193	23.120	23.105	23.106	23.107	23.105	23.100	23.095	23.091	23.087
68	Civil engineering private"	16.079	17.000	16.993	17.415	17.709	17.995	18.109	18.253	18.425	18.635
69	Electric power"	17.545	18.434	18.876	19.359	19.567	19.704	19.804	19.923	20.107	20.364
70	Gas and hot water supply"	2.262	2.271	2.425	2.547	2.612	2.675	2.738	2.798	2.863	2.936
71	Water supply"	4.746	4.784	5.172	5.454	5.554	5.625	5.690	5.756	5.840	5.940
72	Waste treatment"	3.156	3.210	3.193	3.338	3.299	3.252	3.202	3.153	3.109	3.069
73	Trade"	98.984	92.594	96.119	98.788	100.465	101.624	102.425	103.373	104.608	106.155
74	Financial and insurance services"	36.745	39.385	42.995	44.984	46.116	47.022	47.871	48.760	49.812	51.012
75	Real estate agenciesand rent"	9.387	9.275	8.145	7.842	7.365	6.828	6.259	5.690	5.127	4.556
76	House rent"	53.088	49.539	49.927	51.542	52.845	53.805	54.788	55.539	56.298	57.113
77	Railway transport"	6.234	9.404	9.832	10.100	10.138	10.086	10.044	9.982	9.946	9.931
78	Road transport"	19.084	16.095	16.620	16.970	17.091	17.091	17.007	16.950	16.955	17.042
79	Water transport"	4.994	4.653	4.392	4.305	4.142	4.021	3.883	3.835	3.894	4.057
80	Air transport"	2.737	2.807	2.905	3.015	3.105	3.176	3.237	3.290	3.349	3.421
81	Transportation related service & Storage"	9.828	9.939	10.976	11.278	11.402	11.495	11.567	11.662	11.800	11.978
82	Communication"	16.855	16.958	16.262	16.973	17.875	18.689	19.405	20.082	20.781	21.559
83	Broadcasting"	2.943	3.142	3.438	3.590	3.674	3.745	3.810	3.880	3.959	4.047
84	Public administration"	25.653	27.457	32.214	34.658	35.043	35.315	35.514	35.755	36.084	36.501
85	Education"	22.293	27.866	28.535	30.391	30.462	30.729	30.831	30.956	31.069	31.235
86	Research Institute"	11.730	13.063	14.495	15.097	15.394	15.692	15.935	16.283	16.741	17.298
87	Medical service, health and social security"	30.441	33.695	38.621	41.011	41.513	41.872	42.151	42.446	42.821	43.289
88	Social security service"	6.078	5.940	6.330	6.656	6.771	6.852	6.933	7.002	7.080	7.168
89	Other public service"	4.505	4.561	4.883	5.041	5.070	5.076	5.094	5.105	5.124	5.144
90	Advertising agencies"	7.638	7.806	7.993	8.179	8.214	8.210	8.186	8.176	8.193	8.232
91	News & Information service"	8.767	9.527	9.839	10.137	10.327	10.496	10.582	10.682	10.809	10.965
92	Renting and leasing"	12.645	13.189	15.549	16.645	17.417	18.134	18.789	19.499	20.291	21.164
93	Car & other machinery repair"	14.380	15.812	15.326	15.398	15.266	15.044	14.784	14.527	14.302	14.110
94	Business Service"	25.150	24.948	25.291	25.967	26.181	26.305	26.268	26.267	26.334	26.470
95	Amusement service, films, theater, sports"	13.870	24.971	25.419	26.208	25.997	25.589	25.288	24.998	24.814	24.662
96	Restaurant"	23.038	22.162	22.198	22.796	23.067	23.215	23.392	23.529	23.714	23.932
97	Hotel"	6.828	5.502	6.603	6.781	6.790	6.761	6.745	6.720	6.711	6.710
98	Personal Service, Washing, Barber, etc."	10.599	14.637	14.385	14.807	14.845	14.764	14.652	14.498	14.345	14.215
99	Office Supply"	2.178	2.255	2.342	2.407	2.424	2.431	2.432	2.438	2.452	2.473
100	Not elsewhere Classified"	5.732	6.025	5.417	5.387	5.227	5.053	4.860	4.678	4.509	4.349

第４章　アジアの地域経済統合と経済成長　165

表 4-1-7-2　100 Sector Summary of JIDEA Simulation for Japan–China FTA

JIDEA Model 5.1 : Simulation 2 for Japan–China Mutual Tariff Removal 27/05/2004

Imports by Industry – 100 Sectors

		1998	2000	2003	2004	2005	2006	2007	2008	2009	2010
	Total Imports by Industry	50.704	47.018	46.158	49.070	51.091	53.454	55.649	57.856	60.424	63.562
	Total tradables	39.293	34.767	32.338	34.541	35.775	37.300	38.570	39.765	41.235	43.180
1	Agriculture for crops	1.482	1.103	1.065	1.074	1.088	1.095	1.103	1.108	1.111	1.116
2	Livestock and silkworms	0.059	0.083	0.079	0.079	0.077	0.075	0.073	0.071	0.069	0.068
3	Agricultural services	0.000	0.000	0.000	0.000	0.000	0.000	0.000	0.000	0.000	0.000
4	Forestry and logging	0.496	0.162	0.125	0.115	0.116	0.121	0.125	0.130	0.138	0.147
5	Fishery	0.357	0.146	0.109	0.099	0.089	0.081	0.074	0.067	0.060	0.055
6	Metal ores	0.775	0.788	0.775	0.788	0.798	0.804	0.807	0.810	0.814	0.819
7	Non–metal ores	0.163	0.139	0.122	0.119	0.116	0.113	0.110	0.108	0.105	0.103
8	Coal and lignite	0.684	0.656	0.642	0.656	0.668	0.674	0.678	0.682	0.688	0.694
9	Crude petroleum	4.243	4.472	4.338	4.554	4.641	4.631	4.629	4.631	4.648	4.681
10	Food products	3.724	3.916	3.612	3.867	4.031	4.190	4.306	4.404	4.519	4.664
11	Beverages & tobacco	0.904	0.957	0.913	0.960	0.996	1.019	1.033	1.043	1.059	1.079
12	Feeds and organic fertilizers	0.094	0.095	0.083	0.095	0.105	0.112	0.116	0.119	0.123	0.130
13	Fabricated textile products	0.539	0.396	0.421	0.429	0.437	0.445	0.448	0.450	0.453	0.458
14	Wearing and other textile products	2.131	2.155	1.808	2.057	2.201	2.424	2.606	2.784	2.960	3.175
15	Timber and wooden products	1.183	1.052	0.992	1.076	1.090	1.144	1.184	1.234	1.299	1.376
16	Wooden & Metal Furniture, Fittings	0.342	0.306	0.278	0.301	0.314	0.330	0.345	0.356	0.369	0.385
17	Pulp and paper	0.524	0.463	0.445	0.465	0.474	0.486	0.496	0.512	0.527	0.549
18	Publishing and printing	0.086	0.035	0.028	0.029	0.028	0.029	0.028	0.029	0.029	0.030
19	Chemical fertilizer	0.053	0.052	0.053	0.054	0.055	0.055	0.056	0.057	0.057	0.058
20	Inorganic basic chemical	0.224	0.194	0.188	0.193	0.196	0.199	0.202	0.204	0.206	0.209
21	Petrochemical basic products	0.010	0.006	0.005	0.005	0.005	0.005	0.005	0.005	0.005	0.004
22	Organic chemical products	0.897	0.836	0.840	0.845	0.846	0.850	0.854	0.857	0.861	0.864
23	Synthetic resin	0.201	0.186	0.176	0.187	0.194	0.199	0.202	0.205	0.209	0.214
24	Chemical fibers	0.045	0.037	0.035	0.037	0.039	0.040	0.041	0.041	0.042	0.043
25	Medicaments	0.512	0.506	0.479	0.505	0.525	0.538	0.546	0.552	0.561	0.572
26	Final chemical products	0.658	0.611	0.580	0.611	0.633	0.648	0.657	0.664	0.674	0.688
27	Petroleum refinery products	1.140	1.018	1.041	1.077	1.128	1.174	1.177	1.182	1.189	1.200
28	Coal products	0.021	0.019	0.014	0.023	0.030	0.036	0.037	0.039	0.044	0.051
29	Plastic products	0.294	0.073	0.074	0.083	0.086	0.094	0.103	0.111	0.121	0.132
30	Rubber products	0.355	0.203	0.183	0.186	0.189	0.197	0.206	0.214	0.222	0.230
31	Leather & Fur products	0.578	0.533	0.526	0.624	0.612	0.700	0.793	0.907	1.006	1.144
32	Glass and glass products	0.134	0.084	0.073	0.073	0.075	0.076	0.077	0.078	0.078	0.079
33	Cement and cement products	0.013	0.013	0.012	0.013	0.013	0.014	0.014	0.014	0.015	0.015
34	Pottery, tiles and earthenware	0.070	0.064	0.059	0.064	0.067	0.070	0.072	0.074	0.076	0.079
35	Other ceramic, stone and clay product	0.187	0.143	0.122	0.132	0.144	0.153	0.159	0.164	0.170	0.179
36	Pig iron and crude stee	0.207	0.162	0.153	0.150	0.148	0.146	0.144	0.142	0.140	0.138
37	Steel bar and shee	0.326	0.251	0.229	0.240	0.243	0.243	0.238	0.235	0.234	0.236
38	Steel castings and forging"	0.082	0.045	0.059	0.067	0.075	0.083	0.093	0.102	0.114	0.126
39	Non–ferrous metals refinery products	1.405	1.081	0.919	0.869	0.821	0.776	0.733	0.692	0.654	0.618
40	Processed non–ferrous metal products	0.358	0.255	0.230	0.240	0.252	0.261	0.270	0.275	0.281	0.288
41	Metal products for construction	0.041	0.043	0.034	0.040	0.048	0.056	0.060	0.064	0.072	0.087
42	Heating equipmen	0.006	0.006	0.006	0.006	0.007	0.007	0.007	0.007	0.008	0.008
43	Other metal product	0.291	0.276	0.220	0.214	0.218	0.228	0.234	0.241	0.251	0.270
44	General Machineer	0.412	0.230	0.214	0.221	0.223	0.225	0.228	0.231	0.234	0.237
45	Machine Tool & Robo	0.099	0.099	0.096	0.120	0.128	0.135	0.135	0.137	0.143	0.153
46	Special industry machinery	0.682	0.581	0.541	0.580	0.611	0.638	0.658	0.676	0.701	0.735
47	Other general machines and tools	0.190	0.169	0.163	0.171	0.175	0.180	0.183	0.186	0.191	0.196
48	Machinery for office and for vending	0.113	0.112	0.094	0.123	0.133	0.162	0.191	0.224	0.253	0.318
49	Machinery for servic	0.067	0.037	0.032	0.037	0.041	0.045	0.047	0.049	0.052	0.057
50	Household electric & electronic equipment	0.641	0.577	0.571	0.627	0.666	0.694	0.726	0.751	0.782	0.825
51	Electronic computing equipment and accessories device	2.142	2.075	1.889	2.003	2.075	2.232	2.398	2.590	2.815	3.119
52	Communication equipment	0.372	0.280	0.210	0.213	0.230	0.245	0.262	0.276	0.291	0.309
53	Electronic appliances & measuring equipmen	0.520	0.447	0.409	0.451	0.483	0.508	0.525	0.542	0.563	0.594
54	Semi–conductor devices and integrated circuits	2.366	1.277	1.049	1.273	1.471	1.604	1.689	1.758	1.855	1.999
55	Electronic Part	0.469	0.202	0.182	0.213	0.259	0.298	0.340	0.373	0.406	0.448
56	Heavy electrical equipment, Generators, Motors, etc.	0.517	0.557	0.447	0.549	0.630	0.725	0.798	0.863	0.962	1.111
57	Electric illuminator, batteries & other light electric app	0.576	0.469	0.427	0.497	0.493	0.567	0.667	0.743	0.854	0.972
58	Motor vehicle	1.252	1.088	0.994	1.102	1.182	1.235	1.260	1.283	1.317	1.368
59	Ships and repair of ships	0.048	0.049	0.053	0.055	0.057	0.058	0.060	0.062	0.064	0.065
60	Railway equipmen	0.012	0.008	0.006	0.006	0.006	0.006	0.006	0.006	0.006	0.006
61	Air plane & repai	0.536	0.537	0.556	0.563	0.569	0.576	0.584	0.591	0.599	0.609
62	Other transportation equipment"	0.067	0.013	0.009	0.011	0.011	0.014	0.016	0.019	0.021	0.024
63	Precision instruments, Medical instrument, etc	0.946	0.812	0.758	0.882	0.857	0.979	1.109	1.200	1.332	1.440
64	Miscellaneous manufacturing products	1.375	1.529	1.490	1.544	1.557	1.553	1.547	1.539	1.535	1.535
	Total Non–tradables	11.411	12.251	13.819	14.529	15.317	16.154	17.079	18.091	19.189	20.382
65	Dwelling construction	0.000	0.000	0.000	0.000	0.000	0.000	0.000	0.000	0.000	0.000
66	Other construction	0.000	0.000	0.000	0.000	0.000	0.000	0.000	0.000	0.000	0.000
67	Civil engineering publi	0.000	0.000	0.000	0.000	0.000	0.000	0.000	0.000	0.000	0.000
68	Civil engineering private	0.000	0.000	0.000	0.000	0.000	0.000	0.000	0.000	0.000	0.000
69	Electric power	0.000	0.000	0.000	0.000	0.000	0.000	0.000	0.000	0.000	0.000
70	Gas and hot water supply	0.001	0.001	0.001	0.001	0.001	0.002	0.002	0.002	0.002	0.002
71	Water supply	0.001	0.001	0.001	0.001	0.001	0.001	0.001	0.001	0.001	0.001
72	Waste treatment	0.000	0.000	0.000	0.000	0.000	0.000	0.000	0.000	0.000	0.000
73	Trade	1.193	1.075	1.523	1.714	1.933	2.181	2.464	2.784	3.146	3.554
74	Financial and insurance services	1.330	1.594	1.996	2.152	2.318	2.497	2.690	2.896	3.118	3.356
75	Real estate agenciesand rent	0.000	0.000	0.000	0.000	0.000	0.000	0.000	0.000	0.000	0.000
76	House rent	0.006	0.013	0.004	0.003	0.003	0.004	0.004	0.004	0.005	0.005
77	Railway transport	0.087	0.089	0.093	0.094	0.096	0.097	0.099	0.100	0.102	0.103
78	Road transport	0.142	0.141	0.144	0.145	0.146	0.147	0.148	0.149	0.150	0.151
79	Water transport	1.168	1.591	1.869	1.921	2.020	2.108	2.203	2.301	2.399	2.498
80	Air transport	1.143	1.265	1.454	1.514	1.576	1.639	1.704	1.770	1.838	1.908
81	Transportation related service & Storage	0.347	0.565	0.155	0.161	0.170	0.181	0.191	0.201	0.206	0.208
82	Communication	0.203	0.120	0.394	0.475	0.556	0.649	0.758	0.886	1.036	1.209
83	Broadcasting	0.000	0.000	0.000	0.000	0.000	0.000	0.000	0.000	0.000	0.000
84	Public administration	0.000	0.000	0.000	0.000	0.000	0.000	0.000	0.000	0.000	0.000
85	Education	0.000	0.000	0.000	0.000	0.000	0.000	0.000	0.000	0.000	0.000
86	Research Institute	0.032	0.035	0.045	0.050	0.054	0.058	0.063	0.068	0.073	0.078
87	Medical service, health and social security	0.001	0.001	0.001	0.001	0.001	0.001	0.001	0.001	0.001	0.001
88	Social security servic	0.000	0.000	0.000	0.000	0.000	0.000	0.000	0.000	0.000	0.000
89	Other public servic	0.042	0.041	0.044	0.045	0.046	0.047	0.048	0.049	0.051	0.052
90	Advertising agencies	0.357	0.285	0.270	0.265	0.261	0.256	0.252	0.247	0.243	0.239
91	News & Information service	0.374	0.200	0.288	0.296	0.304	0.315	0.325	0.336	0.348	0.361
92	Renting and leasing	0.346	0.198	0.167	0.158	0.156	0.158	0.162	0.167	0.174	0.182
93	Car & other machinery repai	0.000	0.000	0.000	0.000	0.000	0.000	0.000	0.000	0.000	0.000
94	Business Servic	0.686	0.684	0.706	0.713	0.721	0.728	0.736	0.744	0.752	0.760
95	Amusement service, films, theater, sport	0.357	0.189	0.315	0.353	0.385	0.426	0.476	0.528	0.585	0.645
96	Restauran	1.069	0.587	1.085	1.153	1.191	1.218	1.241	1.263	1.284	1.306
97	Hote	1.768	3.093	2.559	2.629	2.720	2.820	2.926	3.036	3.149	3.266
98	Personal Service, Washing, Barber, etc	0.008	0.008	0.010	0.010	0.011	0.011	0.011	0.012	0.012	0.013
99	Office Suppl	0.000	0.000	0.000	0.000	0.000	0.000	0.000	0.000	0.000	0.000
100	Not elsewhere Classified	0.749	0.476	0.696	0.675	0.647	0.610	0.576	0.544	0.514	0.486

表 4-1-7-3 100 Sector Summary of JIDEA Simulation for Japan–China FTA

JIDEA Model 5.1 : Simulation 2 for Japan–China Mutual Tariff Removal 27/05/2004
Japanese Imports from China by Industry – 100 Sectors

		1998	2000	2003	2004	2005	2006	2007	2008	2009	2010
	Total tradables	4.474	3.997	3.354	4.322	4.595	5.585	6.535	7.482	8.599	10.023
1	Agriculture for crops	0.114	0.148	0.162	0.167	0.172	0.177	0.182	0.188	0.194	0.200
2	Livestock and silkworms	0.012	0.018	0.018	0.020	0.020	0.020	0.021	0.021	0.021	0.022
3	Agricultural services	0.000	0.000	0.000	0.000	0.000	0.000	0.000	0.000	0.000	0.000
4	Forestry and logging	0.004	0.000	0.000	0.000	0.000	0.000	0.001	0.001	0.001	0.001
5	Fishery	0.007	0.006	0.004	0.004	0.003	0.003	0.002	0.002	0.002	0.002
6	Metal ores	0.001	0.002	0.002	0.002	0.003	0.003	0.003	0.003	0.003	0.003
7	Non-metal ores	0.038	0.040	0.039	0.041	0.042	0.044	0.045	0.045	0.047	0.048
8	Coal and lignite	0.056	0.051	0.047	0.051	0.054	0.056	0.057	0.058	0.060	0.062
9	Crude petroleum	0.123	0.216	0.211	0.280	0.307	0.327	0.320	0.322	0.335	0.358
10	Food products	0.540	0.592	0.484	0.542	0.553	0.617	0.678	0.732	0.786	0.845
11	Beverages & tobacco	0.009	0.013	0.015	0.016	0.017	0.017	0.018	0.019	0.020	0.021
12	Feeds and organic fertilizers	0.002	0.003	0.003	0.003	0.003	0.004	0.004	0.004	0.004	0.004
13	Fabricated textile products	0.152	0.156	0.144	0.158	0.168	0.177	0.182	0.186	0.192	0.199
14	Wearing and other textile products	1.191	1.031	0.758	0.934	1.019	1.207	1.367	1.528	1.682	1.863
15	Timber and wooden products	0.089	0.208	0.191	0.231	0.212	0.245	0.272	0.313	0.365	0.423
16	Wooden & Metal Furniture, Fittings	0.056	0.050	0.037	0.044	0.045	0.054	0.064	0.072	0.080	0.090
17	Pulp and paper	0.022	0.007	0.005	0.009	0.006	0.011	0.017	0.029	0.039	0.055
18	Publishing and printing	0.004	0.001	0.001	0.001	0.001	0.001	0.002	0.002	0.002	0.003
19	Chemical fertilizer	0.002	0.002	0.001	0.002	0.003	0.003	0.003	0.003	0.004	0.004
20	Inorganic basic chemical	0.027	0.018	0.015	0.017	0.017	0.019	0.021	0.023	0.025	0.026
21	Petrochemical basic products	0.001	0.001	0.001	0.001	0.001	0.001	0.001	0.002	0.002	0.002
22	Organic chemical products	0.029	0.017	0.015	0.018	0.017	0.019	0.021	0.022	0.024	0.024
23	Synthetic resin	0.007	0.001	0.001	0.002	0.002	0.003	0.003	0.004	0.005	0.007
24	Chemical fibers	0.001	0.001	0.001	0.001	0.001	0.002	0.002	0.002	0.002	0.003
25	Medicaments	0.017	0.009	0.007	0.008	0.009	0.010	0.010	0.011	0.012	0.013
26	Final chemical products	0.025	0.018	0.014	0.018	0.020	0.022	0.024	0.026	0.028	0.030
27	Petroleum refinery products	0.008	0.023	0.024	0.030	0.034	0.036	0.035	0.036	0.037	0.040
28	Coal products	0.014	0.016	0.012	0.020	0.026	0.032	0.033	0.036	0.040	0.047
29	Plastic products	0.061	0.006	0.005	0.009	0.008	0.013	0.020	0.027	0.037	0.049
30	Rubber products	0.023	0.005	0.005	0.008	0.006	0.010	0.015	0.019	0.025	0.031
31	Leather & Fur products	0.144	0.181	0.185	0.279	0.275	0.366	0.463	0.581	0.685	0.833
32	Glass and glass products	0.012	0.008	0.006	0.009	0.010	0.012	0.013	0.014	0.015	0.017
33	Cement and cement products	0.002	0.002	0.002	0.002	0.002	0.002	0.002	0.002	0.002	0.002
34	Pottery, tiles and earthenware	0.011	0.007	0.006	0.007	0.008	0.009	0.010	0.010	0.011	0.012
35	Other ceramic, stone and clay product	0.073	0.064	0.047	0.055	0.065	0.072	0.079	0.084	0.089	0.097
36	Pig iron and crude stee	0.022	0.037	0.041	0.042	0.044	0.045	0.046	0.048	0.050	0.051
37	Steel bar and shee	0.041	0.056	0.050	0.065	0.074	0.080	0.081	0.083	0.087	0.094
38	Steel castings and forging"	0.004	0.005	0.004	0.005	0.007	0.008	0.008	0.009	0.009	0.010
39	Non-ferrous metals refinery products	0.090	0.093	0.097	0.099	0.100	0.102	0.103	0.105	0.106	0.108
40	Processed non-ferrous metal products	0.026	0.003	0.002	0.003	0.003	0.004	0.005	0.007	0.008	0.009
41	Metal products for construction	0.014	0.012	0.007	0.015	0.024	0.032	0.037	0.041	0.049	0.064
42	Heating equipmen	0.001	0.001	0.001	0.001	0.001	0.001	0.001	0.001	0.001	0.002
43	Other metal product	0.040	0.031	0.018	0.032	0.046	0.062	0.073	0.084	0.099	0.124
44	General Machineer	0.017	0.005	0.005	0.007	0.007	0.009	0.012	0.014	0.017	0.021
45	Machine Tool & Robo	0.009	0.007	0.007	0.009	0.009	0.011	0.013	0.015	0.017	0.020
46	Special industry machinery	0.056	0.037	0.023	0.035	0.047	0.062	0.075	0.087	0.104	0.127
47	Other general machines and tools	0.015	0.014	0.012	0.016	0.017	0.020	0.022	0.025	0.028	0.032
48	Machinery for office and for vending	0.008	0.019	0.012	0.030	0.031	0.054	0.079	0.110	0.135	0.194
49	Machinery for servic	0.003	0.001	0.001	0.001	0.002	0.003	0.004	0.005	0.006	0.008
50	Household electric & electronic equipment	0.117	0.058	0.026	0.038	0.061	0.080	0.103	0.120	0.142	0.174
51	Electronic computing equipment and accessories device	0.329	0.067	0.119	0.190	0.212	0.333	0.466	0.631	0.829	1.101
52	Communication equipment	0.098	0.042	0.025	0.032	0.044	0.053	0.064	0.071	0.080	0.092
53	Electronic appliances & measuring equipmen	0.010	0.003	0.003	0.007	0.008	0.012	0.019	0.025	0.034	0.047
54	Semi-conductor devices and integrated circuits	0.030	0.016	0.008	0.011	0.017	0.023	0.029	0.034	0.039	0.048
55	Electronic Part	0.011	0.002	0.002	0.003	0.005	0.007	0.010	0.014	0.018	0.025
56	Heavy electrical equipment, Generators, Motors, etc.	0.225	0.220	0.135	0.226	0.304	0.397	0.472	0.537	0.634	0.780
57	Electric illuminator, batteries & other light electric app	0.113	0.088	0.069	0.117	0.096	0.159	0.253	0.324	0.428	0.537
58	Motor vehicle	0.030	0.026	0.025	0.039	0.045	0.050	0.048	0.049	0.052	0.058
59	Ships and repair of ships	0.007	0.007	0.007	0.007	0.007	0.007	0.007	0.007	0.007	0.007
60	Railway equipmen	0.001	0.000	0.000	0.000	0.000	0.000	0.000	0.000	0.000	0.000
61	Air plane & repai	0.000	0.000	0.000	0.001	0.000	0.001	0.002	0.003	0.004	0.006
62	Other transportation equipment"	0.023	0.007	0.006	0.007	0.008	0.010	0.012	0.014	0.016	0.019
63	Precision instruments, Medical instrument, etc	0.171	0.148	0.129	0.219	0.167	0.273	0.393	0.477	0.597	0.691
64	Miscellaneous manufacturing products	0.085	0.070	0.055	0.072	0.082	0.096	0.106	0.117	0.127	0.142

第４章　アジアの地域経済統合と経済成長　167

表 4-1-7-4　100 Sector Summary of JIDEA Simulation for Japan–China FTA

JIDEA Model 5.1 : Simulation 2 for Japan–China Mutual Tariff Removal 27/05/2004

Exports by Industry – 100 Sectors

		1998	2000	2003	2004	2005	2006	2007	2008	2009	2010
	Total Exports	53.803	61.347	67.351	67.365	67.668	68.579	69.475	71.583	75.031	79.773
	Total Tradables	43.661	49.507	53.901	53.814	53.980	54.648	55.308	56.962	59.714	63.527
1	Agriculture for crops	0.034	0.014	0.017	0.016	0.016	0.015	0.015	0.015	0.015	0.015
2	Livestock raising and sericulture	0.001	0.002	0.002	0.002	0.002	0.002	0.002	0.003	0.003	0.003
3	Agricultural services	0.000	0.000	0.000	0.000	0.000	0.000	0.000	0.000	0.000	0.000
4	Forestry and logging	0.002	0.002	0.002	0.002	0.002	0.002	0.002	0.002	0.002	0.002
5	Fishery	0.035	0.041	0.043	0.043	0.043	0.043	0.043	0.044	0.045	0.046
6	Metal ores	0.001	0.001	0.001	0.001	0.001	0.001	0.001	0.001	0.001	0.001
7	Non–metal ores	0.014	0.013	0.013	0.012	0.012	0.011	0.011	0.010	0.010	0.010
8	Coal and lignite	0.000	0.000	0.000	0.000	0.000	0.000	0.000	0.000	0.000	0.000
9	Crude petroleum & gas	0.001	0.000	0.000	0.000	0.000	0.000	0.000	0.000	0.000	0.000
10	Food products	0.161	0.121	0.099	0.092	0.086	0.082	0.078	0.075	0.073	0.072
11	Beverages & tobacco	0.042	0.059	0.063	0.062	0.061	0.061	0.060	0.061	0.061	0.063
12	Feeds and organic fertilizers	0.007	0.010	0.011	0.011	0.011	0.010	0.010	0.011	0.011	0.011
13	Fabricated textile products	0.572	0.818	0.923	0.893	0.879	0.899	0.918	0.949	0.991	1.042
14	Wearing and other textile products	0.048	0.044	0.038	0.040	0.040	0.041	0.042	0.043	0.045	0.048
15	Timber and wooden products	0.006	0.006	0.006	0.006	0.006	0.007	0.007	0.007	0.007	0.007
16	Wooden & Metal Furniture, Fittings	0.031	0.020	0.023	0.020	0.019	0.017	0.016	0.015	0.014	0.014
17	Pulp and paper	0.245	0.243	0.237	0.239	0.239	0.241	0.243	0.249	0.257	0.267
18	Publishing and printing	0.035	0.034	0.032	0.020	0.019	0.019	0.018	0.018	0.018	0.018
19	Chemical fertilizer	0.010	0.010	0.010	0.010	0.010	0.010	0.010	0.010	0.009	0.009
20	Inorganic basic chemical	0.167	0.169	0.174	0.170	0.165	0.160	0.156	0.155	0.156	0.157
21	Petrochemical basic products	0.161	0.354	0.441	0.461	0.481	0.506	0.533	0.568	0.613	0.667
22	Organic chemical products	1.374	1.854	2.467	2.493	2.526	2.572	2.629	2.711	2.824	2.970
23	Synthetic resin	0.632	1.034	1.233	1.252	1.275	1.304	1.340	1.387	1.450	1.529
24	Chemical fibers	0.198	0.178	0.178	0.171	0.164	0.159	0.156	0.153	0.153	0.153
25	Medicaments	0.151	0.121	0.060	0.034	0.006	–0.021	–0.047	–0.070	–0.091	–0.110
26	Final chemical products	0.778	0.756	0.777	0.766	0.748	0.731	0.717	0.715	0.721	0.733
27	Petroleum refinery products	0.245	0.179	0.198	0.206	0.217	0.229	0.244	0.260	0.277	0.296
28	Coal products	0.031	0.044	0.058	0.058	0.058	0.059	0.060	0.061	0.063	0.066
29	Plastic products	0.375	0.447	0.502	0.493	0.486	0.482	0.478	0.480	0.486	0.496
30	Rubber products	0.519	0.475	0.430	0.403	0.380	0.361	0.344	0.331	0.323	0.317
31	Leather & Fur products	0.021	0.020	0.019	0.019	0.018	0.018	0.018	0.017	0.017	0.017
32	Glass and glass products	0.174	0.227	0.262	0.262	0.260	0.261	0.261	0.265	0.272	0.282
33	Cement and cement products	0.018	0.011	0.006	0.005	0.005	0.004	0.004	0.003	0.003	0.002
34	Pottery, tiles and earthenware	0.126	0.094	0.085	0.082	0.079	0.076	0.075	0.074	0.074	0.075
35	Other ceramic, stone and clay products	0.163	0.169	0.204	0.192	0.188	0.179	0.173	0.168	0.166	0.166
36	Pig iron and crude steel	0.090	0.300	0.554	0.658	0.795	0.959	1.148	1.399	1.722	2.130
37	Steel bar and sheet	1.567	1.113	1.328	1.295	1.269	1.252	1.240	1.240	1.251	1.272
38	Steel castings and forging	0.015	0.015	0.014	0.014	0.014	0.014	0.014	0.014	0.013	0.013
39	Non–ferrous metals refinery products	0.203	0.309	0.434	0.450	0.470	0.492	0.516	0.547	0.586	0.633
40	Processed non–ferrous metal products	0.557	0.786	0.908	0.899	0.894	0.894	0.896	0.906	0.926	0.954
41	Metal products for construction	0.029	0.021	0.017	0.016	0.015	0.014	0.013	0.012	0.011	0.011
42	Heating equipment	0.025	0.020	0.020	0.019	0.019	0.018	0.018	0.017	0.017	0.017
43	Other metal products	0.434	0.354	0.345	0.324	0.305	0.290	0.277	0.267	0.261	0.257
44	General Machineery	1.918	1.792	1.795	1.712	1.643	1.584	1.531	1.496	1.477	1.472
45	Machine Tool & Robot	1.007	0.979	1.017	1.009	1.016	1.013	1.005	1.012	1.032	1.063
46	Special industry machinery	2.393	2.418	2.369	2.335	2.332	2.310	2.282	2.294	2.331	2.388
47	Other general machines and tools	0.600	0.463	0.493	0.459	0.433	0.410	0.390	0.375	0.364	0.358
48	Machinery for office and for vending	0.632	0.561	0.550	0.514	0.479	0.447	0.420	0.397	0.380	0.369
49	Machinery for service	0.106	0.146	0.165	0.169	0.172	0.176	0.179	0.186	0.195	0.206
50	Household electric & electronic equipment	1.422	0.770	0.749	0.687	0.639	0.602	0.573	0.554	0.543	0.539
51	Electronic computing equipment and accessories devices	4.207	5.073	4.508	4.679	4.636	4.651	4.614	4.658	4.789	5.005
52	Communication equipment	0.281	0.177	0.138	0.122	0.108	0.097	0.087	0.080	0.074	0.070
53	Electronic appliances & measuring equipment	0.891	1.269	1.458	1.448	1.442	1.445	1.452	1.472	1.508	1.559
54	Semi–conductor devices and integrated circuits	3.365	7.289	9.278	10.314	11.195	12.256	13.202	14.590	16.501	18.912
55	Electronic Parts	1.764	2.435	2.732	2.710	2.691	2.689	2.692	2.722	2.783	2.872
56	Heavy electrical equipment, Generators, Motors, etc.	1.315	1.346	1.509	1.453	1.405	1.365	1.332	1.312	1.304	1.309
57	Electric illuminator, batteries & other light electric app.	1.765	2.754	3.289	3.322	3.379	3.447	3.531	3.646	3.801	3.995
58	Motor vehicle	8.867	7.597	7.713	7.219	6.801	6.440	6.127	5.878	5.700	5.581
59	Ships and repair of ships	1.349	1.414	1.498	1.476	1.456	1.440	1.422	1.418	1.429	1.453
60	Railway equipment	0.031	0.019	0.020	0.018	0.017	0.016	0.015	0.014	0.013	0.013
61	Air plane & repair	0.233	0.204	0.187	0.175	0.165	0.157	0.150	0.146	0.143	0.142
62	Other transportation equipment	0.170	0.138	0.109	0.097	0.087	0.079	0.072	0.066	0.062	0.059
63	Precision instruments, Medical instrument, etc.	1.186	1.197	1.218	1.165	1.122	1.101	1.071	1.048	1.040	1.054
64	Miscellaneous manufacturing products	0.859	0.976	0.873	0.519	0.478	0.448	0.423	0.403	0.389	0.379
	Total Non–tradables	10.142	11.840	13.450	13.552	13.689	13.931	14.167	14.622	15.317	16.247
65	Dwelling construction	0.000	0.000	0.000	0.000	0.000	0.000	0.000	0.000	0.000	0.000
66	Other construction	0.000	0.000	0.000	0.000	0.000	0.000	0.000	0.000	0.000	0.000
67	Civil engineering public	0.000	0.000	0.000	0.000	0.000	0.000	0.000	0.000	0.000	0.000
68	Civil engineering private	0.000	0.000	0.000	0.000	0.000	0.000	0.000	0.000	0.000	0.000
69	Electric power	0.010	0.020	0.021	0.021	0.021	0.021	0.021	0.022	0.022	0.022
70	Gas and hot water supply	0.000	0.000	0.000	0.000	0.000	0.000	0.000	0.000	0.000	0.000
71	Water supply	0.001	0.003	0.003	0.003	0.003	0.003	0.003	0.003	0.003	0.003
72	Waste treatment	0.000	0.000	0.000	0.000	0.000	0.000	0.000	0.000	0.000	0.000
73	Trade	3.817	4.643	5.290	5.337	5.409	5.530	5.650	5.867	6.191	6.619
74	Financial and insurance services	0.757	0.922	1.184	1.216	1.249	1.289	1.329	1.384	1.457	1.546
75	Real estate agenciesand rent	0.000	0.000	0.000	0.000	0.000	0.000	0.000	0.000	0.000	0.000
76	House rent	0.002	0.003	0.003	0.003	0.003	0.003	0.003	0.003	0.004	0.004
77	Railway transport	0.036	0.050	0.057	0.057	0.058	0.059	0.061	0.064	0.069	0.076
78	Road transport	0.578	0.655	0.722	0.727	0.734	0.746	0.759	0.782	0.817	0.863
79	Water transport	2.096	2.079	2.143	2.065	2.002	1.967	1.932	1.951	2.032	2.172
80	Air transport	0.521	0.735	0.811	0.836	0.861	0.888	0.915	0.944	0.976	1.010
81	Transportation related service & Storage	0.779	0.916	1.058	1.080	1.102	1.126	1.150	1.180	1.215	1.256
82	Communication	0.109	0.158	0.194	0.199	0.205	0.212	0.220	0.232	0.247	0.267
83	Broadcasting	0.000	0.000	0.000	0.000	0.000	0.000	0.000	0.000	0.000	0.000
84	Public administration	0.000	0.000	0.000	0.000	0.000	0.000	0.000	0.000	0.000	0.000
85	Education	0.000	0.000	0.000	0.000	0.000	0.000	0.000	0.000	0.000	0.000
86	Research Institute	0.014	0.016	0.018	0.018	0.018	0.018	0.019	0.019	0.019	0.019
87	Medical service, health and social security	0.000	0.000	0.000	0.000	0.000	0.000	0.000	0.000	0.000	0.000
88	Social security service	0.000	0.000	0.000	0.000	0.000	0.000	0.000	0.000	0.000	0.000
89	Other public service	0.033	0.044	0.043	0.044	0.044	0.044	0.045	0.045	0.045	0.045
90	Advertising agencies	0.082	0.085	0.090	0.092	0.092	0.092	0.092	0.092	0.092	0.093
91	News & Information service	0.115	0.139	0.164	0.167	0.170	0.173	0.177	0.181	0.186	0.191
92	Renting and leasing	0.097	0.104	0.152	0.159	0.165	0.171	0.177	0.183	0.190	0.198
93	Car & other machinery repair	0.000	0.000	0.000	0.000	0.000	0.000	0.000	0.000	0.000	0.000
94	Business Service	0.334	0.366	0.376	0.387	0.391	0.393	0.392	0.392	0.393	0.396
95	Amusement service, films, theater, sports	0.103	0.119	0.129	0.133	0.135	0.140	0.145	0.155	0.169	0.188
96	Restaurant	0.184	0.218	0.291	0.297	0.303	0.312	0.321	0.337	0.360	0.390
97	Hotel	0.382	0.465	0.603	0.614	0.626	0.645	0.663	0.693	0.738	0.796
98	Personal Service, Washing, Barber, etc.	0.011	0.016	0.020	0.020	0.021	0.021	0.022	0.023	0.025	0.027
99	Office Supply	0.000	0.000	0.000	0.000	0.000	0.000	0.000	0.000	0.000	0.000
100	Not elsewhere Classified	0.079	0.084	0.079	0.077	0.076	0.074	0.073	0.071	0.070	0.068

表 4-1-7-5　100 Sect or Summary of JIDEA Simulation for Japan–China FTA

JIDEA Model 5.1 : Simulation 2 for Japan–China Mutual Tariff Removal 27/05/2004
Japanese Exports to China by Industry – 100 Sectors

		1998	2000	2003	2004	2005	2006	2007	2008	2009	2010
	Total Tradables	2.420	2.567	3.224	3.457	3.706	3.975	4.262	4.571	4.902	5.257
1	Agriculture for crops	0.000	0.000	0.000	0.000	0.000	0.000	0.000	0.000	0.000	0.000
2	Livestock raising and sericulture	0.000	0.000	0.000	0.000	0.000	0.000	0.000	0.000	0.001	0.001
3	Agricultural services	0.000	0.000	0.000	0.000	0.000	0.000	0.000	0.000	0.000	0.000
4	Forestry and logging	0.000	0.000	0.000	0.000	0.000	0.000	0.000	0.000	0.000	0.000
5	Fishery	0.005	0.011	0.014	0.015	0.016	0.017	0.019	0.020	0.021	0.023
6	Metal ores	0.000	0.000	0.000	0.000	0.000	0.000	0.000	0.000	0.000	0.000
7	Non-metal ores	0.001	0.001	0.001	0.001	0.001	0.002	0.002	0.002	0.002	0.002
8	Coal and lignite	0.000	0.000	0.000	0.000	0.000	0.000	0.000	0.000	0.000	0.000
9	Crude petroleum & gas	0.001	0.000	0.000	0.000	0.000	0.000	0.000	0.000	0.000	0.000
10	Food products	0.011	0.012	0.015	0.016	0.017	0.018	0.019	0.021	0.022	0.024
11	Beverages & tobacco	0.000	0.000	0.001	0.001	0.001	0.001	0.001	0.001	0.001	0.001
12	Feeds and organic fertilizers	0.001	0.001	0.001	0.001	0.001	0.001	0.001	0.001	0.001	0.002
13	Fabricated textile products	0.174	0.209	0.264	0.282	0.302	0.324	0.347	0.373	0.401	0.431
14	Wearing and other textile products	0.015	0.021	0.026	0.028	0.030	0.033	0.035	0.037	0.040	0.043
15	Timber and wooden products	0.001	0.001	0.001	0.001	0.001	0.001	0.001	0.001	0.001	0.001
16	Wooden & Metal Furniture, Fittings	0.001	0.001	0.002	0.002	0.002	0.002	0.002	0.002	0.003	0.003
17	Pulp and paper	0.036	0.046	0.057	0.061	0.065	0.070	0.075	0.081	0.087	0.093
18	Publishing and printing	0.006	0.006	0.008	0.008	0.009	0.009	0.010	0.011	0.012	0.012
19	Chemical fertilizer	0.001	0.001	0.001	0.001	0.001	0.002	0.002	0.002	0.002	0.002
20	Inorganic basic chemical	0.008	0.009	0.011	0.012	0.013	0.014	0.015	0.016	0.017	0.018
21	Petrochemical basic products	0.012	0.013	0.017	0.018	0.019	0.020	0.022	0.023	0.025	0.027
22	Organic chemical products	0.039	0.042	0.052	0.056	0.060	0.064	0.069	0.074	0.079	0.085
23	Synthetic resin	0.069	0.087	0.108	0.116	0.124	0.133	0.143	0.153	0.164	0.176
24	Chemical fibers	0.022	0.025	0.031	0.034	0.036	0.039	0.042	0.045	0.048	0.051
25	Medicaments	0.005	0.006	0.007	0.008	0.008	0.009	0.010	0.010	0.011	0.012
26	Final chemical products	0.040	0.045	0.056	0.060	0.064	0.069	0.074	0.079	0.085	0.091
27	Petroleum refinery products	0.139	0.144	0.178	0.191	0.205	0.220	0.236	0.253	0.271	0.291
28	Coal products	0.000	0.000	0.000	0.000	0.000	0.000	0.000	0.000	0.000	0.000
29	Plastic products	0.030	0.039	0.049	0.053	0.057	0.061	0.066	0.070	0.075	0.081
30	Rubber products	0.008	0.009	0.012	0.013	0.014	0.015	0.016	0.017	0.018	0.019
31	Leather & Fur products	0.005	0.005	0.007	0.007	0.008	0.008	0.009	0.009	0.010	0.011
32	Glass and glass products	0.018	0.023	0.030	0.032	0.034	0.037	0.040	0.042	0.045	0.049
33	Cement and cement products	0.000	0.000	0.000	0.000	0.000	0.000	0.000	0.000	0.000	0.000
34	Pottery, tiles and earthenware	0.014	0.014	0.018	0.019	0.021	0.022	0.024	0.025	0.027	0.029
35	Other ceramic, stone and clay products	0.013	0.015	0.019	0.020	0.021	0.023	0.024	0.026	0.028	0.030
36	Pig iron and crude steel	0.009	0.009	0.011	0.012	0.012	0.013	0.014	0.015	0.016	0.018
37	Steel bar and sheet	0.157	0.135	0.170	0.182	0.195	0.209	0.224	0.240	0.258	0.276
38	Steel castings and forging	0.001	0.002	0.002	0.002	0.002	0.002	0.003	0.003	0.003	0.003
39	Non-ferrous metals refinery products	0.016	0.019	0.023	0.025	0.027	0.029	0.031	0.033	0.036	0.038
40	Processed non-ferrous metal products	0.042	0.052	0.065	0.069	0.074	0.080	0.086	0.092	0.098	0.105
41	Metal products for construction	0.002	0.002	0.002	0.003	0.003	0.003	0.003	0.003	0.004	0.004
42	Heating equipment	0.001	0.001	0.002	0.002	0.002	0.002	0.002	0.002	0.003	0.003
43	Other metal products	0.033	0.036	0.045	0.048	0.052	0.055	0.059	0.064	0.068	0.073
44	General Machineery	0.084	0.072	0.091	0.097	0.104	0.112	0.120	0.128	0.138	0.147
45	Machine Tool & Robot	0.072	0.073	0.090	0.097	0.104	0.111	0.119	0.128	0.137	0.147
46	Special industry machinery	0.223	0.241	0.300	0.322	0.345	0.370	0.397	0.426	0.457	0.490
47	Other general machines and tools	0.049	0.048	0.060	0.064	0.069	0.074	0.080	0.085	0.092	0.098
48	Machinery for office and for vending	0.023	0.019	0.023	0.025	0.027	0.029	0.031	0.033	0.035	0.038
49	Machinery for service	0.008	0.011	0.013	0.014	0.015	0.016	0.017	0.019	0.020	0.021
50	Household electric & electronic equipment	0.136	0.148	0.183	0.197	0.211	0.226	0.242	0.260	0.279	0.299
51	Electronic computing equipment and accessories devices	0.022	0.015	0.018	0.020	0.021	0.023	0.024	0.026	0.028	0.030
52	Communication equipment	0.012	0.011	0.014	0.015	0.016	0.017	0.018	0.019	0.021	0.022
53	Electronic appliances & measuring equipment	0.055	0.056	0.071	0.076	0.081	0.087	0.094	0.100	0.108	0.115
54	Semi-conductor devices and integrated circuits	0.208	0.219	0.276	0.296	0.317	0.340	0.365	0.391	0.419	0.450
55	Electronic Parts	0.109	0.110	0.139	0.149	0.159	0.171	0.183	0.196	0.211	0.226
56	Heavy electrical equipment, Generators, Motors, etc.	0.109	0.088	0.110	0.117	0.126	0.135	0.145	0.155	0.166	0.179
57	Electric illuminator, batteries & other light electric app.	0.135	0.168	0.211	0.226	0.243	0.261	0.279	0.300	0.322	0.345
58	Motor vehicle	0.140	0.129	0.174	0.187	0.200	0.215	0.230	0.246	0.263	0.282
59	Ships and repair of ships	0.018	0.018	0.023	0.024	0.026	0.028	0.030	0.032	0.034	0.037
60	Railway equipment	0.000	0.000	0.000	0.000	0.000	0.000	0.000	0.000	0.000	0.000
61	Air plane & repair	0.001	0.001	0.001	0.001	0.001	0.001	0.001	0.001	0.001	0.001
62	Other transportation equipment	0.005	0.005	0.006	0.007	0.007	0.008	0.008	0.009	0.010	0.010
63	Precision instruments, Medical instrument, etc.	0.043	0.041	0.051	0.055	0.059	0.064	0.068	0.073	0.078	0.084
64	Miscellaneous manufacturing products	0.033	0.052	0.065	0.069	0.075	0.080	0.086	0.092	0.099	0.107

第4章 アジアの地域経済統合と経済成長　169

表 4-1-7-6　100 Sector Summary of JIDEA Simulation for Japan–China FTA

JIDEA Model 5.1 : Simulation 2 for Japan–China Mutual Tariff Removal 27/05/2004
Employment by Industry – 100 Sectors　unit : 10 million

		1998	2000	2003	2004	2005	2006	2007	2008	2009	2010
	Total Employment	6.913	6.886	6.962	7.109	7.103	7.062	7.003	6.959	6.938	6.938
1	Agriculture for crops	0.408	0.389	0.358	0.355	0.345	0.333	0.322	0.311	0.300	0.290
2	Livestock raising and sericulture	0.031	0.026	0.022	0.021	0.020	0.019	0.017	0.016	0.015	0.015
3	Agricultural services	0.009	0.009	0.009	0.009	0.009	0.009	0.009	0.009	0.008	0.008
4	Forestry and logging	0.012	0.017	0.015	0.015	0.014	0.013	0.012	0.011	0.010	0.009
5	Fishery	0.040	0.044	0.042	0.042	0.040	0.039	0.038	0.037	0.035	0.034
6	Metal ores	0.008	0.083	0.134	0.143	0.151	0.160	0.169	0.183	0.202	0.226
7	Non–metal ores	0.000	0.000	0.000	0.000	0.000	0.000	0.000	0.000	0.000	0.000
8	Coal and lignite	0.001	0.001	0.001	0.001	0.001	0.001	0.001	0.001	0.001	0.001
9	Crude petroleum & gas	0.000	0.000	0.001	0.000	0.000	0.000	0.000	0.000	0.000	0.000
10	Food products	0.160	0.160	0.176	0.185	0.189	0.193	0.198	0.202	0.207	0.212
11	Beverages & tobacco	0.013	0.011	0.010	0.010	0.010	0.009	0.009	0.009	0.009	0.009
12	Feeds and organic fertilizers	0.002	0.002	0.002	0.002	0.002	0.002	0.002	0.002	0.002	0.002
13	Fabricated textile products	0.066	0.076	0.073	0.070	0.066	0.062	0.059	0.057	0.055	0.053
14	Wearing and other textile products	0.083	0.086	0.090	0.089	0.087	0.084	0.082	0.079	0.077	0.074
15	Timber and wooden products	0.033	0.037	0.035	0.035	0.034	0.032	0.031	0.029	0.027	0.026
16	Wooden & Metal Furniture, Fittings	0.035	0.031	0.029	0.029	0.029	0.028	0.027	0.026	0.025	0.024
17	Pulp and paper	0.038	0.040	0.040	0.041	0.041	0.041	0.040	0.040	0.040	0.040
18	Publishing and printing	0.084	0.088	0.091	0.094	0.095	0.095	0.095	0.096	0.096	0.097
19	Chemical fertilizer	0.001	0.001	0.000	0.000	0.000	0.000	0.000	0.000	0.000	0.000
20	Inorganic basic chemicals	0.002	0.002	0.002	0.002	0.002	0.002	0.002	0.002	0.002	0.002
21	Petrochemical basic products	0.000	0.000	0.000	0.000	0.000	0.000	0.000	0.000	0.000	0.000
22	Organic chemical products	0.004	0.005	0.006	0.006	0.006	0.006	0.006	0.006	0.006	0.006
23	Synthetic resin	0.003	0.003	0.004	0.004	0.004	0.004	0.004	0.004	0.004	0.004
24	Chemical fibers	0.002	0.002	0.002	0.002	0.002	0.001	0.001	0.001	0.001	0.001
25	Medicaments	0.010	0.011	0.012	0.013	0.014	0.014	0.014	0.014	0.014	0.014
26	Final chemical products	0.030	0.029	0.029	0.029	0.029	0.028	0.028	0.027	0.027	0.027
27	Petroleum refinery products	0.004	0.004	0.003	0.003	0.003	0.003	0.003	0.003	0.003	0.003
28	Coal products	0.000	0.000	0.000	0.000	0.000	0.000	0.000	0.000	0.000	0.000
29	Plastic products	0.064	0.071	0.076	0.078	0.079	0.080	0.080	0.081	0.081	0.083
30	Rubber products	0.021	0.019	0.017	0.016	0.016	0.015	0.014	0.013	0.012	0.012
31	Leather & Fur products	0.009	0.009	0.008	0.007	0.007	0.005	0.004	0.003	0.002	0.001
32	Glass and glass products	0.009	0.009	0.008	0.008	0.008	0.008	0.008	0.007	0.007	0.007
33	Cement and cement products	0.024	0.024	0.023	0.022	0.022	0.022	0.021	0.021	0.020	0.020
34	Pottery, tiles and earthenware	0.013	0.011	0.011	0.011	0.011	0.011	0.011	0.010	0.010	0.010
35	Other ceramic, stone and clay products	0.016	0.016	0.015	0.014	0.014	0.013	0.013	0.012	0.012	0.012
36	Pig iron and crude steel	0.002	0.002	0.002	0.002	0.002	0.002	0.002	0.002	0.002	0.002
37	Steel bar and sheet	0.006	0.006	0.005	0.005	0.005	0.005	0.005	0.005	0.005	0.005
38	Steel castings and forging	0.032	0.032	0.031	0.031	0.031	0.031	0.030	0.030	0.029	0.029
39	Non–ferrous metals refinery products	0.004	0.008	0.009	0.009	0.009	0.009	0.009	0.010	0.010	0.010
40	Processed non–ferrous metal products	0.017	0.018	0.019	0.019	0.018	0.018	0.018	0.017	0.017	0.017
41	Metal products for construction	0.039	0.038	0.037	0.038	0.038	0.038	0.038	0.037	0.037	0.037
42	Heating equipment	0.005	0.004	0.004	0.004	0.004	0.004	0.004	0.004	0.004	0.004
43	Other metal products	0.076	0.073	0.074	0.075	0.075	0.075	0.074	0.073	0.073	0.072
44	General Machineery	0.052	0.053	0.053	0.053	0.053	0.053	0.053	0.053	0.052	0.053
45	Machine Tool & Robot	0.023	0.022	0.022	0.022	0.022	0.022	0.022	0.022	0.022	0.022
46	Special industry machinery	0.050	0.051	0.052	0.052	0.053	0.054	0.054	0.054	0.054	0.054
47	Other general machines and tools	0.033	0.033	0.034	0.034	0.034	0.034	0.034	0.034	0.034	0.034
48	Machinery for office and for vending	0.012	0.010	0.010	0.010	0.010	0.010	0.009	0.009	0.008	0.008
49	Machinery for service	0.009	0.007	0.007	0.007	0.007	0.007	0.007	0.007	0.007	0.007
50	Household electric & electronic equipment	0.035	0.026	0.025	0.025	0.024	0.024	0.023	0.022	0.022	0.021
51	Electronic computing equipment and accessories devices	0.019	0.019	0.017	0.017	0.017	0.016	0.016	0.016	0.015	0.015
52	Communication equipment	0.014	0.013	0.011	0.011	0.011	0.011	0.011	0.011	0.011	0.011
53	Electronic appliances & measuring equipment	0.011	0.012	0.011	0.011	0.011	0.011	0.011	0.011	0.011	0.011
54	Semi–conductor devices and integrated circuits	0.022	0.035	0.040	0.043	0.045	0.048	0.050	0.052	0.055	0.059
55	Electronic Parts	0.048	0.057	0.061	0.063	0.064	0.065	0.066	0.066	0.067	0.067
56	Heavy electrical equipment, Generators, Motors, etc.	0.050	0.043	0.042	0.040	0.039	0.037	0.036	0.035	0.033	0.032
57	Electric illuminator, batteries & other light electric app.	0.034	0.038	0.039	0.039	0.039	0.039	0.038	0.038	0.037	0.036
58	Motor vehicle	0.130	0.115	0.118	0.119	0.115	0.114	0.112	0.111	0.110	0.109
59	Ships and repair of ships	0.011	0.012	0.012	0.012	0.011	0.011	0.011	0.011	0.011	0.011
60	Railway equipment	0.003	0.003	0.003	0.003	0.003	0.003	0.003	0.002	0.002	0.002
61	Air plane & repair	0.004	0.004	0.004	0.004	0.004	0.004	0.004	0.004	0.004	0.004
62	Other transportation equipment	0.005	0.005	0.004	0.005	0.004	0.004	0.004	0.004	0.004	0.004
63	Precision instruments, Medical instrument, etc.	0.027	0.023	0.022	0.022	0.021	0.020	0.019	0.018	0.016	0.015
64	Miscellaneous manufacturing products	0.040	0.046	0.046	0.045	0.044	0.044	0.043	0.043	0.042	0.042
65	Dwelling construction	0.244	0.216	0.186	0.192	0.187	0.176	0.162	0.151	0.142	0.136
66	Other construction	0.140	0.118	0.111	0.112	0.110	0.108	0.105	0.103	0.102	0.100
67	Civil engineering public	0.185	0.177	0.164	0.161	0.157	0.154	0.150	0.147	0.144	0.141
68	Civil engineering private	0.138	0.149	0.155	0.161	0.167	0.172	0.175	0.179	0.184	0.188
69	Electric power	0.016	0.015	0.014	0.015	0.015	0.015	0.015	0.014	0.014	0.014
70	Gas and hot water supply	0.005	0.004	0.004	0.004	0.005	0.005	0.005	0.005	0.005	0.004
71	Water supply	0.012	0.011	0.011	0.011	0.011	0.011	0.011	0.011	0.011	0.011
72	Waste treatment	0.024	0.022	0.020	0.021	0.020	0.020	0.019	0.018	0.017	0.016
73	Trade	1.132	0.962	0.947	0.961	0.965	0.963	0.957	0.944	0.933	0.924
74	Financial and insurance services	0.196	0.187	0.189	0.195	0.198	0.200	0.201	0.197	0.196	0.194
75	Real estate agenciesand rent	0.061	0.060	0.053	0.052	0.049	0.045	0.041	0.038	0.034	0.030
76	House rent	0.042	0.034	0.032	0.033	0.033	0.033	0.033	0.033	0.032	0.032
77	Railway transport	0.031	0.045	0.045	0.046	0.045	0.044	0.043	0.042	0.042	0.041
78	Road transport	0.241	0.195	0.214	0.219	0.221	0.222	0.221	0.221	0.222	0.224
79	Water transport	0.024	0.023	0.021	0.021	0.020	0.020	0.019	0.019	0.019	0.019
80	Air transport	0.006	0.005	0.004	0.004	0.004	0.004	0.003	0.003	0.003	0.003
81	Transportation related service & Storage	0.014	0.012	0.013	0.013	0.012	0.012	0.012	0.012	0.012	0.012
82	Communication	0.056	0.050	0.045	0.046	0.048	0.050	0.051	0.051	0.052	0.052
83	Broadcasting	0.007	0.007	0.007	0.007	0.007	0.007	0.007	0.007	0.007	0.007
84	Public administration	0.203	0.194	0.213	0.222	0.218	0.212	0.206	0.207	0.209	0.211
85	Education	0.274	0.306	0.292	0.302	0.293	0.286	0.278	0.278	0.279	0.279
86	Research Institute	0.082	0.092	0.101	0.105	0.106	0.108	0.109	0.111	0.114	0.118
87	Medical service, health and social security	0.257	0.293	0.352	0.379	0.390	0.399	0.408	0.417	0.427	0.439
88	Social security service	0.065	0.066	0.073	0.078	0.080	0.083	0.085	0.088	0.087	0.087
89	Other public service	0.161	0.164	0.175	0.180	0.181	0.181	0.182	0.182	0.183	0.183
90	Advertising agencies	0.020	0.021	0.022	0.022	0.023	0.023	0.023	0.023	0.023	0.023
91	News & Information service	0.071	0.068	0.066	0.066	0.065	0.064	0.063	0.063	0.064	0.064
92	Renting and leasing	0.021	0.020	0.020	0.021	0.021	0.020	0.020	0.020	0.020	0.020
93	Car & other machinery repair	0.028	0.028	0.025	0.024	0.024	0.022	0.021	0.021	0.020	0.020
94	Business Service	0.299	0.292	0.289	0.294	0.294	0.293	0.290	0.288	0.286	0.285
95	Amusement service, films, theater, sports	0.098	0.155	0.145	0.147	0.143	0.138	0.134	0.128	0.123	0.118
96	Restaurant	0.381	0.369	0.372	0.383	0.388	0.392	0.395	0.398	0.402	0.407
97	Hotel	0.072	0.058	0.069	0.071	0.071	0.070	0.070	0.070	0.070	0.069
98	Personal Service, Washing, Barber, etc.	0.257	0.344	0.353	0.362	0.365	0.364	0.361	0.358	0.355	0.352
99	Office Supply	0.000	0.000	0.000	0.000	0.000	0.000	0.000	0.000	0.000	0.000
100	Not elsewhere Classified	0.000	0.000	0.000	0.000	0.000	0.000	0.000	0.000	0.000	0.000

1) 筆者の長谷川聰哲，今川健は，中央大学経済学部教授，篠井保彦は共栄大学教授，小野充人は㈶国際貿易投資研究所研究主幹である．論文の問い合わせについては，長谷川の以下のアドレスに：E-mail：vinomac@tamacc.chuo-u.ac.jp．著者グループは，㈶国際貿易投資研究所と中央大学 JIDEA 研究会に所属し，1993 年以来共同で，JIDEA モデルの構築にあたってきた．この論文は，中央大学経済研究所の記念シンポジウムのために共同で準備されたものである．著者グループは，分析の枠組みの構築に寄与した王寅初氏に対して深甚なる謝意を表したい．
同じく，D. ナイハス Douglas Nyhus 氏に対しても，関税撤廃に起因する中国に対する日本の輸出拡張のデータの作成に対しても謝意を表するものである．両氏は，JIDEA モデルの version 5.1 への変更を行なう作業においての協力に対しても，その多くの協力的作業に携わって下さったことにさらなる感謝の意を表わしたい．王氏は，中国モデル MUDAN の構築と運用において，国務院開発研究中心の李善同女史とともに中心的な立場にある．ナイハス氏は，INFORUM システムにおける BTM の運用において責任をもっている．

2) Alan V. Deardorff and Robert M. Stern, Computational Analysis of Global Trading Arrangements, the University of Michigan Press, 1990, and Masahiko Tutumi, "Issues of strengthening Japan−China−Korea trilateral economic relations," JCER Discussion paper, JCER, No. 60, 2000 (in Japanese). And, Masahiko Tutumi, "Economic effects of Japanese FTA", in (eds.) Shujiro Urata, Japanese strategy toward FTA, Nihon Keizai Shinbun Co., 2002. Also, Masahiko Tutumi, "Economic effects of Asian regional economic integration and Japanese alternatives", JCER Discussion Paper, No. 74, JCER, 2000.

3) バグワティの市場自由化に関する主張は，次の文献に示されている．Jagdish Bhagwati and Arvind Pnagariya, "Preferential Trading Areas and Multinationalism−Strangers, Friends, or Foes?" in Jagdish Bhagwati and Arvind Pnagariya, (eds.), The Economics of Preferential Trade Agreements, the AEI Press, 1996. Jagdish Bhagwati, Free Trade Today, Princeton University Press, 2002.

4) Clopper Almon 博士が 1967 年に設立した INFORUM（米国メリーランド大学産業連関予測研究所 the Interindustry Forecasting at the University of Maryland）は，研究所の名前であるのと同時に，国際的な学会組織として機能している．http://inforumweb.umd.edu/のホームページには，プログラムの紹介や応用研究の論文など，産業連関分析にかかわる有用な情報が豊富に掲載されている．日本語の照会文献として，クロッパー・アーモン他著『経済モデルの技法』日本評論社，2002 年，長谷川聰哲「動学的マクロ産業連関モデルの国際的リンク」『三田評論』No.1053, 慶應義塾大学，2003 年 1 月号を参照されたい．

5) Douglas Nyhus, Data and Forecasting in BTM, INFORUM, 2003.

6) World Trade Developments in 2002 & Prospects for 2003, WTO, 2003.

7) JIDEA モデルは，㈶国際貿易投資研究所と中央大学 JIDEA 研究会が共同で開発してきた 100 部門の産業をもつ産業連関型動学的マクロ経済モデルの通称である．

8) JTASS (ed.), Zeirom 2003, ㈶日本関税協会，2003,（2003. CD-ROM version for

the integrated database of Effective tariff rate 2003 and the related statistics）．

9 ）JIDEA モデルはクロッパー・アーモンにより開発された G と Interdyme というプログラムを利用して構築された．G と関連プログラムはアーモン博士の次の文献で解説されている．Clopper Almon, Craft of Economic Modelling, IERF, Inc., 1999. 日本語版のクロッパー・アーモン他著『経済モデルの技法』日本評論社，2002 年刊には，日本モデルの応用と BTM システムの説明を含んでいる．JIDEA モデルについての解説と紹介は，著者グループによる『JIDEA モデルの概要』国際貿易投資研究所，1996 年刊，『日本産業連関ダイナミック計量分析モデル』国際貿易投資研究所，2003 年刊を参照されたい．

10）Ministry of Finance, Trade Statistics, (customs clearance base), 2002.

11）Li Shangtong et al., "A Macroeconomic Multisectoral Dynamic Model of China's Economy (MuDan)," Quantitative and Technical Economics, Vol. 12, 1995.

12）中国側パートナーの作業が遅れたため，準備した関税撤廃による中国の輸入拡大の貿易データの利用は，ダグラス・ナイハス氏が行なった次の以前の研究を元にしたデータを利用せざるをえなかった．INFORUM MODEL : Modelling & Applications, Proceedings of the VIIth INFORUM World Conference, China Financial & Economic Publishing House, 2002. ナイハスのデータにおいては，JIDEA モデルの作業のなかで筆者が厳密に計算したような従価税率の計算は行なわれていない．

〔長谷川聰哲，篠井保彦，今川　健，小野充人〕

2. 中国の台頭と日本経済
——その展望とチャレンジ——

はじめに

日本と中国の貿易は2003年前年比30.4%の伸びを記録し，1,324億ドルとなった．1,300億ドル台を突破し，日本にとって中国はいまやアメリカにつぐ貿易相手国となった．日本の輸出のなかでアメリカは24.6%を占めるが，中国はそれに続く12.2%のシェアにまで増大してきた．重要なのは，アメリカへの輸出は2.6%の落ち込みをみるのに対して，中国への輸出は43.6%もの増加をみていて，ますますその重要性が増していることである[1]．

中国は日本にとって重要な貿易相手国となったばかりでなくいまや「世界の工場」と呼ばれ，ことに電気電子機器の分野で世界をリードするほどに，そして日本を脅かすほどに成長した．たとえばDVDの生産を見てみると，中国は世界の54.1%を生産し，それに比べ日本はたった7.7%を生産しているにすぎない．このほかにも，携帯電話は27.8%，PC 29.6%，エアコン43.7%を中国は生産している．これに対して，日本は携帯電話では12.9%，PC 2.3%，エアコンは15.2%しか生産していない．LCD（28.9%）やデジタルカメラ（51.0%）においては，日本はまだ世界最大の生産国であるが，この分野でも中国が日本を凌駕する日はそれほど遠くないとみられている[2]．

こうした分野はいってみればこれまで日本のもっとも得意とするものであった．いとも簡単に中国が日本より優位に立ったことにより，このままでいくとそのうち日本は何も輸出できなくなる．日本の製造業が空洞化し，大変なことになるというのが「中国脅威論」に与する人たちの議論である．

1992年から1997年にかけて中国の工業部門は15.3%という未曾有の実質成長を成し遂げた．工業部門生産高のGDPに占めるシェアはこの間，35.6%から44.3%に膨れあがった．これを詳細にみると，電気産業部門，ことに電子・テレコミュニケーション部門がこの期間急成長した．製造業のなかでこの部門のシェアは1992年にはたかだか8.0%であったものが，2000年には実に15.8%

表 4-2-1　中国 PC 製品の付加価値の構成

部　品	メーカー	国　名	シェア（%）
CPU	Intel	アメリカ	10
マザーボード	GIGA	台　湾	8
ディスプレイ		台　湾	10
ハードディスク	Quantum	アメリカ	6
メモリー	Kingmax	台　湾	5
CD ドライブ	Sansei	韓　国	5
ビデオカード	Creative	シンガポール	5
サウンドカード	Creative	シンガポール	4
LAN ボード	3 Com	アメリカ	1
販売マージン	-	-	10
そ の 他	-	-	36
合　計			100

出所：関志雄（2002）.

とシェアを倍に伸ばしたのである．ここで注意すべきは，2000 年現在中国の工業生産のほぼ 40% が，そして製品輸出の 50% 強が外国企業の貢献となっている事実である[3]．確かに PC の生産はいまや中国は世界の 30% 近くを生産するが，その中身はほとんど外国のものであることを関志雄は示している（表 4-2-1）．ことに情報通信のようなハイテク産業の場合，外国直接投資のシェアが 50% ないし 70% にもなっている．中国のような大国にとって，これは尋常な数値ではない．

この小論では，日本と中国のこれまでの貿易の推移，そして直接投資の推移を詳しく検討し，「中国脅威論」がまことしやかに語られる現在，中国の実力を認めつつも，まだ日本との格差はある事実，そしてそれにあぐらをかくことなく，日本がさらなる競争力をつけ世界を牽引していく必要性があることを貿易，直接投資のデータを整理検討し，実証することにする．結びにかえて，今後の日本と中国の経済関係についても言及する．

2–1 日本と中国の貿易

（1） 日中間貿易の進展

JETROの貿易・投資白書2003によると，日本の中国との貿易は4年連続大きく伸びている．日本から中国への輸出は28.2%伸び，398.7億ドルとなった．これは中国における日本企業の工場での生産の増強，新規工場建設（主に，電子部品，自動車部品，機械工具，鉄鋼など）にともなう資本財，中間財への需要の増大，そして自動車などへの好調な需要の伸びに支えられたものである（図4-2-1と2）．中国向け輸出の相当の割合は香港経由のものである．香港の統計によると，日本から輸入し中国に輸出した額は140億ドルに達するという．香港を経由する輸出を含めると日本の中国への輸出は実に539億ドルになり，ますます日本の対米輸出との差が狭まってきている．

日本は中国への輸出を1991年から2000年まで12.5%の成長率で拡大してきた．1991年において中国は9番目の輸出相手国にすぎなかったが，2001年にはアメリカに次ぐ2番目に重要な国となったのである．ここで注意すべきは，日本の中国からの輸入は，輸出以上に増加率が高く13.9%となっている事実である．日本の総輸入に占める中国のシェアは1991年には4%にすぎなかっ

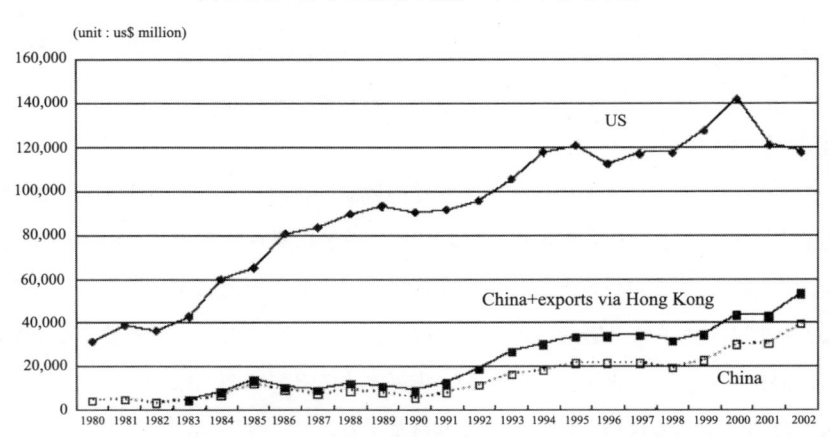

図 4-2-1 日本の輸出の推移：アメリカと中国

Note : China+exports via Hong Kong=Japanese exports to China+exports from Japan destined for China via Hong Kong
Source : Prepared by JETRO from trade statistics.

図 4-2-2 日本の輸入の推移：アメリカと中国

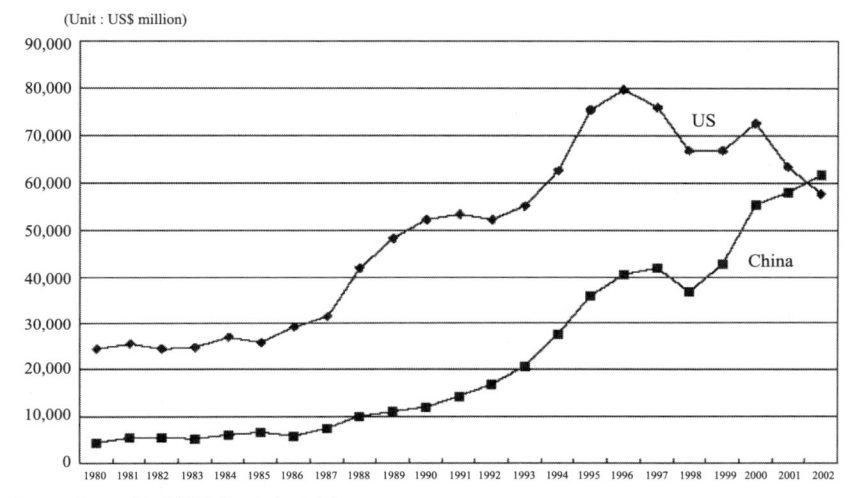

Source : Prepared by JETRO from trade statistics.

たが，2000年になるとほぼ15%にまで大きくなった．その結果，輸入額はこの期間に143億ドルから543億ドルへと4倍に膨れあがった．一方，中国の立場から日本をみると，中国の総輸入の1980年代には30%であったものが，近年20%となった．日本は中国最大の輸入先であり，輸出先としては2番目に大きい．日本にとっては，中国は今のところ少し重要性は落ちるとはいえ，依然大事なことは変わりない．中国特需に支えられて日本の経済は回復してきている．日本にとって中国は重要であるが，それ以上に中国にとって日本は大事ということがこうした統計からうかがうことができる．

（2）中国から日本への輸出の変化

図4-2-3ではSITC一桁分類で日中間の1990年代の貿易状況を示している．日本の中国からの輸入に関していえば1次産品からより高度な製品，製造業製品へと大きく比重を移している．資源産業から，軽工業品へ，そして重工業，ハイテク製品へと移ってきている．製造業製品のシェア（SITC 6-8）が大きく伸びた反面，1次産品が大きく減少したことを図4-2-3は示している．それに加えて，一般機械，輸送機械が5.8%から28.5%へと増大した．反対に，

176 第Ⅱ部 アジア的経済システムを問う

図 4-2-3 日本の中国との貿易：SITC 1 桁

日本から中国への輸出

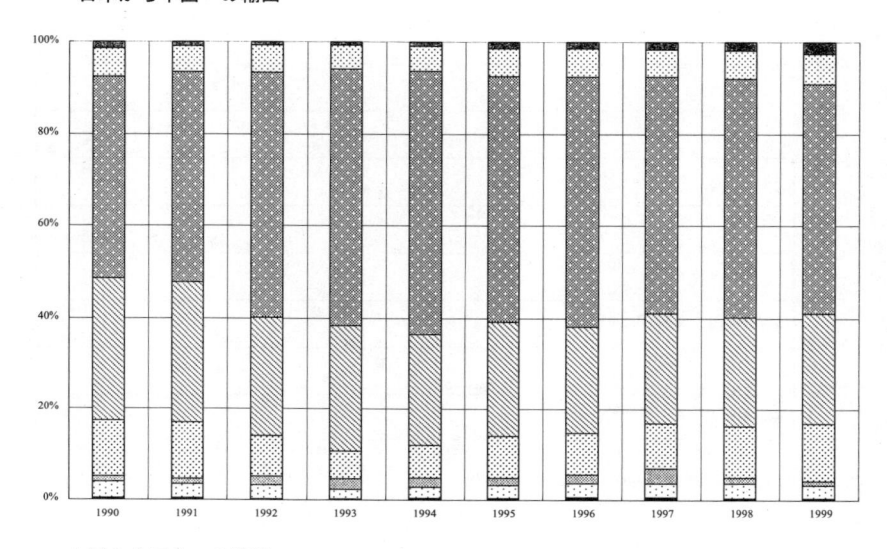

中国から日本への輸出

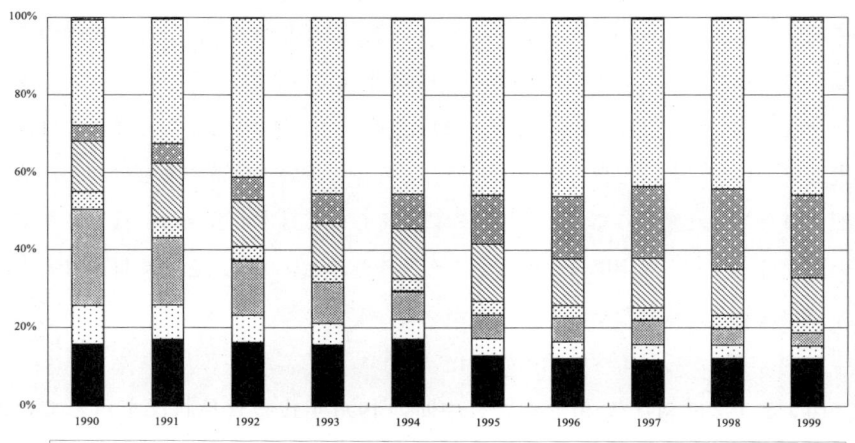

- ■ 0 食料品および動物
- □ 1 飲料およびたばこ
- □ 2 食用に適しない原材料（鉱物性燃料を除く）
- □ 3 鉱物性燃料、潤滑油その他これらに類するもの
- □ 4 動物性または植物性の加工油脂およびろう
- □ 5 化学工業生産品
- □ 6 原料別製品
- □ 7 機械類および輸送用機器類
- □ 8 雑製品
- □ 9 特殊取扱品

出所：OECD（2001）．

1990年代を通して日本の中国への輸出は過半が機械,つまり,一般機械,電子機械,輸送機械,精密工具といったものであった.このグループのなかでのシェアは多少変わったが,機械全体の日本の輸出に占めるシェアは50%あたりを維持してきた(図4-2-3).

（3） 日中の競争力：SITC 6桁分類での分析

OECDの貿易データを使って,次に日中両国の得意とする分野を特定してみる.1999年について貿易額で見て2,581品目のなかから上位30品目を調べてみた.表4-2-2と表4-2-3で示した通り,日本の中国への輸出,日本の中国からの輸入のうちハイテク製品は太文字で示している.またここでのシェアは日本の全輸出（入）のうち中国の占めるシェアを表わしている.中国は間違いなく1990年代においてハイテク製品を輸出する能力をつけた.とはいえ,産業分類を細目でみると中国のハイテク製品での競争力はそれほど高くない.1999年時点で,日本はいまだ中国から軽工業品を輸入している.衣類,履物の多くが上位30品目にあがっており,そのシェアは大きい.

表4-2-3は日本の中国への輸出上位30品目である.表4-2-2との違いがあきらかであろう.日本はより高度なハイテク製品を中国に輸出している.その品目数と種類,そして品質の中国からの輸入製品と異なることは歴然としている.加うるに,日本が世界に輸出しているハイテク製品の中国のシェアはそれほど高くなく,多くの場合10%以下である.貿易品目を細分化すると,このように日本がまだ競争力を維持していることはあきらかである.

2-2　日本の中国への直接投資

中国が「世界の工場」と呼ばれるようになったのは外国投資のおかげといってもよい.2001年には,中国の工業生産の実に30%,そして輸出の50%が中国に進出した外国企業の貢献であった.日本からの直接投資もこうした中国の発展に大きく寄与してきたのである.中国は外国企業に1979年に門戸を開放したが,日本企業が中国に大挙して進出し始めたのは1990年代になってからであった.中国側の統計によると,中国が受け入れた直接投資全体に占める日

表 4-2-2 日本の中国からの輸入上位 30 品目 (1999 年)

SITC		Value (US$ thousands)	Share (%)
8	**Miscellaneous manufactured articles**	19,226,946	40.0
84	Articles of apparel and clothing accessories	11,431,084	69.7
7	**Machinery and transport equipment**	9,176,632	10.8
0	Food and live animals	5,108,604	13.0
6	Manufactured goods classified chiefly by material	4,844,519	16.3
77	**Electrical machinery, apparatus, and appliances, n.e.s.**	3,494,852	13.8
845	Outer garments and other articles, knitted	3,273,916	70.2
89	**Miscellaneous manufactured articles, n.e.s.**	3,168,167	27.5
843	Outer garments, women's, of textile fabrics	2,976,417	74.7
8451	Jerseys, pullovers, twinsets, and cardigans, knitted	2,241,998	73.3
842	Outer garments, men's, of textile fabrics	2,179,576	75.2
76	**Telecommunications and sound recording apparatus**	2,118,710	20.8
03	Fish, crustaceans, mollusks, preparations thereof	2,082,034	14.4
05	Vegetables and fruit	1,867,685	30.1
75	**Office machines and automatic data processing equipment**	1,768,567	8.7
65	Textile yarn, fabrics, made-up articles, related products	1,733,684	37.4
85	Footwear	1,608,698	62.3
851	Footwear	1,608,698	62.3
8510	Footwear	1,608,698	62.3
894	Baby carriages, toys, games, and sporting goods	1,576,256	46.3
846	Undergarments, knitted or crocheted	1,432,823	67.8
2	Crude materials, inedible, except fuels	1,420,404	6.0
3	Mineral fuels, lubricants and related materials	1,375,281	2.8
5	Chemicals and related products, n.e.s.	1,305,919	5.7
8439	Other outer garments of textile fabrics	1,264,471	77.4
8942	Children's toys, indoor games, etc.	1,211,274	73.9
764	**Telecommunications equipment and parts**	1,140,453	17.0
037	Fish, crustaceans and mollusks, prepared or preserved	1,112,399	45.5
83	Travel goods, handbags, and similar containers	1,048,724	39.4
831	Travel goods, handbags, briefcases, purses, sheaths	1,048,724	39.4

出所：OECD (2001).

表 4-2-3　日本の中国への輸出上位 30 品目（1999 年）

SITC		1999 value (US$ thousands)	Share (%)
7	**Machinery and transport equipment**	11,608,941	4.1
6	**Manufactured goods classified chiefly by material**	5,652,295	13.2
77	**Electrical machinery, apparatus, and appliances, n.e.s.**	4,264,708	6.4
5	Chemicals and related products, n.e.s.	2,969,105	9.8
65	Textile yarn, fabrics, made-up articles, related products	2,262,247	34.4
776	**Thermionic, cold, and photo-cathode valves, tubes, and parts**	1,635,791	5.0
74	**General industrial machinery and equipment, and parts**	1,620,970	7.1
67	Iron and steel	1,540,110	11.4
8	**Miscellaneous manufactured articles**	1,531,494	4.1
72	**Machinery specialized for particular industries**	1,527,359	7.8
51	Organic chemicals	1,227,142	12.1
58	Artificial resins, plastic materials, cellulose esters, and ethers	1,104,060	13.0
76	**Telecommunications and sound-recording apparatus**	1,037,443	4.1
772	**Electrical appliances such as switches, relays, fuses, plugs**	1,011,772	9.5
764	**Telecommunications equipment and parts**	974,988	7.3
75	**Office machines and automatic data processing equipment**	952,035	2.9
7764	**Electronic microcircuits**	905,110	4.4
71	**Power-generating machinery and equipment**	867,728	5.3
653	Fabrics, woven, of man-made fibers	862,703	38.3
778	**Electrical machinery and apparatus, n.e.s.**	859,727	5.4
674	Universals, plates and sheets, of iron or steel	844,646	12.5
728	**Machinery and equipment specialized for particular industries**	844,194	8.1
7649	**Parts of apparatus of division 76---**	777,360	10.0
78	**Road vehicles　(including air cushion vehicles)**	751,728	0.9
759	**Parts of and accessories suitable for 751-- or 752-**	748,299	5.0
7284	**Machinery and appliances for specialized particular industries**	746,749	7.9
583	Polymerization and copolymerization products	740,492	16.4
7721	**Electrical appliances such as switches, relays, fuses, plugs**	731,314	9.7
2	Crude materials, inedible, except fuels	623,977	21.5
749	**Nonelectric parts and accessories of machines**	620,057	7.2

出所：OECD (2001).

本の割合は 1997 年に 9.6% であり，2000 年においては若干下がって 7.2% であった．日本は 1996 年と 1997 年には中国にとって最大の直接投資国であったが，1998 年以来，アメリカに続いて 2 番目となっている．

表 4-2-4 は日本の中国における直接投資の 1990 年代をとおしての状況，すなわち拡大期，停滞期，回復期の 3 つのステージを示している．1990 年は 511 億円の製造業投資があったが，1995 年にはそれが 4,319 億円に増えている．この期間に，日本の全世界に対する直接投資の中国のシェアは実に 0.6% から 8.7% に飛躍した．またアジアへの直接投資全体における中国のシェアをみてみると，もっと顕著で，4.9% から 36.2% へと伸びている．あきらかに日本はこの期間に，繊維，機械，電子機械などの日本が競争力を失った産業において，直接投資を中国にシフトしたのである．日本の投資は，アジア中進国やアセアンでの労働コストが上昇するにしたがって，徐々に中国にシフトしていった．日本のアジアへの直接投資のうち 1990 年では 47.5% がアジア中進国に，46.0% はアセアン 4 に向かっていた．こうしたシェアは 1995 年までに，それぞれ 26.5%，33.4% と激減することになった．この減少分が中国に向かったのである．中国はインフラを改善し外国直接投資を呼び込む政策をとった．中国はまた政治的に安定してきたこともあり，大量に外国投資を誘致することに成功した．

次のステージ，すなわち，1995 年から 1999 年の期間に日本の中国への直接投資は 838 億円へと減少した．こうした停滞は日本企業の中国への直接投資が一巡したことと，日本でのバブルがはじけて進出企業の体力が弱まったことがその理由と考えられる．加えて，中国政府が輸出に課税を強化し，資本財輸入に対しての関税軽減措置を廃止したこともこの停滞と関連している．

2000 年以降，日本は急速に中国への進出を拡大してきた．中国が WTO に加盟したこともあって，ことに自動車や電子工業が著しい拡大をみせた．表 4-2-4 が示すように，2000 年には日本の中国への直接投資全体のなかで電気機械部門が約 1/3（10.99 億円のうち 3.57 億円）を占めた．1990 年の直接投資と比較すると，電気機械工業への直接投資は増大し，繊維・医療工業への投資が減

第4章 アジアの地域経済統合と経済成長　181

表 4-2-4 日本の対中国直接投資の推移

	1990	1991	1992	1993	1994	1995	1996	1997	1998	1999	2000
Manufacturing	237	420	838	1,587	1,942	3,368	2,032	1,857	1,027	603	840
Food	13	26	37	77	137	137	207	118	105	29	23
Textiles	31	95	155	268	349	455	212	274	47	31	30
Logging and pulp	2	2	4	48	10	68	44	36	10	4	6
Chemical	17	15	25	110	106	138	98	161	153	100	66
Metal	20	16	38	91	164	347	203	180	94	48	46
Machinery	74	39	65	264	137	463	319	232	114	44	95
Electric machinery	33	167	246	386	516	904	445	518	163	74	357
Transport machinery	2	12	41	98	233	370	280	122	178	104	99
Others	45	48	226	244	289	485	224	216	163	171	119
Non-manufacturing	270	311	467	315	632	851	749	549	313	198	256
Branches	4	56	76	53	109	101	46	32	22	36	3
Total	511	787	1,381	1,954	2,683	4,319	2,828	2,438	1,363	838	1,099
Share in Asia	4.9%	9.7%	16.6%	25.5%	26.6%	36.2%	21.6%	16.3%	16.3%	10.5%	16.8%
Share in the world	0.6%	1.4%	3.1%	4.7%	6.3%	8.7%	5.2%	3.7%	2.6%	1.1%	2.0%

出所：財政金融月報から著者作成．

少したことになる．日本の直接投資は低付加価値から高付加価値工業へと1990年代にシフトしていったのである．

（1）日本の中国投資の目的

日本の直接投資が規模と質とを変遷させていったことを前節でみた．これはとりもなおさず，日本の中国投資の目的が変遷していったことにつながる．中国への進出目的が何であるのかをみるために，東洋経済新報社の『海外進出企業一覧』（CD-ROM版）にある日系企業へのアンケート調査を利用して，探ってみる．このアンケート調査では次の選択肢を用意し複数回答を許している．選択肢は

A＝資源・素材の確保・利用

B＝労働力の確保・利用

C＝現地政府の優遇

D＝海外生産ネットワーク構築

E＝海外流通ネットワーク構築

F＝現地市場の確保

G＝第三国への輸出

H＝日本への逆輸入

I＝取引先や関連企業に随伴

J＝資金調達・運用・為替リスク対策

K＝ロイヤリティ取得，情報収集

L＝国際市場向け商品の開発・企画

M＝新規事業への進出

N＝地域統括機能の強化

O＝通商摩擦対策

P＝その他

中国における日系企業のこうした目的を時系列で並べ替え，1987年以来それらがどう変化したかをみた．表4-2-5では目的E（海外流通ネットワーク構築），目的C（現地政府の優遇），目的J（資金調達・運用・為替リスク対策）が1990

表4-2-5 日本企業の中国進出目的

Objecives	A	B	C	D	E	F	G	H	I	J	K	L	M	N	O	P
1987	2.4	2.4	36.6	29.3	61.0	17.1	19.5	7.3	29.3	9.8	17.1	0	14.6	4.9	0	0
1988	1.6	6.6	37.7	23.0	55.7	11.5	19.7	9.8	24.6	8.2	14.8	0	14.8	3.3	0	0
1989	3.6	8.3	36.9	19.0	52.4	8.3	15.5	19.0	32.1	9.5	20.2	0	19.0	2.4	0	0
1990	10.9	7.0	40.3	17.8	47.3	7.0	11.6	24.0	27.1	8.5	18.6	0	25.6	3.9	0	0
1991	19.8	48.1	14.8	16.0	1.9	47.5	11.1	20.4	1.9	1.9	14.2	4.3	5.6	0.6	1.2	9.3
1992	20.5	46.8	13.7	25.9	7.3	47.3	12.2	26.3	2.9	1.0	13.7	6.8	2.9	0.5	1.0	7.8
1993	21.5	49.6	9.8	35.0	10.2	45.9	12.2	29.7	2.8	1.6	15.0	6.5	5.3	0.4	1.2	6.1
1994	16.8	46.7	8.3	40.2	11.7	53.0	10.8	33.6	4.3	0.9	12.5	5.4	5.4	0.6	0.9	4.0
1995	14.7	44.3	7.2	46.4	11.9	55.0	13.1	36.4	3.8	0.7	11.7	5.3	5.0	0.5	0.3	2.8
1996	14.5	44.9	8.0	52.7	11.6	58.6	13.1	34.4	3.9	0.8	11.3	6.2	4.7	0.3	0.4	2.4
1997	15.5	51.9	9.4	68.9	16.8	75.3	14.4	41.2	5.8	1.1	13.6	8.4	7.2	1.8	0.4	2.1
1998	12.3	40.4	8.5	57.7	15.3	61.4	11.2	31.2	5.1	1.4	12.1	6.9	5.3	1.4	0.2	1.5
1999	11.6	37.5	8.0	58.4	14.6	62.2	10.9	30.5	4.9	1.5	12.8	6.9	6.0	1.5	0.2	1.5
2000	10.4	38.1	6.9	58.5	13.7	62.3	10.7	30.7	4.9	1.3	13.1	6.9	5.6	1.5	0.2	1.7
2001	10.4	37.9	7.0	59.3	14.7	63.6	10.0	29.2	5.1	1.3	13.1	6.9	5.5	1.5	0.2	1.6
2002	9.9	37.2	7.4	59.7	14.8	63.4	10.8	27.4	5.2	1.2	12.4	7.4	5.5	1.8	0.3	1.5

出所：東洋経済新報社「海外進出企業一覧」およびRIEBデータベースを著者が加工作成．

年より以前では大きな理由であったことが示されている．こうした目的はしかしながら，1991年以降はその重要性を減じてきた．そして目的F（現地市場の確保）ならびに目的D（海外生産ネットワーク構築）が大勢を占めるようになった．その後に続き目的B（労働力の確保・利用）と目的H（日本への逆輸入）が並ぶ（表4-2-5）．

これを進出部門別に目的がどう推移したかをみたのが表4-2-6である．分野別に見ても，初期に中国に進出した日本企業の目的は目的E（海外流通ネットワーク構築），目的C（現地政府の優遇），目的J（資金調達・運用・為替リスク対策）の他目的M（新規事業への進出）や目的K（ロイヤリティ取得，情報収集）もあげられている．このように幅広い目的が観察されるのは，この時期において日本企業は中国進出に関してはまだまだ準備段階，実験段階にあったということを意味する．最近では，しかし，日本の進出企業の目的は分野を問わず似通ってきている．現在の主な目的は目的D（海外生産ネットワーク構築），目的F

表4-2-6 日本企業の中国進出目的（部門別）

Industry	Accumulated no.	Objectives before 1990			Objectives in recent years		
		No.1	No.2	No.3	No.1	No.2	No.3
Food	1,200	B	C	H	D	A	F
Textile	2,237	C	H	K	D	B	H
Wood/furniture	111	H	M	−	D	B	H
Pulp/paper	119	K	−	−	F	D	K
Publishing/printing	106	D	P	−	F	D	B
Chemical/medicine	1,469	E	C	N	D	F	B
Petroleum/coal	470	M	N	C	F	D	B
Rubber/skin	172	K	G	−	D	F	H
Pottery	412	M	−	−	F	D	B
Steel	315	D	I	−	D	F	B
Non−ferrous metal	221	E	J	−	F	D	B
Metal	660	D	E	M	E	D	B
Machinery	926	I	M	F	F	D	B
Electric and electronic machinery	2,564	C	E	D	D	F	B
Transport machinery/shipbuilding	278	H	−	−	D	F	H
Automobiles/parts	814	E	F	C	F	D	B
Precision tools	444	E	M	−	F	D	B

出所：東洋経済新報社「海外進出企業一覧」およびRIEBデータベースを著者が加工作成．

(現地市場の確保), と目的B (労働力の確保・利用) が各分野で重要となっている. 食品業だけが目的A (資源・素材の確保・利用) を2番目に重要な進出目的としている. 目的H (日本への逆輸入) が繊維, 木材・家具, ゴム・皮革, 輸送機械部門で重要な目的となっている. こうした違いを除けば, 進出目的は各分野で驚くほど似通ったものになってきた.

おわりに

これまで日中間の経済関係が緊密化してきた実態を貿易と投資の分野でみてきた. 中国経済の急成長が「中国脅威論」を助長している. 中国をどう見るかについては多くのエコノミストがこれまでさまざまな議論を展開してきた. 上記の議論との関連で, その一部を紹介し, 日中経済関係の今後を以下では示してみたい.

関志雄 (2002) は「中国と中国人を混同してはいけない」と警告している. 中国で起こっていることは, 実際, 台湾, 香港, アメリカ, ヨーロッパ, 日本の合弁企業間の, 中国という場所での熾烈な競争なのである. もちろん, 幾分かは中国の現地企業をも巻き込んではいるが, 忘れてはならないのが, 日系企業が中国に進出した外国企業と非常な競争にさらされているという事実である. 中国という舞台を借りて, 世界企業がそこで競争していて, そこに勝ち残るものが今後の世界経済をリードすることになるということでもある. 中国の潜在能力をどう活かすか, 世界のネットワークのなかでどう位置づけるかが重要な問題となる. 決して中国問題は中国だけの問題ではないという認識が重要である.

中国の成長が外国企業の貢献によることから, 渡辺利夫 (2002a, 2002b) は「日本は中国を過度に脅威を感ずる必要はない」と議論する. 日本企業が中国に進出するのはそこに勝算があるからであり, 進出によりその企業がより競争的になるという経済合理的な意志決定がそこにはある. この見方はたとえば関志雄などとも共有するものである. 問題があるとするなら, 市場が解決するものだと考えられると続ける. しかし, 最近の貿易摩擦が示すように, また, 過

度な投資が限定された地域でなされたことによる，多くの製造業分野で過剰供給能力が発生していることからも，何らかの調整が必要かもしれない．過剰供給能力が発生するのは情報が不完全で，市場のシグナルが完全でないこと，そして地方並びに中央政府が干渉することによる．こうした状況下では，こうした市場の不完全を取り除くよう努力すべきであり，それが完全にできないなら，何らかの調整メカニズムを導入すべきであろう．

　関満博は日系企業はそのやり方を見直すべきという．中国の消費者市場のニーズを直視して，中国現地企業の能力を軽くみてはいけない．関光博の「シガレットライター理論」は，100円ライターが大田区あたりで作られていた中級品ライターを市場から駆逐し，残ったものはカルチエなどの高級ライターと100円ライターだけであることから，中途半端なものは生き残れない，徹底的にコストを抑えるか，さもなくば高級品路線でいかないと中国に負けてしまうという主張であるが，これには誇張もあるが，中国において非効率的な日系企業への警告となる．実際は，多くの消費者は贅沢品と廉価品の間の中間的な商品にも興味があるはずである．

　大前研一の議論は，日本の経営手法は根本的に見直す必要があるというもので，まず日系企業は国内での商取引，投資と海外での商取引，投資とをいままでのようにはっきりと区別するというやり方は変えなければいけない．いまや，国境のない世界に生きている訳で，企業の資産やオペレーション本体は世界のどこにあってもいいはずだ．コストがセーブできるなら企業の一部は中国に本拠を置いていっこうにかまわない．たとえば，クレーム，出張旅費，印刷を担当する部局などは本部や生産拠点から離れていてもかまわないはずだ．多くの日系大企業はこうした動きを速めている．

　ここに簡単に紹介した関志雄，渡辺利夫，関満博，大前研一によりなされた議論は，経済効率やマネジメントの観点から新しいやり方を示すものであった．こうした提案にしたがうような実際の動きが新聞報道でつぎつぎと明らかになってきている．たとえば，日本経済新聞によると，パソナが上海に連絡事務所を開設し，毎年50名程度のシステムエンジニアやIT専門家を中国で見つ

け，日本に招聘し，日本の主な電子・電気製造業に派遣しようというものである[4]．

　日本と中国の経済関係はこのように伝統的な貿易投資の関係以上となってきている．日本の企業がこうした変化に適応する必要がある．日本はこれまでフルセット工業化を遂げてきて，それからの脱却に時間を要した．日本の大企業もフルセットと同じような考えで多くの部門を旧財閥グループや電気電子関係企業が持ち競争してきた．これを改め競争力のない部門は徹底的に切り，競争力のある部門をより積極的に展開していかざるをえなくなる．こうした方向への日本企業の変質，技術をもつ企業のみが生き残れるという熾烈な競争が，中国を舞台として展開されている．中国の台頭により一気に世界レベルで競争が激化して窮地に追いやられる企業も出てきてはいるが，貿易や投資の推移を振り返ると，まだ日本の優位は揺るがないわけで，いたずらに「中国脅威論」に振り回される必要はない．

1) 2004年2月18日のJETRO発表．
2) 日本経済新聞，2002年8月13日朝刊．
3) 渡辺利夫（2002 a）．
4) 日本経済新聞2002年9月27日朝刊．

参考文献

阿部茂行（1999）『アジア経済研究』神戸大学経済経営研究所．
財務省　『財政金融月報』各月版．
大前研一（2002 a）『中国シフト』小学館．
────（2002 b）『中国インパクト』講談社．
関満博（2002）「中国脅威論をあなどれない驚くべき証拠」『プレジデント』7月27日号（www.president.co.jp/pre/20020729/02.html）．
東洋経済新報社（2002）『海外進出企業一覧』（CD-ROM版ならびにRIEBデータベース）．
渡辺利夫編（2002 a）『中国の躍進・アジアの応戦』東洋経済新報社．
────（2002 b）「中国経済脅威論を乗り越えよ」『RIM環太平洋ビジネス情報』2 (6)．
Abe, Shigeyuki (2002) "Is 'China Fear' Warranted? Perspectives from Japan's Trade and In-

vestment Relationships with China" Asian Economic Papers, Vol.2, No.2, pp. 106–131.
Holland, Tom (2002) "Asian Economic Outlook : Overview, External Risks, Internal Rewards", Far Eastern Economic Review (August 29) pp. 36–40.
International Monetary Fund (IMF) Direction of Trade（CD-ROM 版，各年版）．
―― International Financial Statistics （CD-ROM 版，各月版）．
Kwan, Chi Hung (2002) "Don't Confuse 'Made in China' with 'Made by China,'" April 4, http : //www.rieti.go.jp/en/china/02042601.html
Organization for Economic Cooperation and Development (OECD) (2001) International Trade by Commodities Statistics, 1990–1999, SITC Rev. 2, CD-ROM.

〔阿部茂行〕

コメント

　長谷川論文，阿部論文とも，長年にわたる確固たる研究の成果の一部を披露されたものであり，個々の主張点はもちろんのこと，問題へのアプローチという大枠についても大いに啓発されるものであった．以上のような両論文の性格から，あまり細かいことにこだわりすぎるよりもむしろ全体をどうとらえるか，どのような点を学ばせていただいたのかを整理し，さらに私のような立場からはどのような補完的考察が可能なのかについてまとめてみたい．

1　政策シミュレーション・モデルの重要性

　まず，長谷川論文の課題となっている政策シミュレーション・モデルについて，議論させていただく．

　現実の経済政策論議のなかで政策シミュレーション・モデルの役割はますます大きくなってきているわけであるが，我々経済学者としてはモデルの性格をしっかりと踏まえた上でその含意を政策決定に生かしていくべきと継続的に主張していく必要がある．そもそも経済理論モデルというものは，現実経済全体を忠実に表現するというわけにはいかない．通常，分析的に用いる際には，分析したい経済の因果関係だけを切り取ってきて議論をすることになる．それに対して，政策シミュレーション・モデルでは，議論したい政策の周りの現実経済をモデルのなかで再現できる形にしておかなければならないため，非常に難しい作業が入ってくる．たとえば，自由貿易協定（FTA）の経済効果の分析を行なう際，小さな1つのセクター，たとえばコメのみを取り上げて部分均衡モデルで分析するのであれば，それほどの困難はない．しかし，政策が多くのセクターにまたがって変更されるということになると，どうしても大きなモデルを構築せざるを得ず，さまざまな困難が生じてくる．

　FTAあるいはWTO交渉の経済効果を分析するものとして現在もっともよく使われている政策シミュレーション・モデルがCGE（computable general equilibrium）モデルである．最近は，メインフレーム・コンピュータではなくパソコ

ンで十分回る程度の便利なモデルとデータセットが整備されており，シミュレーション作業の手間を省くという意味では大きな進展がみられた．しかし，そのモデルの性質を必ずしもよく理解せずに用いているケースも散見される．このモデルは，消費者と生産者が最適化問題に基づいて行動するという点に大きなウェイトを置いており，その代わりに財の代替の弾力性などのパラメーターなどはあまり深く考えずに2.5にしようとか3にしようとか仮り置きして，モデルを計算する，という傾向を有している．それから，基本的に「ワンショット」の静学的なモデルであり，ダイナミックな分析，経済成長が入っているような分析には基本的に向いていない．

　それに対して，長谷川・今川両教授を中心とする中央大学の先生方と国際貿易投資研究所のグループが構築してきたモデルは，CGE モデルよりもはるかに昔から構築が始まっている歴史のあるモデルである．そこでは，いわゆるマクロモデルのエッセンスと産業連関表を組み合わせて分析するという，現実的で堅実なリサーチプランが展開されている．

　そのモデルでは，産業セクターも CGE モデルよりはるかに細かく分けられている．このことは，貿易障壁撤廃効果についてもよりきめ細かい取り扱いができることを意味している．GATT ベースで上限として約束している譲許税率のデータは比較的簡単に手に入るが，長谷川論文のように実行税率（実際に課されている税率）を対象とするのは大変な作業である．しかも，中国等の発展途上国向けには一般特恵関税が適用される場合もあり，極めて煩雑である．また，特に日本の場合に問題となるのが，従価関税ではなく従量関税，さらには数量規制がかかっていることである．これらをきめ細かに処理するのは実に大変な作業となるのだが，しかし，特に日本の貿易障壁撤廃を考える上で大切なものであるといえる．こういった CGE モデルではとても扱えないところをしっかりと分析しようとされている点も高く評価できる．

　また，動学的モデルへと拡張できるのもこのタイプのモデルの強みである．CGE モデルではせいぜい，特定のパラメーターを伸ばしておいてそれに合わせてシミュレートするという程度のことしかできない．その意味でも，長谷

川，今川両教授等の研究は大変重要なものである．

シミュレーション結果を見ると，このヴァージョンでは少々効果が小さいとの印象を受ける．しかし，関税撤廃のみの効果ということであればこのくらいかとも思う．現実に政策論で用いるシミュレーションの場合には，もう少し大きな経済効果が出てほしいといった政策的要請（！）もあっていろいろとモデルを工夫するわけであるが，ここでは正直にシミュレーションをされているということで好感がもてる．

2　中国経済の見方

ここから先は，政策シミュレーション・モデルのようなアプローチでは扱いきれない部分，さらには阿部論文が取り上げている中国脅威論をめぐる考え方に，議論を集中させていきたい．

中国は日本の脅威ではない，中国と日本の貿易パターンは競合的ではなく補完的である，比較優位の論理から双方が利益を得る形になっている，そういった議論が盛んになされている．私も根拠なき被害者意識，悪者探しには大いに反対するものであるが，一方，根拠の薄い慰めというものも避けるべきと考えている．私の見方も上のような主張と大きく食い違うものではないが，もう少ししっかりと詰めて考えておくべき細かい点もあるのではないかと思っている．考え方の違いをやや誇張しながら整理すると，次のような4点にまとめられる．

第1に，比較優位という概念はもとの定義に戻って慎重に用いるべきと考える．国際貿易理論における比較優位とは，仮想的な貿易がない状態で2つの国がそれぞれ2つの財を生産していると考え，どちらの財を生産する方が相対的に有利かによって定義される．そして，貿易を始めれば相対的に有利な財をお互いに輸出するというのが，比較優位の理論である．ここでは，どちらの国も輸出するものがなくなるといったことは起きず，いずれの国も貿易によって厚生が低下するということも起こらない．しかし，そのような結論が得られる前提条件は何であったのかを忘れてはならない．たとえば，いったん直接投資が

あると，国際間で資本が動き，さらに技術や経営ノウハウも移動する．そうなると，労働の豊富な国が労働集約的な財を生産する，比較優位に基づいて貿易パターンが決まってくる，という議論そのものが成り立たなくなる場合も生じてくる．

確かに made in China と made by Chinese とはまったく違う．しかし，立地の優位性の競争というものはやはり存在し，その選択は言ってみれば絶対的な立地の優位性で動いている．日本の企業は儲かるから海外に出て行くわけで，それはそれで問題ない．しかし，もし日本国内に動けない生産要素，労働が存在するとすれば，企業の海外進出がその人たちのために本当によいことかどうかは一応チェックする必要が生じてくる．モノの貿易だけであれば比較優位の議論で十分かも知れないが，直接投資が入ってくると絶対的な立地の優位性がポイントの1つとなってくる．それを脅威と呼ぶか呼ばないかは言葉の問題であるが，中国という強烈な魅力ある立地優位性を有する国が近隣に出現したということ，それに対して日本の立地の優位性はどうなっているのかということは，やはり大変に重要な問題である．

第2に，それではその立地の優位性を決めている中身とは何なのだろうか．ここでは伝統的な賃金レベル，技術レベルあるいは技術のアダプタビリティ，マーケットの大きさ，こういったものは引き続き重要だが，それ以外のさまざまな新しい要素，たとえばフラグメンテーションのための経済環境や集積の存在などの重要性も増している．中国の場合，このような新しい要素のなかでかなり強いところもあることをしっかりと認識する必要がある．日本側は何もしなくても何かが残るだろうというのは，もしかしたら楽観的過ぎるのかも知れない．

第3に，貿易パターンの変化にも気を配る必要がある．中国と日本の間の貿易パターンは確かにまだ一方的貿易あるいは産業間貿易という側面が強いのは事実である．しかし，細かい品目分類まで降りて分析すると，実は産業内貿易が急速に増えていることがわかる．それも，ヨーロッパのような水平的産業内貿易ではなくて，上りと下りで単価が異なる垂直的産業内貿易のシェアが増加

している．これは国際的生産・流通ネットワークの発達と密接に関係している．

第4に，中国における日本のプレゼンスについても，一応数字に基づく理解をしておく必要がある．日本企業が有している技術の重要性，供給する良質の部品の重要性等々は言うまでもない．しかし一方で，中国が受け入れている直接投資ストックのうち日系企業が占めている部分はわずか7，8％にしかならないことも認識しておくべきである．もちろん，全体の70％は台湾系と香港系，その他華人系であり，そのうちのまた多分2，3割は，中国にいる中国人のお金が何らかの形でまた外から入ってくる，そういうタイプの直接投資である．しかし，それにしても，日系企業の直接投資ストックにおけるウェイトは，せいぜい1割程度しかない．したがって，直接的なプレーヤーとしては決してドミナントとは言えない．そういうことも気をつけてみていかなくてはいけない．

3 新しい国際貿易理論から得られる示唆

とくに立地の優位性と近年の貿易パターンの変化については，このところ筆者が研究を進めているフラグメンテーション理論を用いると見えてくるところもあるので，若干紹介したい．

フラグメンテーションとは，産業単位ではなく，より細かい工程レベル（生産ブロックと呼ぶ）での分散立地のことを指す．分散立地は立地の優位性の違いを利用するためであり，たとえば賃金水準の違い，労働環境の違いなどが効いてくる．その点が，ヨーロッパ内，とりわけフランスやドイツなどの間の分業とは異なっている．また，ここで重要になってくるのが分散立地した生産ブロックの間を結ぶサービス・リンクのコストである．輸送費，電気通信費，さまざまなコーディネーション・コストなどがここに含まれてくるが，それらが十分に低下していることがフラグメンテーションのための必要条件となる．かつて中国は，インフラが悪い，投資をしようと思っても政策環境が悪い，などと言われてきたが，そういったコストは急速に低下しつつあり，フラグメン

テーションも容易になってきている．

　さらに，企業間分業の重要性が高まるなか，垂直的企業間取引を容易にする産業集積があちこちにできあがってきている．この点も中国の大きな強みとなってきている．たとえば，頻繁にスペックを相談しなければいけないようなサプライヤーが必要であれば，なるべく近くにいてもらった方がいい．それが産業集積を生む．一方，中国は途上国であるので，全土にわたって一気に政策環境が透明になってきているわけではない．そうではなく，省だとか，町だとか，あるいは工業団地を単位としてだんだんと便利になっていく．あるいは，日系企業が進出すればそこから色々な情報も入ってくるし，あるいは逆に相手側も日系企業をどのように取り扱ったらいいか慣れてくる．そういった逆向きの集積の利益というものも，中国での立地を考える上で大事な問題となってくる．

　もう1つは，上の2つと関係しつつ出てくる内部化，インターナリゼーションの問題である．何を自分の企業でやって何を他の企業にやらせるか，という問題である．さまざまな内部化選択の可能性が提供されている点が，中国の大きな強みとなっている．たとえば，自分のブランド名の製品を委託生産するOEMは大規模に行なわれているし，また半導体関係や携帯電話の組み立てに特化したEMSファームもたくさん存在している．そういった企業間分業をより容易にするためのモジュール化といった技術進歩も一方で進んでいる．それぞれの企業が自分の強み，コア・コンピタンスの部分に資源を集中投下する，こういったことは，東南アジアよりも中国の方がはるかに進んでいる．日系のみならず台湾系，香港系，そして地場系といったさまざまなタイプの潜在的なビジネス・パートナーが存在しているところが中国の強みで，企業が何を自分のなかに内部化するか考える際の選択肢を広く準備するものとなっている．

　東アジア諸国の貿易パターンを見ると，過去10年の間に機械類の輸出入，とりわけ機械部品・中間財の輸出入が爆発的に伸びていることがわかる．中国は大きな国なのでそれらの比率はやや低めに出ているが，急速に国際的生産・流通ネットワークに参加しつつあることを跡づけることができる．また，工程

間分業の増加から垂直的産業内貿易の比率が高まっていることも，貿易データによって確認することができる．

4 日中FTAへの示唆

　こういった垂直的産業内貿易あるいは国際的生産・流通ネットワークといった現象は，残念ながら政策シミュレーション・モデルにはなかなか組み込めないものであるので，政策シミュレーションはしっかりやった上で補足的な作業をする必要がある．

　FTAの文脈で議論する政策モードについても，同じようにスコープを広げた議論が必要となってくる．関税の撤廃はもちろん重要であるが，それを超えた部分の検討も大切である．特に中国の立地の優位性，国際的な生産ネットワークのメカニズムを考えると，フラグメントされた産業ブロックの間のサービス・リンク・コストをどうやって下げるか，あるいはどうやって産業集積をつくっていくか，そういった要素をFTAのなかに入れていくことが求められる．いかに中国国内のビジネス環境を改善する要素をFTAに盛り込んでいくかが，日本にとって特に大事なポイントとなるのではないかと考えている．

〔木村福成〕

リプライ

【長谷川報告のコメントに対するリプライ】

　長谷川報告に続いて，阿部報告の中でFTAの効果については，比較的大きいものと考えていいのではないかとの示唆があった．木村先生のコメントからも，この問題に関して，関税のみの影響について分析した場合には比較的小さな影響しか出ないという評価があった．

　その点に関して，私も納得できる部分もあるが，ただしここでは私の報告を正当化するために，1点を主張しておきたい．実は，この種の政策シミュレー

ションで実現可能なオプションを考えるときに，WTOの色々なレポートを読むと，地球を1つのスパゲティを盛り合わせる皿に例えて，世界中の地域貿易協定（RTA）とは，スパゲティ・ボウルに盛られたスパゲティの一本，一本にあたる協定であり，その大部分がWTOの報告によれば，こういった関税障壁の撤廃だけをあげた協定であるということが報告されている．300近い協定の締結が進展しており，実際にも実現しているわけであるが，大部分はこの種の関税障壁の撤廃だけの協定であるということが報告されている．決して，FTAに何もかも盛り合わせるということをやるべきではない，というのが1つの考え方ではないかと思われる．国内制度のハーモナイゼーション，あるいは労働移動ということまで日中間で期待するのはいかがなものであろうか．しかし，阿部報告と木村コメントの分析，あるいは指摘された内容の中で，企業行動が新しい分業構造を作り上げているという観点は非常に納得のいく考え方である．この点は，筆者も十分に意識している．なかなか難しいことに，筆者グループのような大掛かりなモデルを使う際に，対外直接投資にちょうど見合うようなデータベースを準備することが困難であるということがある．

　それからもう1点付け加えたいのは，なぜこの論文での推計結果が小さめに出てしまうのかという点である．冒頭に，作業のなかで，日本における関税障壁の対中国輸入の実態についての表を作成したことを説明した．日本が中国から買う商品，それと競合するわが国の産業の60％近くは，すでに関税保護が外された裸の状態にあるということである．逆に，関税保護が非常に厚くかかっているのは中国側である．こういった点において，先に経済成長を実現している国のどこをとっても，関税障壁で守られている部分とは限定された分野で，そのうえ非常に浅い．すなわち，先進国の平均関税率2％を割るという状況にある．仮にそれを外したところで，国民経済に対する影響はそれほどないのは至極当然のことではないかと思われる．

〔長谷川聰哲〕

【阿部報告のコメントに対するリプライ】

　木村先生のコメントでは，筆者と長谷川論文は補完的であると言っているが，木村先生のコメント自体も補完的であると思われる．そういう意味ではそれほどコメントに対して答える必要がないのかもしれないが，1, 2点答えておきたい．

　まず，中国における日本のプレゼンスとは，7ないし8%で，それほどたいしたことはないという説明であった．これは全体としてはそうだと思うが，ここで問題としているような電子機器などの分野では，それ以上に大きなプレゼンスをもっているのではないか，それゆえに目立つと考えられる．

　2つ目に，フラグメンテーション等々の概念を展開して，極めて参考になる議論をされ，IIT（産業内貿易）についても確かにそうであると思う．しかし，立地ということに関していえば，企業は経済合理性だけ，また短期の視点だけで立地を考えているだけではない．たとえば松下電器というのは非常に早い段階で中国に進出したが，それは鄧小平氏と松下幸之助氏との個人的な関係によるところが大きい．松下電器が非常に努力をして北京に最初のブラウン管の工場を建てた背景はそこにある．実際にはこのように歴史的偶然というのも大きく作用している．実は，つい最近SARSの問題が起こって，中国の松下電器がその被害にあった．そのときに，北京における生産をやめて，マレーシアに生産を全て移管することを考えていたのだそうである．たまたま間に合って，問題が消滅したので事なきをえた．それを教訓に，おそらくはその以前からだと思われるが，中国はやはり将来において何が起こるかわからないというところがあり，中国に全ての「たまご」を置くということはしない．1つメインの工場を中国に置き，あと1つメインな工場をASEANにも置き，いざというときにはどちらでも動ける体制を整える．企業は現実的で，もう少し広い視野から，生産の決定，投資の決定をしている．

〔阿部茂行〕

第4章まとめ

　日本と中国の経済的相互依存の深化か，それとも摩擦の激化なのか，このシンポジウム「アジアの地域経済統合と経済成長」では，今川健（中央大学経済学部教授）の司会により，長谷川グループと阿部氏の2つの論文が報告され，これらに対する木村氏によるコメントが発表された．

　長谷川聰哲・篠井保彦・今川健・小野充人「日中地域経済統合とアジアの経済成長――日本経済への影響――」の論文をもとに，長谷川のこのシンポジウムにおける発表は，日本・中国自由貿易協定（FTA）の締結が及ぼす日本経済への影響を，マクロ経済と産業別に長期の予測をしたものである．分析は，産業連関分析の用具を使って，これに動学的なマクロ経済モデルを構築するための計量経済学的なアプローチを統合した INFORUM アプローチに基礎を置いている．INFORUM のシステムでは，時系列としてデータをとらえ，それにマクロ経済変数を整備した動学的な枠組みのなかで展開するという手法である．プロジェクトは，日本の国民経済モデルと中国の国民経済モデルの2国をリンクして，より詳細な相互の経済に及ぼす影響について分析することを意図した．

　INFORUM の BTM モデルを用いて，2010年までの25年間に世界貿易はこの推計で約4倍に成長することを予測し，世界貿易におけるシェアの増大は，高い経済成長と，高い貿易成長が起こることを示した．

　この BTM のもとに，一方に日本経済を分析するための JIDEA モデル，そして中国経済を分析するための MUDAN モデルがぶら下がって，国際的にリンクされるかたちになっている．分析は，BTM のデータから，とくに今回のシミュレーションの作業において必要とされる貿易データを中国の部分だけ取り出し，そして中国以外の世界と切り離す作業を加えている．

この分析では，日中は両国間の特恵貿易協定を，双方の貿易にかかる関税障壁を除去することと定義し，その範囲でのシミュレーションを行なう．シミュレーションはこうした脈絡の延長で，今回は日中2国間の関税障壁の撤廃による貿易自由化に焦点を当て，両国の経済にどう影響するのかを予測する作業である．シミュレーションは，JIDEA モデルを利用し，前述のように，長谷川グループは，関税率表を従価税率に一本化する作業を行なった．複雑な『実行関税率表 2003 年度版』の関税率表を，財務省が別に発表している貿易統計とつき合わせる作業を展開した．

　JIDEA モデルの産業分類 100 部門のうち，従価関税率が有税のものは，63 部門中 15 部門となっていて，中国からの輸入に関しては，残りのおよそ 40 部門の産業では無税として輸入されていることが示されている．中国からの輸入額によって除した中国からの輸出商品に課された総関税収入として計算した 2003 年の単純平均関税率は 0.44% であった．65 部門から 100 部門までの非貿易部門は，サービス貿易を加えたマクロの経常収支の観察としても示されている．

　こうして求められた関税率表を，日本の輸出関数，すなわちこれは中国にとっての日本からの輸入に相当する推計に利用された．筆者グループのパートナーモデルは中国の国務院の開発した MUDAN モデルである．JIDEA モデル側としては中国から入ってくる輸入額を計算して，そして関税を外した場合にどれくらい増えるのか，関税を指数化して，それを輸入価格に調整係数として使って，輸入価格の下落値を求めた推計結果が示された．分析において関税撤廃に起因する貿易変化は，外国の製品価格と国内製品価格の相対価格によって推計される．シミュレーションは，本来，日本モデルと中国モデルでそれぞれの産業連関分析に基づいた動学的マクロ計量経済モデルをリンクすることによって，1度限りの貿易変化によって生じた日本経済側への影響についてのみを推計したものである．

　シミュレーションは 2010 年までの予測について 3 種類の推計をしている．JIDEA モデルのような一般均衡分析は，成長産業と衰退産業を別々に描き出

す．関税撤廃は，2003年に行なわれたものとして，シミュレーションが行なわれた．日中間のPTA締結の日本のマクロ経済に生じるネットの影響を多数の経済変数から比較した結果が示された．シミュレーション2（相互に関税を取り外した場合）により，双務的な関税撤廃はベースラインの水準から総産出高を拡大させることになる．中国からの総輸入は拡大するが，雇用のネットの効果は，2010年のベースラインの水準から純増加となる．雇用の減少は，輸入競争産業の方には明らかにマイナスの影響が出る．雇用の変化に対応するように，部門別の総国内産出高でも，一部産業にマイナスとなる．これらマイナスの生じる減退する産業に比べて，2010年の段階でプラスになっている産業のほうが効果としては大きく，ベースラインと比べてシミュレーション2においてネットでプラスに出る．成長の規模が，絶対的な減少の規模よりも大きいことを予測している．特恵的貿易協定に対して，一方で被害を受けるが，他方で便益を受ける産業があり，国民経済全体での便益を酌量すべきことを主張している．

　詳細なシミュレーションのサマリーは，主に中国の関税撤廃によって引き起こされた成長産業のプラスの効果が，日本の関税撤廃によって引き起こされた縮小産業におけるマイナスの効果よりも大きいことを意味し，日本経済は中国とのRTA（地域的貿易取り決め）によって，便益を受けることとなるという結論を導いている．

　続く阿部先生の報告「中国の台頭と日本経済：その展望とチャレンジ」では，中国脅威論がテーマになる．中国は，日本にとっていまやアメリカにつぐ貿易相手国となった．中国への輸出は，ますますその重要性が増している．中国も日本にとって重要な貿易相手国となったばかりでなく，いまや「世界の工場」と呼ばれ，ことに電気電子機器の分野で世界をリードし，日本を脅かすほどに成長した．こうした分野では，中国が日本より優位に立ったことにより，日本の製造業が空洞化し，大変なことになるという「中国脅威論」が台頭していると説明する．

　しかし，2000年中国の工業生産のほぼ40%，そして製品輸出の50%強が外

国企業の貢献である事実から，阿部報告は，中国の実力を認めつつも，まだ日本との格差はあるが，日本が一層競争力をつけ世界を牽引していく必要があることを主張する．

　阿部報告では，まず日本と中国の貿易，日中間貿易の進展を観察する．日本の中国との貿易が4年連続大きく伸びたのは，中国における日本企業の工場での生産の増強，新規工場建設にともなう資本財，中間財への需要の増大，そして自動車などへの好調な需要の伸びに支えられたものである．また，日本は中国最大の輸入先であり，輸出先としては2番目に大きい．日本にとって，現在は中国特需に支えられて日本の経済は回復している点で，中国は重要であるが，それ以上に中国にとり日本の重要性をJETROの「貿易・投資白書2003」の分析から示している．

　次に，日本の中国からの輸入は，一次産品からより高度な製品，製造業製品へと大きく比重を移す反面，1990年代を通して日本の中国への輸出の過半が機械であった．また，日中の競争力をSITC 6桁分類での分析をOECDの貿易データでみると，中国のハイテク製品での競争力はそれほど高くない．1999年時点で，日本は中国から軽工業品のシェアは大きく，貿易品目を細分化すると，日本がまだ競争力を維持していることがわかる．

　貿易についての分析に加えて，日本の中国への直接投資の変化を検討する．中国が「世界の工場」と呼ばれる成功は，外国投資に起因する．2001年には，中国の工業生産の実に30%，そして輸出の50%が中国に進出した外国企業の貢献であった．日本からの直接投資もこうした中国の発展に大きく寄与してきた．中国側の統計によると，日本の直接投資国は，1998年以来，アメリカに続いて2番目となっている．

　中国における日本の直接投資の1990年代以降，拡大期，停滞期，回復期の3つのステージを経験する．1990-1995年の期間に，日本の全世界に対する直接投資のうち中国のシェアは8.7%に飛躍し，日本の投資は，アジア中進国やASEAN（東南アジア諸国連合）での労働コストが上昇するにしたがって，徐々に中国にシフトしていった．中国はインフラを改善し外国直接投資を呼び込む

政策をとった．中国はまた政治的に安定してきたこともあり，大量に外国投資を誘致することに成功した．次の1995－1999年の期間に対中直接投資が停滞したのは，日本企業の中国への直接投資が一巡したことと，日本でのバブルがはじけて進出企業の体力が弱まったことが理由と考えられる．加えて，中国政府が輸出への課税を強化し，資本財輸入に対しての関税軽減措置を廃止したこともこの停滞の要因であったと指摘する．2000年以降，日本は急速に中国への進出を拡大した．その背景として，中国がWTOに加盟したこともあり，ことに自動車や電子工業が著しい拡大を見せたことがある．また，この時期に入って，日本の直接投資は低付加価値から高付加価値工業へと1990年代にシフトしていったことを指摘する．

　こうした日本の対中国投資の目的は，海外流通ネットワーク構築，現地政府の優遇，資金調達・運用・為替リスク対策というかつての特徴から，1991年以降はその重要性を減じ，そして現地市場の確保，および海外生産ネットワーク構築が大勢を占めるようになり，それに続き，労働力の確保・利用と日本への逆輸入が並ぶことを説明している．

　分野別に見ても，最近では，日本の進出企業の目的は分野を問わず似通ってきて，海外生産ネットワーク構築，現地市場の確保及び，労働力の確保・利用が重要だとする．

　日中間の経済関係が緊密化してきた実態を貿易と投資の分野で見て，中国経済の急成長が「中国脅威論」を助長させている．阿部報告は，上記の解釈を，多くのエコノミストがこれまでさまざまな議論の展開から読み解き，日中経済関係の今後を展望する．

　関志雄は「中国と中国人を混同してはいけない」と警告し，中国で起こっていることは，実際，台湾，香港，アメリカ，ヨーロッパ，日本の合弁企業間の，中国という場所での熾烈な競争である．世界企業がそこで競争していて，そこに勝ち残るものが今後の世界経済をリードすることになるという事実でもある．中国の潜在能力をどう活かすか，世界のネットワークのなかでどう位置づけるかが重要な問題となる．決して中国問題は中国だけの問題ではないという

認識が重要であると主張する．

　中国の成長が外国企業の貢献によることから，渡辺利夫は「日本は中国に過度な脅威を感ずる必要はない」と議論する．日本企業が中国に進出するのはそこに勝算があるからで，進出によりその企業がより競争的になるという経済合理的な意思決定がそこにはある．問題は，市場が解決すると考えられると続ける．しかし，最近の貿易摩擦が示すように，また，過度な投資，過剰供給能力が発生するのは，情報が不完全で，市場のシグナルが完全でないこと，そして地方ならびに中央政府が干渉することによるから，こうした市場の不完全を取り除く何らかの調整メカニズムを導入すべきであるとの立場を表明している．

　他方，関光博は，中国の消費者市場のニーズを直視して，中国現地企業の能力を軽くみてはいけない．日系企業はそのやり方を見直すべきという関光博の「シガレットライター理論」は，中途半端なものは生き残れない，徹底的にコストを抑えるか，さもなければ，高級品路線でいかないと中国に負けてしまうという主張であるが，この見解は，誇張もあるが，中国における非効率的な日系企業への警告となる．実際は，多くの消費者は贅沢品と廉価品の間の中間的な商品にも興味があるはずであると言う．

　大前研一は，日本の経営手法は根本的に見直す必要があるというものだが，まず日系企業は国境のない世界に生きている訳で，企業の資産やオペレーション本体は，コストがセーブできるなら企業の一部は中国に本拠を置いて一向に構わない．多くの日系大企業はこうした動きをはやめていると言う．

　以上の論客の議論は，経済効率やマネジメントの観点から新しいやり方を示すものであった．日本と中国の経済関係は，伝統的な貿易・投資の関係以上となってきている．日本の企業はこうした変化に適応する必要がある．日本はこれまでとってきたフルセット工業化のような考えを改め，競争力のある部門をより積極的な変質，技術をもつ企業のみが生き残れるという熾烈な競争が中国を舞台として展開が起っている．以上の観点から，阿部報告は，中国の台頭によりビジネスは一気に世界レベルで競争が激化してきたと認識し，いたずらに「中国脅威論」に振り回される必要はないと結論付けている．

木村先生のコメントにおいて，長谷川論文，阿部論文の両報告に対し，個々の主張点や問題へのアプローチを整理し，どのような補完的考察が可能なのかについてまとめている．

木村コメントのはじめで，政策シミュレーション・モデルの重要性について触れる．経済政策論議のなかで政策シミュレーション・モデルの役割は大きくなっているが，経済学者はモデルの性格を踏まえた上でその含意を政策決定に活かし，継続的に主張していく必要がある．政策シミュレーション・モデルでは，議論したい政策の周りの現実経済をモデルのなかで再現できる形にしておく必要性があるので，たとえば，自由貿易協定（FTA）の経済効果の分析を行なう際，多くのセクターにまたがって影響を受けるので，大きなモデルを構築せざるを得ず，そこに困難が生じてくると指摘する．

その点で，FTAあるいはWTO交渉の経済効果を分析する中央大学と国際貿易投資研究所のグループの構築したモデルは，マクロモデルのエッセンスと産業連関表を組み合わせて分析する現実的で堅実なリサーチプランが展開していると評価する．長谷川論文のように実行税率をきめ細かに処理し，分析しようとする点，また，動学的モデルへと拡張できるのもこのタイプのモデルの特徴であると評価する．他方，シミュレーション結果に対しての評価では，このヴァージョンでは少々効果が小さいとの印象を受けるとしながらも，関税撤廃のみの効果ということであればそれほど大きい変化は期待できないかもしれないと説く．

阿部論文において検討された「中国脅威論」をめぐる考え方に議論を転じ，中国は日本の脅威ではなく，中国と日本の貿易パターンは競合的ではなく補完的である，比較優位の論理から双方が利益を得る形になっていると述べ，木村氏は次のような4点にまとめる．

第1に，比較優位の概念は生産要素の国際移動と国内の動けない生産要素，労働を斟酌すると，絶対的な立地の優位性がポイントの1つとなる．中国という魅力ある立地優位性を有する国が出現したことに対して，日本の立地の優位性は重要な問題である．第2に，その立地の優位性の新しい要素，たとえばフ

ラグメンテーションのための経済環境や集積の存在などの重要性も増している．第3に，貿易パターンの変化，細かい品目分類まで降りて分析すると，産業内貿易が急速に増え，上りと下りで単価が異なる垂直的産業内貿易のシェアが増加している．これは国際的生産・流通ネットワークの発達と密接に関係している．第4に，中国が受け入れている直接投資ストックのうち日系企業が占める部分はわずかで，日系企業は直接的なプレーヤーとしては決してドミナントとは言えないことを指摘する．

　こうした，立地の優位性と近年の貿易パターンの変化は，木村氏のフラグメンテーション理論の研究から説明できることを説く．この理論によると，分散立地とは立地の優位性の違いを利用するためで，たとえば賃金水準の違い，労働環境の違いなどが効いてくる．また，分散立地した生産ブロックの間を結ぶサービス・リンクのコストが，十分に低下していることがフラグメンテーションのための必要条件となる．中国のインフラや政策環境の改善が，そういったコストを急速に低下させ，フラグメンテーションも容易になり，さらに，企業間分業の重要性が高まるなか，垂直的企業間取引を容易にする産業集積があちこちにできあがってきている．この点も中国の大きな強みとなってきているという．

　もう1つは，上の2つと関係する内部化，インターナリゼーションの問題である．何を自分の企業でやって，何を他の企業に委るかという問題である．さまざまな内部化選択の可能性が提供されている点が，中国の大きな強みとなっていると主張する．

　東アジア諸国の貿易パターンを見ると，過去10年の間に機械類の輸出入，とりわけ機械部品・中間財の輸出入が爆発的に伸びているが，中国の急速な国際的生産・流通ネットワークへの参加と垂直的産業内貿易の比率が高まっていることも，貿易データによって確認することができると言うのである．

　こういった垂直的産業内貿易，国際的生産・流通ネットワークといった現象は，政策シミュレーションを正確に行なった上で，補足的な作業をする必要があると主張する．

FTA の文脈で議論する政策モードについても，スコープを広げた議論が必要となる．関税の撤廃を超えた部分の検討，とくに中国の立地の優位性，国際的な生産ネットワークのメカニズムを考えると，フラグメントされた産業ブロックの間のサービス・リンク・コスト削減法，あるいは産業集積の戦略，などの要素を FTA のなかに入れることが求められ，いかに中国国内のビジネス環境を改善する要素を FTA に盛り込んでいくかが，日本にとって特に大事なポイントとなると木村コメントは結ぶ．

リージョナルな市場統合への関心が今日ほど高まっている時代は，過去になかったであろう．アジアの2つの大きな経済が，競争しながらもどのように補完的な調和を見出していくかは，アジアのみならず，世界の市場経済の安定にとって，これほど重要な課題はないといってよいだろう．

リージョナルな通商上の，さらには金融上の枠組が，グローバルなアーキテクチャーとしての WTO のメカニズムに大きな歪みを与えない知恵を，日本と中国が寄せ合うことこそ世界が期待していることなのではないだろうか．

〔長谷川聰哲〕

第 5 章

アジアの経済システムと環境問題

1. アジアの地域環境ガバナンス
—— グリーン課税と資金の再配分機構 ——

はじめに

　本稿は，2004年6月26日開催の40周年記念シンポジウム第3部の論点の方向性と第2部までで展開された主要な論点との関係を明確にしながら，本シンポの総括的な議論を展開する．本シンポでは，アジアという地域のなかで，産業や貿易，そして，政府部門を含めた経済システムが色々な角度あるいは視点から考察された．そこでの，主たる論点はとくに経済システムの機能であった．この経済システムを地域問題と対比させるとき，アジア地域全体をどうガバナンスするかという視点が明確にされなければならない．

　以下では，第3部のテーマが環境問題であるので，経済システムとアジア地域全体のガバナンスとの関係に焦点を当てながら，議論を進めていく．その一つの例として，グリーン課税を取り上げよう．最近の環境問題の特徴は環境の問題が非常に広範囲に広がりを見せていることと，その課題への対応技術が急速に進歩しているということができる．逆にいうと，広がりと大きささらにはこの状況への対応の変化の急激さが環境の研究や政策をより困難にしていると

考えられる．このように環境問題への対策のポイントを絞ってみると，金論文のキーワードの1つに市民運動がなっているというように，地域の問題も確かに国際的にも自発的でしかも機動的な仕組みが構築される必要があるといえる．実際に考えても，個人と企業が政府を経由せずに相互に直接的に結び付けられるグローバルなネットワーク社会では，国際的に問題を解決しなければならない課題が生じたとき，その当事者の利益が国家の枠に収まらなかったり，あるいは当事者間の利害関係が複雑に絡み合って，国家間での交渉による解決では，政府の担当部局が大多数の当事者の利害や関心を交渉結果に反映できずに，効果的な結果が期待できない可能性が大きくなる．関係者が協力して，解決可能なことから解決するというスタイルの手法が経験的にとられることになる．しかし，できることからやっていくという解決方法では，長期的に見て事態が改善されるという見通しは得られず，問題がかえって複雑になったり，この自発的な解決法も最善あるいは次善の事態に辿り着けないという可能性がある．自発的な手法にも，統一的な枠組みが整えられなければならない．具体的にいえば，良いことをしているグループは誉めてあげて，対応が遅れている主体には取り組みを促すような仕組みを作り，そして，その仕組みを効率的に管理運営していく体制の構築が重要になる．本稿において，この仕組みのあり方とその運営方法が具体的に叙述される．

　汚染物質を削減していく一番わかりやすい例として，自動車の排気ガスのクリーン技術を促進する政策を先進国と発展途上国がそれぞれ工夫するモデルがここでは提示される．グリーン税制において，自動車から排出される排気ガスの量によって，自動車には異なる税率が課される[1]．汚染物質の排出において優良と認められた車に与えられた税制での優遇措置の財源は，汚染物資の排出水準で劣ったと判断される自動車から徴収するということになる．このとき，環境問題に関して，課税による所得の再配分が実施されるということができる．このような差別的な課税は，自由貿易の精神に反して，国家間の通商問題に発展する可能性があるが，地球環境の問題からいえば，環境保全のための課税は，地球規模での利益にそうものとして，国際的な承認が得られるであろ

う．グリーン税制に関していえば，2つの国が異なる税率の課税を実施する事態が生じるであろう．これは非常に特殊な仕組みのように感じられるが，現状では，各国の事情に応じて，日本や欧州が異なる税率のグリーン税制あるいは炭素税を導入することになる．以上のような議論は，極論のように感じられるが，各国がグリーン税制あるいは環境税制を導入することは，国際的には，各国の排出主体に環境への取り組みを促すボランタリーなアプローチになっているということができる．

以上の議論は，以下のように要約される．アジアのように多く国によって構成される地域において，環境問題を改善するためには，強制力のある取り決めに基づいて，各国が統一的な行動をすることが望ましいことはいうまでもない．しかしながら，それを利害が対立する国家間での話し合いあるいは交渉における解決に委ねるときには，各国が辛抱と忍耐強い対応を求められることは避けることができない．環境問題の深刻化とそれに対応する環境技術の進歩が著しいことから，国家間の協定によって環境問題が，機動的あるいは適切に処理されると期待することは現実的ではない．実際には，各国が自発的に環境問題に積極的に取り組み，それを国際的に支援する一方，対応の遅れた国には何らかのペナルティをもたらす制度の設計が必要である．この制度設計と適切な運用が地域の環境ガバナンスの主要な問題を構成すると考えられる．

以下では，簡単な2国モデルを用いて，国際的な地域ガバナンスの政策的な意味づけが考察される．本稿における分析手法に関する主な研究成果を紹介しよう．Hoel (1990), (1997) は公共財の自発的な供給理論における国際的環境問題へのアプローチを行なった．Kirchsteiger と Puppe (1994) は所得の再分配の仕組みを有する公共財の自発的供給の理論モデルを提示する．この2つの分析のモデルを統合して，著者は (1999), (2000), (2002) において[2]，国内での環境税制が越境汚染に与える効果を考察した．本稿の分析モデルはこの一連の研究成果に負っており，その主要な帰結は次のように要約される．各国が自主的な独自の判断に基づく環境問題解決の枠組みが提示され，有効な帰結が導かれる方策が論じられる．

1-1 モデル分析

まず初めに，モデルの構造を説明をしよう．1投入物と1産出物の経済が想定される．生産物の価格が p，投入物の価格が1と基準化される．地球環境あるいは隣接する地域において，共通の環境問題に直面する2国経済を考える．国1には n_1 の排出主体，国2には n_2 の排出主体が存在する．国1と国2の代表的な排出主体は x_1 と x_2 の投入財の量を用いて，$y_1=f_1(x_1)$ と $y_2=f_2(x_2)$ の生産関数で示される産出物を生産する．各国の排出主体の生産物は，国内で消費されるだけではなく，他国にも輸出されている．各国は独自の汚染物質削減対策を進めており，生産物の消費段階でグリーン消費税を課す．国1と国2の各排出主体は汚染物質の削減対策を進めており，生産物の消費段階での総量評価で g_1 と g_2 を削減する．地域全体での削減量の総量は $n_1g_1+n_2g_2$ で表わされ，両国の国民はこの削減量からそれぞれ効用の向上を享受する．国1と国2の個人の効用は

$$u_1\ (n_1g_1+n_2g_2\ ,\ x_1) \tag{1}$$

と

$$u_2\ (n_1g_1+n_2g_2\ ,\ x_2) \tag{2}$$

で表現される．地域全体の社会的厚生関数 W は，功利主義的な厚生関数

$$W=n_1u_1\ (n_1g_1+n_2g_2\ ,\ x_1)+n_2u_2\ (n_1g_1+n_2g_2\ ,\ x_2) \tag{3}$$

で表現される．

国1と国2の排出主体は異なる汚染物質削減に関する技術を採用しており，その限界費用は c_1 と c_2 で示される（$c_1>c_2$）．ここで，国1は国2と比較して，削減量の単位あたり費用が高い，高度な環境削減に関する技術を用いていると想定される．各国は，環境技術開発促進のために，独自の補助金の制度を有している．国1と国2はそれぞれ削減量の単位あたり σ_1 と σ_2 の補助金が環境技術を開発したりあるいは採用した生産者に支給する．その財源は，削減量に応じて税率が異なるグリーン税から賄われる．国1の各排出主体が自国の排出主体の削減にともなって負担する税率は t_{11} で，他国の削減にともなって負担する税率は t_{21} で示される．この再配分の方式においては，排出削減を促進

するための助成金の財源は，国内と国外に区別されて，一括固定税の形式で課税される．同様に，国2の各排出主体が自国の排出主体の削減にともなって負担する税率はt_{22}で，他国の削減にともなって負担する税率はt_{12}で表示される．各国の国内において異なる税率が課されるのは，差別的な関税政策が採用されるというのではなく，各国において汚染物質の排出量が異なり，これに対応する消費課税が実施されるためである[3]．国2と比較して，国1の排出主体による削減技術が進んでいれば，2つの国で，国1の排出主体による生産物の税率は国2の排出主体の生産物への課税より低く設定される．2国間の税率の関係は

$t_{11}<t_{12}$, $t_{22}>t_{21}$

を満足する．

汚染物質の排出削減に関する技術が一定であれば，CO_2の削減に関する対策は自動車の燃料消費を減少させる措置につながる．このとき，投入物の数量は排出物の削減努力によって減少すると仮定される．以下では簡単化のために，国1と国2において1単位の汚染物質削減によってもたらされる投入物の節約量の比率がaとbに固定されているとしよう．また，国1と国2における汚染物質を排出する投入物の上限の数量規制が$\overline{x_1}$と$\overline{x_2}$に定められる．投入財の制約条件式は

$$\overline{x_1} + ag_1 \geq x_1 \qquad (4)$$

$$\overline{x_2} + bg_2 \geq x_2 \qquad (5)$$

で表される．この資金の再配分機構の収支均衡条件は

$$n_1\sigma_1 g_1 = n_1(n_1-1)t_{11}g_1 + n_1 n_2 t_{12}g_1 \qquad (6)$$

$$n_2\sigma_2 g_2 = n_2(n_2-1)t_{22}g_2 + n_2 n_1 t_{21}g_2 \qquad (7)$$

で示される．この2つの式は，各国が汚染物質の排出削減のために補助金の資金を国内と国外の排出主体に課すことを意味しているが，課税される主体から見れば，その排出削減の努力とは無関係に一律で課されており，この課税は汚染物質の排出に関して中立的な性質を有している．(6)と(7)は

$$\{\sigma_1 - (n_1-1)t_{11}\} = n_2 t_{12} \qquad (8)$$

$$\{\sigma_2 - (n_2-1)t_{22}\} = n_1 t_{21} \qquad (9)$$

と変形される．国1と国2の排出主体の利潤は，

$$p_1 f_1(x_1) - x_1 - c_1 g_1 + \sigma_1 g_1 - (n_1-1)t_{11}g_1 - n_2 t_{21} g_2 \qquad (10)$$

$$p_2 f_2(x_2) - x_2 - c_2 g_2 + \sigma_2 g_2 - (n_2-1)t_{22}g_2 - n_1 t_{12} g_1 \qquad (11)$$

で表わされ，(4), (5) と (8), (9) を用いれば，国1と国2の排出主体に関する Lagrange 式は，

$$p_1 f_1(x_1) - x_1 - c_1 g_1 + n_2 t_{12} g_1 - n_2 t_{21} g_2 + \lambda(\overline{x_1} + a g_1 - x_1) \qquad (12)$$

$$p_2 f_2(x_2) - x_2 - c_2 g_2 + n_1 t_{21} g_2 - n_1 t_{12} g_1 + \mu(\overline{x_2} + b g_2 - x_2) \qquad (13)$$

で書き表される．

1-2　2国モデルでの分析結果

　(12) と (13) を用いた分析の結果は，2つの国別に整理して記述される．ここで，このモデルの含意を明確にするために，国1は先進国であると想定しよう．(12) を x_1 と g_1 に関して微分して，国1の排出主体に関する最適条件を求めれば，

$$p_1 f_1'(x_1) - 1 = \lambda$$

$$c_1 = n_2 t_{12} + \lambda a$$

が導かれる．上の2式は

$$c_1 = n_2 t_{12} + a(p_1 f_1' - 1) \qquad (14)$$

と書き直される．これは，2つの技術のうちで，先進国は水準が高く，コストが高い環境技術を利用していて，途上国の方は，まだそうではないという仮定が $c_1 > c_2$ で表わされている．国1の各排出主体は (14) 式において，左辺の c_1 と右辺の削減の限界純便益を均衡させるように削減水準を定める．言い換えると，(14) の右辺に存在する，各国の生産技術，人口あるいは税率などが変化すれば，排出主体はその削減水準を変える．説明がより明確になるように，水平軸に各主体の削減量，垂直軸に費用と利得が測られる図 5-1-1 が作成される．制約条件 (4) が等号で成立するとする．x_1 と g_1 の間に線形の関係があることから，(14) の右辺で示される汚染物質の限界純便益曲線 AB は，垂直

軸の切片が $(n_2 t_{12} - a)$ と勾配が $a^2 p_1 f_1'$ で示される右下がりの直線で近似される．

国 1 における削減を進めるには，次のような対策が有効であると考えられる．

① グリーン税制を強化して，汚染物質の排出量が多い生産物への課税を強化するために，2 国への税率 t_{12} を引き上げることは，限界純便益曲線 AB を上方にシフトさせ，国 1 の排出主体の削減水準を増加させる効果が存在する．

② 国 1 の国内における生産技術の革新や生産物の消費に関連する社会システムの改革の結果として，排出削減の投入量削減効果 a が高くなるとしよう．生産に関する条件 $p_1 f_1' - 1 > 0$ が満たされるならば，このとき，限界純便益曲線 AB は上方にシフトして，国 1 の排出主体の削減水準は増加する．

③ 汚染物質の削減対象となる生産物の価格 p_1 が上昇すれば，(14) 式の右辺を増加させて，①②と同様に国 1 における汚染物質削減効果が存在する．製品の価格が上昇すれば，排出主体は削減により真剣に取り組むようになる．その理由として，削減への余裕が生じることや削減を実現することから将来より優位な位置をえることへの意欲が高まることなどが考えられる．

④ 排出主体の生産性 f_1' を高めることも，③は同様な理由で排出主体に排出削減への誘因をもたらす．

次に，国 2 に関する分析を進めよう．以下では，国 2 は削減が十分に進んでいない途上国であると想定される．$g_2 = 0$ が成立するとしよう．x_2 と g_2 に関して微分して，g_2 に関して端点解が得られることに注意して，国 2 の排出主体に関する最適条件を求めれば，

$p_2 f_2'(x_2) - 1 = \mu$

$c_2 \geq n_1 t_{21} + b\mu$

214 第Ⅱ部　アジア的経済システムを問う

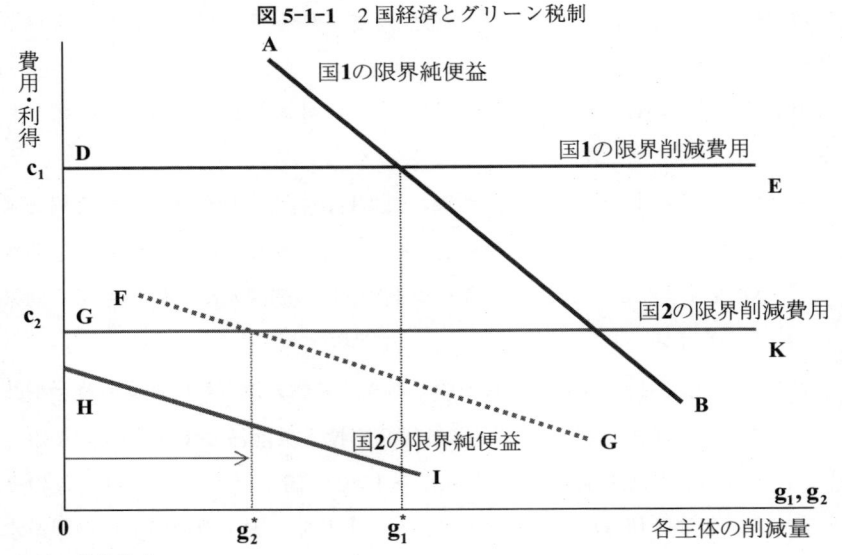

図 5-1-1　2 国経済とグリーン税制

出所：著者作成．

が導出される．この上の 2 つの式をまとめれば，国 2 の排出主体に関する最適条件は

$$c_2 \geq n_1 t_{21} + b(p_2 f_2'(x_2) - 1) \qquad (15)$$

と書きあらわされる．(15) 式が内点解を持つことが国 2 においても，排出削減が進むための条件であり，右辺が大きくなることが望まれる．国 1 に関して上で述べられた類似な性質を有する対策が排出主体の削減努力に有効であると期待される．国 1 と同様な推論が展開されることから，結論だけが列挙される．

⑤　国 1 の排出主体に対する負担率 t_{21} が大きくなる．
⑥　排出削減の投入量削減効果 b が向上する．
⑦　生産物の価格 p_2 が上昇する．
⑧　排出主体の生産性 f_2' が上昇する．

次に 2 国モデルを用いながら，国 1 と国 2 の相互作用の効果を考察しよう．

ここでは，各国は独自の判断で削減を進める課税と補助金が組み合わされた再分配政策を実施すると想定された．しかしながら，各国にこのような自主的な判断をする権限が与えられていても，削減が進んでいる国1の政府と企業は削減が進まない国2の排出主体に対する削減を促進することが出来る手段が残されている．具体的には，⑤から⑧で示される効果を持たらす措置を先進国が実行できるかどうかが検討の課題とされる．⑤の負担率の変更は国2の政府あるいは関係機関の権限で決められることである点からいえば，国2は制御不能であると考えられる．しかしながら，途上国がこのようなグリーン税制を実施しやすい環境整備に先進国が協力することは可能である．たとえば，国2が実施する課税政策に対して国1の排出主体が反対せずに協力の態度をとることは，⑤で示される対策の実施を側面から支援することになるであろう．

このことに加えて，先進国に関していえば，国内で達成される削減量を増やすために，①で示されるように途上国の排出主体には，より大きな負担をしてもらうことも重要な選択肢といえる．次に，⑥と⑧で示される対策に先進国が積極的に対応することも必要である．先進国から途上国への排出削減技術の援助や排出削減を側面からサポートする教育や科学技術知識の提供はここでの対策に有効であると考えられる．⑦の対策として，途上国で生産されるグリーンプロダクトの価格を上げるような先進国での市場の開放政策がその適用例となるであろう．いずれにしても，先進国は途上国の政策と連携しないでも自主的な判断で対策を進めることができる．図5-1-1を用いて説明すれば，先進国は自主的な独自の判断に基づく努力をすれば，途上国の限界純便益曲線HIをFGに上方にシフトさせて，途上国の排出主体による排出削減を促進させることができるといえる．しかも，先進国から途上国への積極的な対応によっても，(14) 式で示される先進国の解であるg_1^*は，維持される．先進国の排出削減が後退するというマイナスの効果は存在しない．ここで，楽観論が展開されたが，(15) 式において，不等式が成立するという事実に注目しなければならない．(15) の不等式の解であらわされる点Hと削減が開始される点Gの間で乖離が生じている場合には，削減が進むためには途上国の限界純便益曲線を大幅

に上方へ動かす対策が講じられなければならない．このような場合には，先進国から途上国の汚染物質の削減主体に汚染削減行動を推進するように働きかけることは容易ではない．とくに，⑤から⑧の対策を単独で実施しても，その実効性が乏しく，いくつかの対策を組み合わせて効果的方策を講じることが重要である．

ま と め

　国1と国2の対策を効果的に組み合わせて実施することが必要である．削減量が正値の一般的な場合においては，2国が排出削減の政策をとることによって，g_1とg_2がともに増加して，地域全体の排出削減量g_1+g_2も大幅に増加する．とくに本稿で強調されることは，次の論点である．国2において，汚染物質の削減が進まない場合（$g_2=0$）において国2の対策を重点的に進めることは国1の対策にはマイナス要因にならず，地域全体の厚生は改善される可能性が高い．

　結論としていえば，途上国が何か環境に良いことをした場合には，先進国が積極的に援助していくという政策が必要であるが，いくつかの政策を効果的に組み合わせないでいることによって，初めて環境問題改善への道筋が見えはじめるケースがあることに先進国の政策担当者は留意すべきである．しかしながら，政策が効果をあらわせば，先進国の環境問題はそういった援助で悪化することはなく，全体として環境が良くなるということになる．各国の政策という観点からは，ボランタリーアプローチに区分される解決方法において，国際的な話し合いといったものは必要としないまでも，政策的な効果が得られる枠組みを作っていかねばならない．言い換えれば，われわれは，各国が自分の独自の判断で，良いことを積極的に推進して，その一方で，アジア地域全体で汚染物質削減を支援する政策の体系を確立しなければならない．そのためには，アジア全体で各国による環境への取り組みを支援するかたちでの資金の流れといったものが，大きくアジアの環境問題を改善するためには必要なのではないかというのが本稿での最終的な結論といえるであろう．

1) 自動車のグリーン化税制において，2004年から2006年度に登録される次の条件を満たす自動車において，翌年の自動車税が約50%安くなる．電気自動車，メタノール自動車，天然ガス自動車，と優良低燃費車かつ2001年度排出ガス基準75%低減国土交通大臣認定車．
2) 著者の（2002）の論文は長谷川智之との共同研究である．
3) 国家間の戦略的な通商政策の基本的な分析手法に関心がある読者にはSpencerとBrander（1982）を参照することをお勧めしたい．

参考文献

Kirchsteiger, G. and C. Puppe, (1994), "On the Possibility of Efficient Private Provision of Public Goods Though Government Subsidies." *Journal of Public Economics* 66, pp. 489–504.

Hoel, H., (1990), "Global Environmental Problems: The Effects of Unilateral Action Taken by One Country." *Journal of Environmental Economics and Management* 20, pp. 55–70.

Hoel, H., (1997), "Coordination of Environmental Policy for Transboundary Pollution in Federal System." *Journal of Environmental Economics and Management* 66, pp. 199–224.

Spencer, B. J. and J. A. Brander, (1982), "International R & D Rivalry and Industrial Strategy." *Review of Economic Studies* 50, pp. 707–722.

Tanaka, H., (1999), "Voluntary Abatement for Transboundary Pollution and International Redistribution Scheme." *CRUGE Discussion Paper* No 4.

田中廣滋（2000）「越境汚染と環境技術促進課税」宇沢弘文・田中廣滋編『地球環境政策』中央大学出版部，1–20頁．

Tanaka, H. and T. Hasegawa, (2002), "Voluntary Abatement for Transboundary Pollution and International Redistribution Scheme (2nd Version)." *The Institute of Economic Research Chuo University.*

〔田中廣滋〕

2. インドシナ半島の生態系と社会開発[1)]

はじめに

　経済研究所創立40周年記念ということで，会場には，筆者の学生の頃にご指導いただいた先生方や交流のあったOBの方々が多数参加されている．皆さんは，私の学生時代のケインズ経済学研究とはずいぶん違った研究をしているということで戸惑われるかもしれない．そういう事情も考慮し，本報告の前半では，これまでの研究活動の経過を紹介し，後半部分でアジアの環境問題を取り上げたい．現在，中国，そしてとくにインドシナ半島を中心とした国々のフィールドワークを重ね，またNGOと一緒に現地での地球環境保全活動に参加している関係で，その経験を紹介し，かつ今後の課題を提起したい．

2-1　深刻化する地球環境問題とアジア

　最初に，地球環境問題を象徴するTV番組を思い出していただきたい．それは，NHK（BS）TVで放送された「地球白書」という番組である．「地球白書」は，レスター・ブラウン（Brown, 1986）が編集した一連の文献に基づくものであり，その番組編集のために，ブラウンが来日されている．レスター・ブラウンは，実は，筆者の留学先であったニュージャージー州立ラトガース大学の先輩にあたる方である．ワールド・ウォッチ研究所の所長をされていて，地球環境問題に対して熱心に主張されている．「地球白書」で紹介された番組映像でもわかるように，地球の大気圏は，地球規模で見ると思った以上に地上から狭く，地球を饅頭にたとえれば，薄皮部分の数ミリにしかならないそうである．そういう大気圏に，産業革命以降，経済活動の拡大につれて化石燃料などの石炭や石油の排気ガス，温室効果化ガスを大量に放出したために気候変動が異常化し，地球生命系が危機に瀕している．それが，とくに21世紀では，アジアの中心的課題になるだろうといわれている．

　中央大学の経済学部は，こうした時代の推移を展望して，今から10年前に

第 5 章　アジアの経済システムと環境問題　219

新しい学科として公共経済学科を設立した．その時，筆者は経済学部の代表の 1 人として当時の文部省と新学科設立を交渉し，当時東京大学の宇沢弘文教授に相談していた．その後，宇沢教授には公共経済学科の公共経済学を担当していただき，さらに地球環境研究ユニット（CRUGE）を設立して共同研究を開始した．ちょうどその時，筆者はアジアの社会資本整備の研究をしていたことから，宇沢教授から「アジア地球環境プロジェクト」の運営を依頼された．その後，毎年アジア諸国を訪問し，現地研究者との意見交換や現地視察を重ねてきた．そのなかで，いくつもの戸惑う問題が出てきた．つまり，伝統的な経済学の手法で，これらアジアの諸問題にはたして対応できるのかどうかという問題である．そういう問題に直面して，近代経済学のあり方を再検討する必要を感じたわけである．

　筆者は，マーシャルやケインズが築いたイギリス・ケムブリッジ学派経済学を研究してきたが，まずそれらを見直す作業から始めた．その過程で「エコロジカル・エコノミクス（生態経済学）」という視点から近代経済学を再構築する必要性に気付き，さらにアジアの持続可能な経済開発と政策提言を追求しているところである．

　これは，NASA の Visible Earth による地球の映像（写真 5-2-1）である．インターネットでもアクセス可能である．会場にアジアの地図を掲げてあるので，それも参照していただきたい．筆者が，現在，フィールド調査しているアジア地域は，中国とインドシナ諸国である．現在では，現地訪問調査とともに地球規模の共同研究で衛星システム GIS や GPS の技術を通じて映像調査を推進することができる．現地の鳥瞰図や中国大地の写真を見れば，従来はアジアの文化の源流であり，緑で被われていた照葉樹林，熱帯雨林の大地であったところが，ほとんどの森林が伐採されてしまい，茶色の地肌が露出していることがわかる．2 年前に日本の地球

写真 5-2-1

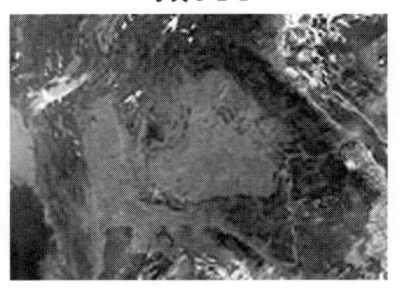

緑化NGOに参加して，現地を訪問したが，中国の大河である黄河では断流が起こり，長江流域では，1998年に大洪水が起こっている．現在，中国の内陸部では「退耕還林」といって農耕地を森に戻す森林再生運動が，農民と行政の間で大きな対立を生み，経済開発の転換期に差し掛かっている．

中国では，「改革開放」以降，一方で急速な経済開発が進んでいるが，他方で公害問題と砂漠化が深刻化し，地域経済に大きな打撃を与えている．中国の内陸部の中心である重慶では，鉄鋼業などの重工業化が進み，公害問題が深刻化し，2万人以上の公害患者がいると言われている．NASAの映像で見ても，ほとんど緑地がなくなっていることがはっきり見て取れる．その南側に山岳地帯が広がっており，中国やインドシナ諸国の大河の源流がある．さらに南側がインドシナ半島である．タイの東部，かつては熱帯雨林に覆われていた地域であるが，現在は，これらの熱帯雨林が伐採され，広大な畑になっており，キャッサバあるいは米作の畑になっている．その成果として，タイの場合には米穀輸出が世界第1位にまでなっているが，しかしその代価も大きいと言われている．つまり，森林伐採により，雨季には洪水が起こり，乾季になると太陽の直射日光が大地に注ぐために地下水が蒸発し，表土に白い物体（塩分）が一面に広がるという問題を抱えている．森林の保水効果を失い，「塩害」が起こっているのである．そのために，タイ政府は森林伐採禁止令を発令しているのである．

タイをさらに南下すると，カンボジアがある．現在では世界遺産に指定されているアンコールワットとして栄えた古都のあるところである．トンレサップ湖は，インドシナ半島の最大の湖である．トンレサップ湖とメコン河とはトンレサップ川で繋がっていて，乾季になると湖からメコン河に流出し湖が小さくなるが，雨季になるとメコン河が増水し，トンレサップ湖へ逆流する結果，湖が拡大する．そのため，トンレサップ湖周辺は生物種多様性の宝庫となっている．メコン河をさらに南下するとメコンデルタが広がり，その中心がベトナムのホーチミン市やカントー市である．ベトナムはインドシナ半島の南側の海岸線をもっており，貿易には有利な立地である．ベトナムはすでに米穀輸出では

世界第 2 位になっている．

　しかし，インドシナ半島の経済発展の代償は深刻である．タイの農村地域の「塩害」だけでなく，主要な輸出品であるエビ養殖のために，沿岸地帯のマングローブ林の伐採が行なわれている．ラオスでは，木材輸出による外貨獲得のために森林が伐採されてきた．カンボジアも同様であり，ポルポト政権下で乱開発が行なわれた．それらの国々の衛星写真を時系列で見ると，魚の骨のような幹線道路ができ，その周囲の緑地が次第に失われ，ラテライトの茶色い大地が広がっていく様子がわかる．ベトナムでは，ベトナム戦争時代に受けた米国の枯葉剤作戦の影響が色濃く残っている．それは，樹木にだけでなく，人身にも大きな被害を与えた．戦争が終わり平和が戻っても，さらに樹木が切り倒され，環境破壊の悪循環に陥っている．

　こうしたアジアの国々の環境問題は，一国の国内問題だけとは限らない．急速な開発のエネルギー源は化石燃料，とくに石炭や石油であるために，硫黄酸化物（SOx），窒素酸化物（NOx）等による越境型酸性雨の問題や，化学物質流出による河川汚染等の越境型公害が深刻化している．そうした問題の解決のために，現地の研究者と共同研究を組織し，持続可能な経済開発のあり方を検討してきた．

2–2　生態経済学の展開

　こうしたアジアの抱えている諸問題を経済学的に分析するために，伝統的な経済学のあり方を再検討してきた．古典派経済学のアダム・スミスの市場経済学と「同感（Sympathy）」の学説（Smith, 1759）やケムブリッジ学派の福祉の経済学，ベブレンの進化的制度学派経済学（Veblen, 1899）などを再検討しながら，産業革命，つまり技術革命と社会革命を通じて次第に経済が発展してきた歴史をたどり，それにともなって公害問題，それから資源枯渇問題が深刻化していることを明らかにしてきた．資源問題では，現在の定量分析では，石油は40 年くらい，石炭は 200 年くらいといわれているが，いずれにせよ，枯渇性資源なので持続可能性が保証されていない．そういう資源の枯渇問題が次第に

深刻化してゆくとともに，さらに捨てる場所（廃棄場）が枯渇してゆくという問題が重なる．それらの問題には，環境問題，特に生物学やエコロジーを研究している人からも経済開発に対する批判を浴びるという，そういう状況にある．

そこで，筆者はいま，ケムブリッジ学派経済学に依拠して，生態学と経済学を融合しようと考えている．「エコロジカル・エコノミクス（生態経済学）」は福岡教授（福岡，1998）の名著が日本で出版されているが，海外ではすでに国際的な学会も組織されている．経済学も生態学も，もともとはギリシャ語の「エコ（Eco）」という言葉に由来する．それは，「住みか」とか，「地球」を指しているが，それが「エコノミクス（Economics）」と「エコロジー（Ecology）」として発展してきたということである．このことは，ケムブリッジ大学のA.マーシャルが，今から100年以上も前に，彼の主著『経済学原理』（Marshall, 1961, 初版1890年）のなかで指摘していた．その際に，マーシャルは「ダーウィンは経済学を学んで生物体系を築いたが，現代の経済学は生物学から学ぶ時が来ている」ということをすでに指摘していた．そして，マーシャルは物理学的方法論とともに生物学的方法論を発展させ，さらに人間福祉を重視するという考え方を持って，人間福祉の経済学の構築に貢献するわけである．

ダーウィンの『種の起源』（Darwin, 1859）を読むと，そこには，これが生物学の書物かと思うほどかなり多くの経済学用語が出てくる．生産とか消費である．マーシャルの著書には，生態学者ヘッケルについての言及もある．ヘッケルは，「エコロジー」という用語を最初に使った学者である．現在は，オダム『生態学の基礎』（Odum, 1971）やベゴン等『生態学』（Begon, 1999）において，生態学体系の発展を知ることができる．これらの文献から生態系システム，エコロジー・システムが，地球の生命系の長期的な進化の歴史として教訓を得ることができる．そういう生態学と現代の経済学がどこで融合するかということを目下模索しているところである．

ここで経済学と生態学は，これまでどこが違ってきたかを簡単に指摘しておきたい．経済学は，生産・分配・消費というかたちで経済循環を分析してきたわけであるが，生態学の場合は，生産・消費・分解という循環過程を分析して

いる．とくに，分解はバクテリアや微生物が色々と活動し，老廃物質を土壌に戻し，ふたたび光合成によって生産に寄与している．これは，地球46億年の歴史のなかで生命が誕生して以来ずっと継続して展開されてきたシステムである．経済は，生産といっても，エネルギーを使って自然要因を加工（消費）しているに過ぎない．生産・分配・消費の市場システムは，生態学から見ると非循環システムと言わざるをえない．それが産業革命以降に発展し，21世紀もこのままこの経済システムを続けていくと，やがては資源の面でも廃棄物の面でも行き詰まると考えざるを得ない．つまり，経済システムは持続可能性がないということである．したがって，どこかで循環型システムに転換するという発想を持たなければならないわけである．

　マーシャルは，そのことを示唆していた．というのも，「生産（プロダクション）」という言葉を定義するときに，マーシャルは「人間は物理的な世界では物質を創造できない」と主張しているからである．これは，エントロピー理論によって明らかにされ，現代では，プリゴジン（Prigogine, 1984）の熱力学において指摘されている．それからマーシャルは，「精神的，道徳的な世界では新しいアイディア，情報や知識，を生み出す」とも指摘している．つまり，人間は新しいアイディアを創造し，その時代時代の環境に対応できるシステムを作る能力を持っている．それを，非道徳的な考え方，ただ利己的な利益追求という最大化原理だけで追求していると，やがては行き詰まると指摘する．

　それからもう1つ，彼の著書を原文で読むと，「コモディティ（Commodity）」と「ディスコモディティ（Discommodity）」という用語が出てくる．コモディティは「商品」と訳されるが，ディスコモディティという用語は辞書に出てこない．それは，直訳すると「非商品」，「負の商品」という意味である．最近のアメリカの文献などでは，「グッズ（Goods＝財）」と「バッズ（Bads＝公害財）」という用語を使い始めたが，ちょうどそれと対応した意味である．マーシャルは，いまから100年以上も昔に，ディスコモディティという概念を作って，生産過程のなかでコモディティ（商品）を生み出すと同時に，ディスコモディティも生み出している．しかも，そこでは産業革命の象徴である蒸気機関車に

よる「煙害」の被害者の問題を取り上げている．また競争経済という古典派の自由競争の論理に対して，マーシャルは，「創造的競争」を行なう場合にはお互いに切磋琢磨して良い成果を生むだろうが，「破壊的競争」，ディストラクティブな競争になると，必ずしも望ましい市場均衡をもたらさないということも述べており，生物界のような適者生存の競争を展開すると「経済的弱者」が生まれるので，それよりは人間福祉を尊重する経済学を形成すべきであるという姿勢をとっている．そして，そこから後継者のピグーが『厚生経済学』を築き，ケインズが『一般理論』によってマクロ経済学を構築し，非自発的失業者のいない社会を築こうと考えた．これがケムブリッジ学派経済学の特徴であったろうと，私は理解している．

それから，マーシャルは生産要因を進化論的にとらえている．生物学から考えられるように，地球の進化過程のなかでは土地と労働とは本源的生産要因であった．土地は，自然環境を指しているので「自然資本」としてとらえることができる．労働は人間の働きで「人的資本」である．土地と労働の働きが進歩し「余剰」が発生すると，資本という派生的生産要因を生み出した．これは人間が編み出した仕組みであり，最初は物財の技術システムから始まり次第に金融システムの発展を促してきた．「資本」という概念をめぐっては，ハーコート (Harcourt, 1972) が明らかにしたように，「ケムブリッジ資本論争」が起こっている．資本概念をどのようにとらえるかという問題は国際学会でも大きな研究課題になっている．さらに，私的資本だけではなくて社会的資本の整備のあり方が市場経済を運営する上で大変重要だという認識も生まれた．また，組織や制度も人間が考案した派生的生産要因である．制度については，信用制度，金融制度，福祉制度，社会保障制度とか，教育制度などの「制度資本」が含まれるが，こういう諸制度を整備して全体的に調和のある市場システムを創らなければならない．開発経済学では，こうした論点をハーシュマンが『経済発展の戦略』(Hirschman, 1958) のなかで指摘していたが，最近では，宇沢弘文教授が『社会的共通資本の経済分析』(Uzawa, 2005) の数理分析で精密に展開している．

エコロジー経済学を構築するときに，基本的には地球全体の循環型システムを考えなければならない．光合成から生産過程が始まり，消費，分解過程を通じて，再び生産に戻る循環型の生態系システムと同じように，経済系システムを再構築しなければならない．従来は，森林伐採，農地拡大を行い，農薬を使い，枯渇性資源を大量に消費して，大量消費型社会を築いてきた．しかし，それは非循環型社会であった．これを循環型社会に組みかえるような，そういう経済制度を設計すべきである．

いま，伝統的な市場経済学の視点に基づいて，アジア的経済システムの市場経済化をうまく運行させ，「至福の状態」をもたらすことができれば，アジア的経済システムを市場経済に移行させるだけでよいはずである．経済開発の結果，環境問題が起こらないのであれば，市場経済システムを拡充するだけでよいはずである．しかし，市場経済化による経済開発に何か問題があるからこそ，新しい経済学の課題が生み出されるはずである．そのうちの大きな課題の1つは，日本でも経験した公害問題である．足尾鉱毒事件であるとか，水俣病，四日市喘息など，具体的な事例には事欠かない．公害問題の特徴は，その原因を化学的あるいは科学的に特定化できるということである．しかも，たとえば水俣病について言えば，人間に対する影響についての問題になっていて，その汚染された自然界についてはあまり大きな議論の対象になっていなかったということである．

ところが，現代の地球環境問題というのは，地球温暖化であるとか，生物種多様性であるとか，砂漠化など，世界の研究機関が取り上げているが，その原因を必ずしも科学的に特定化できない蓋然性の問題が含まれる．そして，多くの場合，人間の活動が原因であるとすると，自分が加害者であると同時に被害者でもあることになる．そこで，将来を見越して「予防原則」に依拠した問題の処理に当たらなければならなくなっている．そういう問題をとらえ，それとどう対峙できるか，そのような場合の経済システムとはどのようなものであるべきか，このようなことを考えざるを得ないだろうということである．21世紀のアジアの経済発展，とりわけ，中国とかインドに見られるように，これか

らアジアにおいて急速に人口が増大していくなかで，将来をどのように展望するかということが重大な問題となる．

また海洋，とくに太平洋では，いまでは「エルニーニョ」とか「ラニーニャ」と呼ばれる気候変動が起こっているが，さらにインド洋では，「ダイポールモード現象」と呼ばれる異常気象が起こって，自然環境に悪影響を与えている．それは，海水温が上昇し，その結果，局地的な暴風雨を引き起こす．アジア・モンスーンによって局地的に大量の雨を降らせ，洪水を引き起こす．他方で，中国でも大地の気候を変え，旱魃地域が増え，砂漠化が広がり始めている．これはまだ科学的に確定されていないが，その原因の1つは人為的なものであると言われている．人為的な経済活動の大規模化，とくに工業化が自然界に悪影響を与えて起こっているのだろうと言われている．

2-3 国際的活動の展開——アジア地球環境プロジェクト

中央大学は，研究開発機構を設立し，宇沢弘文教授が委員長になって「地球環境研究ユニット（CRUGE）」を組織した．私が宇沢弘文教授から与えられた研究課題が「アジア地球環境プロジェクト」であった．「アジア地球環境プロジェクト」は，文部科学省科研費や岩國育英財団からの支援を受けて，次の4つの国際的な活動を実施してきた．

まず第1は，アジアの現地調査と現地での共同研究を通じて理解しあえた研究者を日本に招聘し，「アジア地球環境フォーラム」（Ogata & Uzawa, 2001）を組織し意見交流をすることである．第2は，現地の大学を訪問し，現地の学生と意見交流する現地研修である．筆者はそれを「アジア・インターンシップ」（緒方研究室, 2003）と名づけているが，毎年，中央大学の学生と現地の大学生とが現地研修を経験しながら，何が問題なのかについて意見交流をしている．第3は，国連会議の地球温暖化防止国際会議（COP）に，サイドイベントとして専門家セミナーが組織されているので，各機関のセミナーにも参加し，アジアの経済開発と環境保全の問題，とくに今後の国際環境協力体制の整備という問題を提起している．第4に，世界銀行では，J. スティグリッツが『世界

を不幸にしたグローバリズムの正体』（Stiglitz, 2002）で行なった問題提起や，V. トーマス等の世界銀行グループ編が『経済成長の「質」』（World Bank, 2000）における新しい成長のあり方でも指摘しているように，経済成長の中身が問われている．宇沢教授がワシントンの世界銀行研究所で行なった「社会的共通資本の経済学」の講演をきっかけとして，筆者は，世界銀行の途上国向けの遠隔テレビ会議システムを活用した人材育成プログラムの作成を依頼され，環境保全とキャパシティー・ビルディング（Capacity Building）の普及活動を続けている．後半部分で，それらの活動の具体的な内容を紹介したい．

　まず第1の「アジア地球環境フォーラム」であるが，2000年から開始した．最初のフォーラムでは，「インドシナ半島の生態系と経済開発」と題し，宇沢教授による基調講演，ベトナム，タイ，ラオス，カンボジアの研究者や，環境省，JICAの関係者の報告・質疑応答が行なわれた．インドシナ諸国は国際的な戦争に巻き込まれた地域で，その後ようやく平和期に入って，市場経済化に向けて経済開発が進んでいるが，それが乱開発というかたちで深刻な社会問題を引き起こしている．当初は，開発と環境をテーマにして，現地を訪問して現地の研究者と意見交換をすると，いつも意見が対立していたが，現地の歴史や民族事情を理解し始めると，次第にお互いを理解できるようになった．そうしたなかで，エコロジー研究所の研究員，大学の研究者，政府関係機関の方とか，アジアの環境問題を研究している関係者を日本に招聘し，「アジア地球環境フォーラム」で研究成果を公開してきた．

　2000年のフォーラムを契機に，毎年，同じように現地調査で知遇を得た研究者の研究成果を日本で紹介してきた．2001年「アジアの社会開発と環境協力」，2002年「ベトナムにおける生態系と社会的共通資本」，2003年「ベトナムの生態系と持続可能な開発計画」をそれぞれ開催してきた．具体的に共同研究を組織し，どういう対策を打ったらよいのか，そういうプログラムを作るようになってきた．2004年も第5回目として「ベトナムの経済開発と環境保全ビジネス」を9月に開催する予定である．

　2003年の「アジア地球環境フォーラム2003」のために来日されたハノイ国

写真 5-2-2

民経済大学学長のフォン教授（写真5-2-2）は，工業化戦略プログラムの推進機関の所長であり，現在，日越間の，つまり日本のJICA（大野・川端，2003）とベトナム政府との間で提携して，経済開発の政策の策定を試みている．フォン教授の所属する経済開発研究所は，途上国の工業化だけではなくて，環境保全化でも共同開発のプロジェクトを組織するリーダーシップを担っている．

　第2の活動は，「アジア・インターンシップ」である．中央大学は，経済学部に公共経済学科を設立したときに，日本で最初に「ビジネス・インターンシップ」を設置した．企業や都庁・区役所・市役所等での実地研修を教育科目として単位認定する制度である．総合政策学部では，「国際インターンシップ」を組織し，文部科学省からCOLとして認定された大変優れた教育プログラムを持っている．国際的に大変素晴らしい現地研修プログラムを設け，オーストラリアやスリランカに学生を引率して行き，現地で実地研修を行ない，その現地体験の成果を帰国後，国際インターンシップ報告会において多くの学生や教員の前で報告している．

　筆者の研究室では，2000年から「アジア・インターンシップ」の現地研修プログラムを作成し，夏期休暇期間中にゼミ学生を引率してアジアを訪問している．最初は中央大学と国際交流協定を結んでいるアジアの大学，とくにタイのタマサート大学に依頼して，「開発と社会インフラ」をテーマとした学生間の意見交換の場を作った．現地に1週間ほど滞在して，マングローブ林とエビ養殖地や現地企業の視察を重ね，タマサート大学の教室を借りて，タマサート大学の学生と合同のゼミを行なうというものである．そこでは，日本の安価な回転寿司のエビが現地のマングローブ林の破壊に繋がっていることを認識するとともに，貿易拡大と環境保全というディレンマに直面した．消費者としての

われわれ日本人が生産現場であるアジアの状況を理解しなければならない問題である．

　2001年にはベトナムのハノイ国民経済大学と共同で現地研修プログラムを作った．先ほど紹介したハノイ国民経済大学のフォン教授にお願いして，「開発と環境問題」の合同ゼミの場をハノイ側で作っていただいた．このときに，先進国の一員である中大生が環境を良くしようという話題を提供すると，ベトナムの学生は，環境よりも貧困をなくすために経済開発を優先すべきだと主張し，水と油の議論になった．そうした体験を活かして，2002年には，「環境と社会的共通資本」と題し，宇沢教授が『社会的共通資本の経済分析』（2005）の草稿や岩波新書の『社会的共通資本』（宇沢，2000）において提案されている考え方を提示して，お互いの理解を深めた．その後，2003年には「CDMと社会的共通資本」，2004年には「持続可能な開発と社会的共通資本」というテーマを設け，相互に具体的にどういう政策を提言できるか，どのようなプログラムを作成すればうまくゆくかということで試行錯誤しながら次世代の人材育成に努めている．

　同時に，ベトナム中部のフエ農林大学において農業と農村の開発についての共同研究も行なっている．実際に現地で社会的共通資本を具体化するにはどうしたらよいかということで，フエ農林大学に協力を依頼した．フエ農林大学では，実際に荒れ果てた山野に自然力を戻し再生するために，住民参加型のパイロットプログラムを作成し，中央大学の学生とフエ農林大学の学生と一緒に現地で合同の植林活動を行ない，「日越友好の森」（写真5-2-3）を作っている．ベトナム民族は中国大地の農耕民族の末裔といわれている．漢族に追われ，東に移動したのが倭族といわれ，日本の弥生文化を築き，南に移動したのが越族としてベトナム（越南国）を築いたと言われている．そのような歴史的背景を知ると，持続

写真 5-2-3

可能な開発と環境保全の日越間の宥和にますます力が入るわけである．

　第3の活動は，国連の地球温暖化防止国際会議（COP）に関するものである．この経緯は，周知のように，1992年に「地球サミット」が開催されて，1997年に日本の京都で「京都議定書」が制定され，その後，学会のみならず政府，財界でも世界的な論争の的となっている．とくに，第1約束期間（2008年～2012年）において締約国（先進国）に二酸化炭素などの温室効果ガスの削減を義務づけ，さらにその補助機構として「京都メカニズム」という排出権取引の具体的な制度設計をめぐって議論が高まっている．

　筆者は，2000年から毎年，COP会議と専門家セミナーに参加し，世界の人達が何を求めているのか，どのような方向へ向かうのか，今後の途上国，とりわけアジアの環境保全をどのようにすすめたらよいかを議論している．周知のように，アメリカのブッシュ政権は京都議定書から離脱したが，おそらく今年はロシアが批准すると期待している．EU会議でプーチン大統領が京都議定書を批准する予定だという発言情報を得ている．ロシアが批准すれば，アメリカ抜きでも京都議定書は発効され，二酸化炭素等の温室効果ガス排出量の削減が緊急の課題となる．

　「京都メカニズム」は，排出権取引として市場経済化を取り入れた補助的機構であるが，これは「排出量取引（Emission Trade）」，先進国間で排出削減技術の向上をはかる「共同実施（Joint Implementation）」，そして「クリーン開発メカニズム（Clean Development Mechanism）」からなっている．特に非締約国（途上国）との関係をもっているのは，CDMである．第1約束期間（2008年～2012年）の間に，次の2013年以降の第2約束期間にどのような制度設計をするのかという問題と関係する重要な論点である．今後，非締約国，とくに中国とインドの経済開発と環境保全の両立を可能にする共通の土俵を形成し，そこで議論する枠組みを構築するうえで不可避的な問題なのである．

　第4の活動は，世界銀行のプロジェクトである．ワシントンの世界銀行研究所が途上国向けの教育プログラムを作ろうということで，筆者は「持続可能な開発の経済学」の7回の講義の依頼を受けた．「持続可能な開発の経済学」

（Ogata, 2002）という英文テキストと映像資料（Web-based Training CD-R）を作成し，東京の世界銀行オフィスから遠隔テレビ会議システムを通じてアジア各国に双方向の講義を実施するというものである．この時，直接対象になったのは，ベトナム，タイ，スリランカの3か国の大学院生，若手官僚，経営者たちで，各国約30名前後，全体でおよそ100名の参加者を得た．それ以外にオブザーバー参加として，フィリピン，マレイシア，シンガポールなど国々が，各国の世界銀行支店の会議室に集まり，大型モニターを通してTV講義に耳を傾けてもらうというかたちをとった．1回の講義は2時間（120分）で，前半40分間講義すると20分間の質疑応答のディスカッション，後半も40分間講義し，20分間ディスカッションの時間を取った．講義は，テキストを下敷きに，パワーポイント（PPT）で要旨や映像を流しながら英語で行なった．その際に，各国のファッシリテターとして知遇を得た大学教授が司会者をかね，事前に連絡をとり，Web-based Training CD-Rで予習してもらい，質疑応答の順番を決めた．そしてたとえば，ベトナムからの質疑応答，タイからの質疑応答，スリランカからの質疑応答という具合に，双方向で意見交換をすすめた．そうした経験から得たことは，先進国の既成概念を押し付けてもなかなか受け入れられないということである．つまり，歴史も制度も異なる国々をいかに理解し，現地ではどういうことが問題なのかなど，少しずつ対話を通じて理解しながら助言を進めていかなければならないということを学んだ．

2-4 環境問題の解決に向けて──社会的共通資本の整備

実際にそのような経験を通じて，色々な疑問や問題が明らかとなってきた．その1つは，アジアのなかで，なぜ中国やインドではなく，日本が最初に産業革命を達成でき，経済成長を実現し，先進国の仲間入りができたのかという質問である．筆者は歴史の専門家ではないので，正確には理解していないが，社会資本や教育制度の整備という社会的共通資本の役割が大きかったと思う．そのために，日本の明治維新の事例から，海外資本の流入を避け，自国の金融制度を整備した渋沢栄一の「道徳経済合一主義」の事例や，外国勢力によって植

民的に鉄道建設をさせるのではなく，海外技術を利用しながらもあくまでも自力で鉄道を建設した日本の鉄道発達史，そして日本の教育制度の発達史などを紹介し，理解を得ることができた．

　また，経済学でよく使われる「逆U字型クズネッツ曲線」についての誤解も明らかになった．途上国は，現在，急速な市場経済化，経済開発をすすめ経済活動水準が増大しているが，同時に公害問題も深刻化している．したがって，現在の途上国の位置は，クズネッツ曲線の上昇局面にあるが，彼等がこのまま経済開発をすすめてゆけば，やがては先進国のように経済成長のお陰で公害問題を改善できると考えている．開発を進めれば環境がよくなるという「経済開発第一主義」の考え方である．そのために，海外からの投資資金が流入すれば，経済は進歩すると理解している．しかし，タイのバーツ危機を契機にアジア通貨危機を経験したわけであるから，社会的共通資本としての自国の金融制度やアジア共通通貨制度等の整備や人材育成をすすめ，クズネッツ曲線自体を下方にシフトさせる努力が必要である．

　しかし，現在ではこうした経験だけでは問題解決にはならない．特に，地球温暖化という問題は，逆U字型クズネッツ曲線ではなく，単調増加曲線になっているので，市場経済化に基づいて経済開発を進めれば解決するという問題ではない．グローバリゼーションと呼ばれるように，世界中で急速に市場経済化が進み，工業化が進むにつれて，エネルギー源である石炭や石油を大量に使用するので，急速に二酸化炭素（CO_2）が排出される．したがって，21世紀の経済開発のあり方が問われている．そのためには，地球温暖化を防止し，「コモンズ」としての地球のエコシステムを守るために，国際環境協力政策を策定しなくてはならない．

　1997年に制定された「京都議定書」(Grubb, 1999)は，前述のように締約国（先進国）が温室効果ガス排出量を抑制することが前提であるが，それはなかなか厳しい条件であるので，それを必ずしも守ることができない．そこで，その場合に「京都メカニズム」という市場経済の活用の余地を残している．特に締約国（先進国）間の排出量取引だけでなく，排出量を抑制する技術の開発や，

非締約国（途上国）との間の「クリーン開発メカニズム（CDM）」の活用のあり方が，今後の地球環境問題を地球レベルで考える土俵を形成する．また，途上国と環境保全プログラムを協調してすすめることも視野に入れた議論が不可欠である．

　現状では，非締約国（途上国）は排出量の抑制義務を負っていないので，現状のままで経済開発を推進してゆけば，二酸化炭素（CO_2）を大量に排出することになり，地球温暖化をますます悪化させる．地球温暖化防止策としては，温暖化ガス排出量を抑制することが基本であるが，炭素税や環境税という課税制度を設けて価格機構を通じて二酸化炭素排出を抑制することと，二酸化炭素を吸収する新技術の開発や二酸化炭素を吸収する生態系の利用がある．新技術の開発は，技術的にも資金的にもかなり大規模なものになるので，途上国ではなかなか実現できないが，生態系の利用は実現可能性がある．

　これまで，途上国は社会的共通資本が整備されていないために，森林などを伐採し，市場経済を通じて外貨を獲得する手段としてきた．しかも自然資源は与えられたものとして伐採後はそのままに放置される傾向にあった．そのために，熱帯雨林が減少し，砂漠化や洪水を招いている．途上国に伐採後に植林する森林管理制度を作り，森林を再生して二酸化炭素（CO_2）を吸収する仕組みと人材を育成しながら，農業と農村の社会開発に寄与することが重要な課題である．そうした途上国に技術と資金を援助し，クリーン開発として排出量取引を取り込むことができれば，CDM が途上国に評価されると考えられる．

　筆者は，そうした考え方を具体化するために，ベトナムの首都にあるハノイ国民経済大学，中部都市で古都（世界遺産）にあるフエ農林大学，南部メコンデルタ流域のカントー大学と，クリーン開発・持続可能な開発の共同研究を行なっている．そして，「アジア地球環境プロジェクト」を具体化するために，植林予定地や環境ビジネス用地等として上記 3 大学から合計 2,000 ha の土地使用権を譲渡されている．ベトナムは社会主義国家であるから，土地の所有権は国家にあるが，使用権は市場経済化され譲渡も可能である．現地大学との共同研究をすすめ，それらの土地を有効に活用して，現地農民が参加できる開発プ

写真 5-2-4

ログラムの策定，社会インフラの整備，それから畜産農家でのバイオガス技術の開発と普及を進めている．

とくに，経済開発にともって各農家は家畜の飼育を増やしているが，家畜は動物であるから，餌を食べた後は必ず糞尿をする．その糞尿はそのまま下水に捨てられ，河川の汚染に繋がっている．しかし実は，そうした廃棄物が経済的に有効な資源であり，再生可能な資源だという考え方を広める必要がある．そこで，特定農家の家畜小屋に地下貯水槽を取り付け，糞尿を溜め込んでメタンガスを発生させ，それを収集して家庭用燃料に活用してもらう．この写真（写真5-2-4）は中部地域の農家のものであるが，簡単な設備でも家庭の燃料や冷暖房用に十分なエネルギーを確保することができる．今後，急速に農業開発が進んでゆけば，各地域での余分な廃棄資源を集め，バイオガスシステムを通じて循環型エネルギーを共同管理することもできる．また，地下貯水槽の発酵が終わった糞尿は，その後，畑の有機肥料になるので，石油に依存した化学肥料を使う必要がない．その結果，河川が汚染されるとか，生水が飲めないという途上国の悩みを解決する糸口を見出すだけでなく，再生可能エネルギーを使用することによって地球温暖化防止にも寄与することになる．

そういったCDMプロジェクトのパイロットモデルを組織するために，ベトナムの3大学と共同研究を進め，ベトナムの南部地区カントーから中部フエ，そして北部ハノイまで，全地域に行き渡る環境保全プランを作っている．現地の歴史や立地条件にあわせて，循環型エネルギーの使用，生態系保全，環境保全林による排出量取引，それから，ベトナムは風光明媚な地域と歴史遺産や自然遺産として世界遺産に認定されている地域が多数あるので，インタプレター（歴史文化や生態系の専門家）を育成し，インフラを整備しながら，自然公園や果樹園を整備してエコツーリズムを展開しようと考えている．市場経済を拡大

するだけでなく，市場経済と両立するために社会的共通資本を整備しながら，持続可能な開発を進めるように，ベトナムの大学で言葉の障害を克服するために，映像や PPT を活用しながら講義している．またこれらの「夢」を実現するために，アジアの学生と環境ビジネスのあり方の意見交換をしている．

　前述の「京都議定書」の CDM をもう少し説明しよう．途上国との CDM は，具体的には，日本から投資資金や技術を提供して，途上国に温室効果ガス排出量を削減するプロジェクトを立ち上げる．その結果，途上国が「現状のまま（business as usual）」であれば排出するであろう排出量（ベースライン）と CDM 投資によって排出を削減した量とを比較し，その成果を認証機関が認定する．したがって，日本企業がどうしても排出削減量の目標を達成できない場合には，途上国 CDM での認証排出量を移転して対応することができる．環境保全のために，現在，一般的に環境税が話題になっている．環境税には長所と短所がある．税額を負担できる経営戦略がとれれば排出しても構わない余地を残し，また税の安価な外国に工場を移転させ産業空洞化をもたらすという課税制度の弱点をもっている．その意味で CDM は環境税と並用できる対策になる．さらに，CDM は途上国の二酸化炭素削減にも繋がるというメリットを持っているからである．

　しかし現在，排出権取引は温暖化ガスの削減にはならないのではないかとか，ロシアとウクライナから排出量を購入することが「ホットエア」になり，排出権取引の市場価格を押し下げるということで反対意見も出されている．というのは，二酸化炭素排出量の削減努力なしに，経済の停滞・エネルギー使用量減少によって発生した排出量の余剰を販売するからである．もともと，国連 COP 会議の課題は，二酸化炭素等の温暖化ガスを抑制して，温暖化に向けた対策の共通の枠組みを作ることでしたが，各国の政治と経済の利害がかかわっているので，抜け道とはならないような細則を作成する議論が重ねられている．

　アジアの農村開発は，農業の発展と農村に森林を復活させ，豊かな生態系システムを復活させることが主要な問題である．農業を近代化し，単に機械化し

ても問題の解決にはならない．レスター・ブラウンやヴァンダナ・シヴァ（Shiva, 1991）が指摘しているインド・パンジャブ地方の「緑の革命」の失敗の事例のように，「緑の革命」を通じて近代科学を活用した農業革命は農村を豊かにしようとすると，かえって貧しくさせたというケースがあるからである．先進国で開発された技術は，途上国に同様の効果をもつものでは必ずしもないのである．

　森林保全には生態系と経済系の「共生」を考慮している．環境植林というのは，植林をした樹木をおよそ50年間伐採せずに，洪水の防止や生態系の保全のために確保し，「自然のダム」としての保水や肥沃度の高い水源の確保を目的とするものである．そして，お互いに対立する少数民族等が，森林を「コモンズ」として共有する英知を涵養し，その成果をお互いに公平に分配するというものである．また経済植林では，農村の土地活用として，現在は世界的に木材や紙の原料であるパルプが不足しているので，再植林を実施しないような森林伐採を禁止し，循環型の資源林としての樹木を植え，それを経済的に有効活用する．そのために，エコロジー型の農村開発として，社会的共通資本としてのコモンズを作ることを現地大学の生態系の研究者や現地の農民代表が一体となってプログラムを作成し，いわば「コモンズ運営委員会」を組織し，定期的に集会室に集まり勉強会を開く．

　インドシナ諸国は戦争で荒廃し，ベトナムでは米国軍の枯葉剤散布によって現在でも枯れた木立が残っている．雑草は生えてきているが，ベトナム戦争終結後およそ30年になってもまだ樹木は生えていない．このまま放置しておくと100年は生えないだろうと言われている．現地大学の地域支援活動に協力し，またこうした地域を国際的な人道支援体制を組織し援助することによって，現地の被害者が経済的に自立できる条件を整備していこうと思う．

　また現地視察の折に，現地農村の村長は，現地大学の農村開発プロジェクトとして造成された森林によって「自然のダム」ができ，おかげで乾季にも池の水がもどり，川も流れるようになったと評価していた．アジアは，一般的に季節が雨季と乾季である．雨季には最近では洪水を起こすほど雨量が増えている

ようであるが，乾季には晴天が続き，池や川が枯渇する．したがって，こうした「コモンズ」としての森林を作ることによって，森林の保水効果が高まり，森から清水が湧き出すわけである．地方の農村には水道もないわけであるから，そういういわば自然生態系を活用することを通じて，社会的共通資本を普及させるプログラムを検討している．そういう状況を各地の農村に普及させていかなければならないと考えている．

ところが，現地農村の村長から次のような問題を知らされた．最近，村の所有地のうちの200ヘクタールに日本のODAの資金で植林をすることになったそうである．ところが，村長は日本の援助で植林されるということで，植林の相談があると期待したのであるが，現地農村ではなく都会の専門植林業者に委託し，現地の村人は1人も雇ってもらえなかった．さらに後に知らされたのは，植林した土地が立入り禁止にされたということである．この種の植林は，農村には何の恩恵も無く，かえって村の活動が制限され，土地の有効活用ができなくなったと訴えている．したがって，筆者は，R.チェンバースが『参加型開発と国際協力』(Chambers, 1997)で指摘しているように，農民参加型の農村開発活動を推進する仕組みを検討すべきだと考えている．

最後に農家が飼っている，豚，牛，ニワトリ，アヒルなどの家畜であるが，排泄物が悩みの種である．通常はそのまま下水に排出している．先ほど紹介したように，小さな農家でも貯水槽を作って，そこにその排泄物を貯めてバイオガスを生み出すことができる．現地の調査では，その工事費に日本円でおよそ1〜2万円かかる．彼等の平均収入は月1万円程度であるので，それを実際に各農家が使用できるように効率的で安価にする努力が必要である．そうすれば石油や石炭，プロパンガスを使わなくても，バイオガスを集めて家庭用の燃料に使うということができる．現在は，インドと中国のバイオ技術を使っているそうである．この技術を改善し，より効率の良いシステムを開発・普及するように，ベトナムの大学に依頼している．また使い終わった貯水槽のなかの腐敗物，これは発酵が終わっているので悪臭もなく，自然肥料として畑に撒くことができる．これは「ゼロ・エミッション」の循環システムといえる．このシス

テムをもう少し近代的な技術に改善してゆけば,もっと普及するだろうと思う.

結 び——展望

最後に,アジアの環境問題について,今後,どのような展望を持つか,である.アジア,とりわけ東アジア諸国は急速な経済発展を経験している.しかし「経済開発第一主義」では,アジアの持続可能な開発の長期的展望を持つことができない.むしろ,エネルギー資源の争奪戦を引き起こすだけである.経済系と生態系の調和・共生を理解しながら,アジアの環境保全と社会開発に協力関係を築くことが必要である.そして,なによりも筆者が今一番力を入れているのが国際共同研究,対等な立場でアジアを研究し,対話と相互理解を深め,その成果を教育,人材育成に活かすことである.アジアの通貨危機以降,東アジア共同体構想が検討されているが,そのための制度設計,次世代の人材育成,こういう活動を進めるべきだろうと考えている.そのための契機の1つとして,ベトナムでの「日越友好の森」作りとCDMプロジェクトをインドシナ半島に広げながら,周辺のアジア諸国にも広げていきたいと計画している.その時のキーワードが「社会的共通資本」であると思う.社会資本,自然資本,制度資本のバランスのある整備を進め,そのために国際的な環境協力の制度設計を確立してゆきたいと考えている.

1) 本稿は,経済研究所創立40周年記念国際シンポジウムにおける筆者の口頭報告に基づく集約論文である.当日,配布した英文論文は長文でしたので,中央大学経済研究所年報第35号(Ogata, 2005)に掲載されるています.ご参照いただきたい.

参 考 文 献

Begon, M., J. L. Harper, C. R. Townsend, 1999, *Ecology : Individuals, Populations and Communities*, Blackwell.［堀道雄／監訳,神埼護・幸田正典・曾田貞滋／校閲責任『生態学:固体・個体群・群集の科学』京都大学学術出版会,2003年］

Brown, L. R., 1985, *State of the World*, World Watch Institute. [本田幸雄監訳『地球白書』福武書店, 1986年]

Chambers, R., 1997, *Whose Reality Counts? Putting the First Last*, Intermediate Publications. [野田直人・白鳥清志監訳『参加型開発と国際協力：変わるのはわたしたち』明石書店, 2000年]

Darwin, C., 1859, *On the Origin of Species by means of Natural Selection*. [八杉竜一訳『種の起源』岩波文庫, 1971年]

福岡克也『エコロジー経済学：生態系の管理と再生戦略』有斐閣, 1998年

Harcourt, G. C., 1972, *Some Cambridge Controversies in the Theory of Capital*, Cambridge U.P. [神谷傳造訳『ケムブリッジ資本論争』日本経済評論社, 1980年]

Hirschman, A. O., 1958, *The Strategy of Economic Development*, Yale U.P. [麻田四郎訳『経済発展の戦略』巖南堂, 1963年]

Grubb, M., 1999, *The Kyoto Protocol : A Guide and Assessment*, Royal Institute of International Affairs. [松尾直樹監訳,『京都議定書の評価と意味——歴史的国際合意への道——』財団法人省エネルギーセンター, 2000年]

Lawn, P. A., 2001, *Toward Sustainable Development : An Ecological Economics Approach*, International Society for Ecological Economics (ISEE), Lewis Publishers.

Marshall, A., 1961, *Principles of Economics*, Macmillan,1st ed., 1890. [長沢越郎訳『経済学原理』岩波ブックセンター信山社, 1985年]

Odum, E. P., 1971, *Fundamentals of Ecology,* 3rd ed., Saunders Company. [三島次郎訳『生態学の基礎』培風館, 1974年]

緒方研究室編『アジア・インターンシップ報告書』中央大学経済学部, 2001年, 2002年, 2003年, 2004年, 2005年.

Ogata, T., 2002, *Economics for Sustainable Development*, World Bank Web-based Training.

Ogata, T & Uzawa, H., 2001, *Asia Global Environment Forum 2001 : Social Development and Environment Cooperation*, Chuo Research Unit for Global Environment (CRUGE).

Ogata, T., 2005, Ecological System & Social Development in Asia, 中央大学経済研究所年報, 第35号.

大野研一・川端望／編著『ベトナムの工業化戦略』日本評論社, 2003年.

Prigigine, I., 1984, *From Being to Becoming : Time and Complexity in the Physical Science*, Freeman & Company. [小井出一郎・我孫子誠也訳『存在から発展へ』みすず書房, 1984年]

Shiva, V., 1991, *The Violence of the Green Revolution*, Third World Network. [浜谷貴美子訳『緑の革命とその暴力』日本経済評論社, 1997年]

Smith, A., 1759, *The Theory of Moral Sentiment*. [水田洋訳『道徳感情論』岩波文庫, 2003年]

Stiglitz, J. E., 2002, *Globalization and its Discontents*, Norton. [鈴木主税訳『世界を不幸にしたグローバリズムの正体』徳間書店, 2002年]

宇沢弘文『社会的共通資本』岩波新書, 2000年.

Uzawa, H., 2005, *Economic Analysis of Social Common Capital*, Cambridge UP.

Veblen, T., 1899, *The Theory of the Leisure Class : An Economic Study in the Evolution of

Institutions.［高哲男訳『有閑階級の理論：制度の進化に関する経済学的研究』ちくま学芸文庫，1998年］
World Bank, 2000, *The Quality of Growth*.［小浜裕久・織井啓介・冨田陽子訳『経済成長の「質」』東洋経済新報社，2002年］

〔緒方俊雄〕

3. アジアの経済システムと環境問題

はじめに

経済システムは，参加者が自身の厚生を増大するように互いに協力しあう社会制度であると定義できるだろう[1]．経済システムは，一般的に，生産要素にかかわる財産権制度と資源配分の意思決定構造に基づいて分類される．これらの2つの基準を考慮すれば，経済システムは5つの種類に分類されるであろう．すなわち，資本主義市場経済，資本主義計画経済，社会主義的市場経済，中央計画的社会主義経済および混合経済である．現実の世界では，いかなる経済システムも，純粋な資本主義市場経済でもなければ純粋に中央計画的な社会主義経済でもない．一般的には，多くの資本主義諸国でも集権的に生産要素を所有する場合もあるし，中央計画的な経済の場合でも多くの財や資源について市場システムを採用している場合もある．このようなことから，大抵の経済システムは混合的であって，ある場合は資本主義市場経済に，またある場合には中央計画的な社会主義経済により近い形をとると言える．

他方，財産権制度は，経済のエージェントがどのように環境資源を利用しているかを決定する．もしも財産権制度が固持される（non-attenuated）—すなわち，排他的に私的所有され，完全に特定化され移転可能で処分可能であるような—場合には，各経済エージェントは，それらを効率的に利用しようとする強いインセンティブを持つであろう．なぜならば，効率的利用の失敗は，直ちに個人的な損失に繋がるからである．つまり，固持される財産権制度のもとでは，経済システムはその発展と環境資源についての保存決定を最適な方法で行なうことができる．

経済的システムは，しかしながら，常に効率的配分を実現するとは限らない．外部性，不適切な財産権制度，財産権を取引する場合の不完全な市場，社会的と私的な割引率の乖離などの状況があれば，非効率的な配分がもたらされるであろう．ある特定の利益集団が行なうレントシーキングや効率的計画が不

十分にしか遂行されないことによって，政治的制度は同様に非効率性を生み出す．公共財的性質をもつ政治的行為に関する多くの問題について投票者が無知であることが，社会的ではなく，私的な純便益が最大化される環境を作り出す傾向をもつ[2]．

　環境資源は，事実上外部性と共有財の性質をもっており，それらの財産権制度を固持することは困難である．したがって，経済エージェントは私的な便益——通常それは社会的な純便益とは異なっているであろう——を最大化するように環境資源を利用しようとするインセンティブをもつ．このことから，非効率性は環境資源を利用する場合に内在する問題であって，環境問題は経済的行動の自然な帰結であると言える．この意味では，いかなる経済システムといえども，完全に環境問題を解決することは困難である．むしろ，経済システムは，環境資源についてよりよい財産権制度を設計し遂行することで問題を軽減させることに資するといってよい．

　ここから，次の2つの疑問に突き当たる．経済システムは，現実の社会において，環境問題のコントロールに対して影響を及ぼすであろうか．そうであるならば，いかなる経済システムが問題解決に対してより効果的であろうか．

　財産権は，資本主義市場経済では個人に対して，あるいは中央計画的社会主義経済では政府に対して与えられる．資本主義市場経済における環境問題の源泉は市場制度それ自体にあって，個々人は市場を通じて自己の目標を追求する．もちろん，究極の目標が集計的な厚生を最大化させる中央計画的経済ではこの問題の源泉を回避することができるかもしれない．この仮説は，しかしながら常に正しいとは限らない．旧ソ連のような中央計画的経済でも，かつて資本主義経済とまったく同じような環境問題があった[3]．他方で，個人の利益追求が，効率性や持続可能性といった社会的な目的といつでも矛盾しないわけではない．

　本稿は，経済システムや環境問題にかかわる事項を取り上げ，経済システムがアジアにおける環境規制の違いにどのような影響を及ぼしているかを分析しようとしている．もちろんアジアといっても広いので，ここでは韓国，中国，

台湾，インドネシア，フィリピン，シンガポール，タイ，ベトナムなどのアジア NIES など，東アジアおよび東南アジア地域に限定して分析を行なう．ただし，日本は多くの点でこれら諸国とは異なっており分析から除外している．

3–1 では，これらの地域で環境問題とそれを引き起こしている要因を議論する．その際，環境問題や諸要因の一般的特徴，ならびに国際比較のためにいくつかの社会経済指標や環境指標に着目する．3–2 では，アジア諸地域における経済システムの社会経済的および政治的観点から一般的な議論を行なう．さらに，アジア6か国における環境規制の変化について，社会政治的視点に立った国際比較をより詳細に行なう．

3–1 アジアにおける環境問題とその要因

アジアではかつて水資源，漁業資源，鉱物資源，化石燃料などの豊かな天然資源や環境資源に恵まれていた．これら豊饒な自然資源と生態系の幸は，この地域の国々の経済的，技術的および政治的な発展をもたらした[4]．過去30年間，アジアの農業経済は，爆発的な人口増大をともないながら急速に工業化し都市化していった．このような移行は，地域の環境にとって重大なリスクとなった．地域の環境悪化は，かなり進行し，しかも加速していった．経済的発展は，次第に環境関連の制約を受けるようになっている．

（1） アジアにおける環境問題の概観[5]

アジアの環境問題には，水資源不足と汚染，森林減少や生物多様性の減少，海洋資源の損失，大気汚染，固形廃棄物や有害廃棄物，ならびに気候変動や越境する環境問題などの国際的問題がある．

アジアにおける水資源利用量は，過去10年間世界のどの部分よりも拡大したが，それは水資源供給とその質に関する問題を引き起こし，1人あたりの可能な水資源利用量はもっとも低くなっている．生物学的酸素要求量（BOD）は，OECD の基準レベルの1.4倍である．大腸菌の水準は，世界平均の3倍であり世界保健機関（WHO）の基準レベルの50倍である．南アジアでは安全な水確保についてはもっともひどい状態で，アジア人のほぼ2人に1人は衛生設

備がなく，下水の10%は未処理のままである[6]．

　アジアでの過剰な土地利用は，世界でもっともひどい状態にある．この地域の多くの国では，土地の減力と土壌汚染による生産的土地利用の不足に直面している．これは農業とそれに関連する産業に依存する地域の貧しい人々を苦しめている．

　南アジアでの森林は，1990年から2000年の間に年率0.7%で減少したと推計されている．しかし，これは同時期のいくつかの東アジア諸国よりはましであった[7]．1人あたりの平均の森林面積は，世界平均のおおよそ5分の1と著しく低い．Walton and Holmes (2000) によれば，インドネシアでは過去12年間に1,700万ヘクタール以上の森林が失われたが，これは1985年時点の森林全面積に匹敵する．フィリピンやベトナムでは，農業やインフラの整備，森林減少や土地の減力のために，ほぼ80%の原生の野生生物種を失った (MacKinnon and MacKinnon 1986)．同時に，それぞれ70%および50%のマングローブ林が喪失した．南および東南アジアにおける種の絶滅は，1980年代には3万から10万種であったが，2010年までには62万5,000種にまで増大すると推計されている (Lugo 1988)．

　この地域の沿岸および海洋漁業資源，マングローブおよび珊瑚礁は，世界的に最も多様で豊かである．しかしながら，同時に東南アジアでは，およそ2億5,000万人の人々が海岸線から100 km以内で生活しており，バンコク，ジャカルタ，マニラおよびソウルといった世界最大級の都市の3分の2は海岸沿いにある．アジアの湿地帯の半分がすでに失われており，珊瑚礁は，農業からの排出物，下水汚染，工業その他の汚染および加工用珊瑚の収穫などによってひどく劣化している．

　この地域の大都市部での大気汚染レベルは世界的にもっとも悪く，人間の健康被害や生態系の悪化をもたらしている．ほとんどの巨大都市では，汚染水準はWHOのガイドラインを大きく越えている．化石燃料の燃焼は，都市地域での大気汚染の最大の原因であり，運輸はアジアのほとんどの都市における汚染の最大の原因である．

経済成長や都市化の進行は，固形および有害廃棄物の排出と蓄積を増大させ，多くの都市では，収集や処分の能力を超えつつある．マニラやジャカルタでは，たとえば，1日平均およそ100トンの固形廃棄物が未収集のまま取り残されている．

地域には，気候変動，越境する環境問題，海洋汚染，不適切な放射性廃棄物の処分など，いくつかの国際的な環境問題に関係するものがある．これらのうちでも気候変動はもっとも厳しい．当該地域での1人あたりCO_2排出量は依然として低い水準にはあるが，急速な工業化が化石燃料へ依存しているために，ここ数十年の間世界のどの地域よりも高い増加率を示している．それゆえ，アジア諸国は，遅かれ早かれ気候変動に関してより重要な役割を演じるようになるであろう．東アジアでは，越境する環境問題としてとくに酸性雨や黄砂問題などがある．これらの問題は一国内だけで解決ができないという点に複雑さがあり，国際基準や近隣諸国間での協力が必要となる．

表5-3-1は，1993年の当該地域におけるいくつかの国々の包括的な大気質と水質を示したものである．これらの国々のなかで，シンガポールがもっとも優れている．シンガポールでは，包括的な大気質や工業が排出する有機的な排水汚染度はOECD基準を満たしている．マレーシアや韓国および台湾では，OECD基準に近い値をとっている．他方で，中国，インドネシアやタイおよびフィリッピンの主要都市では，大気質は依然として悪い．工業の有機的排水汚染度は，中国で非常に高くインドネシアやタイでも比較的高い．

表5-3-2には，森林面積構成比，森林減少率，国立自然保護地域，GDPあたりのエネルギー利用，CO_2排出量，オゾンを破壊するCFCs消費量，持続的に安全な処理水へのアクセスが可能な人口割合，安全な衛生処理施設がある都市人口の割合，などさまざまな環境指標を載せてある．これらの指標は国ごとに異なっており，表5-3-1の国内の大気質や水質とは異なる特徴を示している．これは，国内の大気質や水質が国内の汚染対策によって規制されるのに対して，表5-3-2の環境指標が人口や地理的条件，さらには複雑な社会－経済的政策に依存しているからである．

表 5-3-1 東アジアの新興工業地域における包括的大気質および水質（1993）

経済および都市	包括的大気質 a	工業による有機的水質汚染度 b	包括的な表層水質
中国 　上海 　北京	 246 377	8.06	工業用に利用される135水系のうち38水系の水質は，グレード5以下．灌漑用水への水利用が制限されている．
インドネシア 　ジャカルタ	 271	3.19	スラバヤにおける水処理施設における溶融酸素および細菌などの質は安全でない．
マレーシア 　クアラルンプール	 85	1.66	水質インデックスに基づく．浄化された河川数はマレーシア全体で38％増大し，汚染河川は64％程度に減少．
シンガポール	31	0.42	生物学的酸素要求量（BOD）は，10 µg/l でおよそ68％である．
韓国 　ソウル	 84	0.68	n.a.
台湾 　台北	 64	n.a.	1981から1999の間に，ひどく汚染された河川の割合は14.9％から12％へ低下．一方で，非汚染あるいは汚染の少ない河川の割合は46.6％から66.2％へ増大．
タイ 　バンコク	 223	1.94	チャオプラヤ川のBODは，タイの平均水準以下の1.5 µg/l である．
フィリピン	200	n.a.	マニラ都市圏の主要河川およびラグナ湖では，およそ2000工場の未処理の汚水が流出している．おおよそ1000万人の人々が排出する固形および液体の廃棄物のほぼ60％は，ラグナ湖に捨てられている．

注：a. 包括的な大気質は，浮遊状粒子物質（µg/m3）で計られている．
　　b. 産業の有機物による水質汚濁の程度は，kg÷産業の付加価値1,000ドルで計られている．
出所：Rock (2002) の p. 4 および Asian Development Bank (2000) の p. 3 による．

表5-3-2 環境の諸指標

	森林面積構成比 (%)		年平均森林減少率 (%)	陸地の生物多様性保全地域構成比 (%)		エネルギー利用 (kg. 石油換算) GDP$1 当たり (PPP)	
	1990	2000	1990-2000	1985	2002	1990	2000
東アジア							
中国	15.6	17.5	-1.2	0.2	7.8	1.8	4.1
韓国	63.8	63.3	0.1	4.8	6.9	4.1	3.6
台湾	51.6	58.1	-1.2	5.8	20.3	…	…
東南アジア							
インドネシア	65.2	58.0	1.2	7.6	19.7	3.7	4.2
マレーシア	65.9	58.7	1.2	4.7	5.3	3.8	4.3
フィリピン	22.4	19.4	1.4	1.3	5.7	7.2	6.8
シンガポール	3.3	3.3	0.0	4.3	4.9	2.9	3.9
タイ	31.1	28.9	0.7	5.3	13.9	4.9	5.1
ベトナム	28.6	30.2	-0.5	0.5	3.5	2.8	4.2

	CO_2 排出量 (1人当たり, メトリックトン)			CFCs の排出によるオゾンの消費 (ODP メトリックトン)			持続的に浄水にアクセス可能な人口の割合 (%)		衛生施設が利用可能な人口の割合 (%)	
	1990	1995	1999	1990	1995	2001	1990	2000	1990	2000
東アジア										
中国	2.1	2.6	2.3	41829	75291	33923	71	75	57	69
韓国	5.6	8.3	8.4	24126	10039	6724	…	92	67	76
台湾	…	…	…	…	…	…	…	…	…	…
東南アジア										
インドネシア	1.0	1.2	1.2	1457	8351	5003	71	78	66	69
マレーシア	3.0	5.8	5.4	3384	3427	1947	…	95	…	100
フィリピン	0.7	0.9	1.0	2981	3382	2049	87	86	85	93
シンガポール	13.8	18.1	13.7	3167	774	22	100	100	100	100
タイ	1.7	3.1	3.3	6660	8248	3375	80	84	95	96
ベトナム	0.3	0.5	0.6	303	480	243	55	77	52	82

出所：Millennium Development Goals (2004), pp.77-78 および p.89.

2000年には，森林面積構成比は，韓国，台湾，インドネシアおよびマレーシアではおよそ60％と比較的高いものの，フィリピン，タイ，ベトナムおよびシンガポールなどでは30％以下と小さい．中国，タイおよびベトナムにおける森林減少率は年率でマイナスになっており，1990年から2000年には，森林面積構成比は上昇している．他の国では，この間森林減少率はおよそ1.0％であり森林面積構成比は減少したことがわかる．

1985年から2002年の間，すべての国で国立自然保護地域は増大した．しかし，台湾，インドネシアおよびタイを除く諸国では依然として10％以下である．1人あたりCO_2の排出量は1995年までは，その増勢は減少傾向を示しているものの増大している．とはいえ先進諸国と比べて依然として低いレベルにある．シンガポールや韓国では，CO_2排出水準は，当該地域で最も高くなっている．オゾンを破壊するCFCs消費量は，1995年から2001年の間にすべての国で減少しているものの，中国のCFCsの消費量は依然として大きく，当該地域をすべて足し合せた量よりも大きい．持続的に安全な処理水へのアクセスが可能な人口割合は，1990年以降すべての国で改善してはいるが，中国，インドネシアやベトナムでは依然として80％を下回っている．安全な衛生処理施設がある都市人口の割合については，やはりすべての国で改善してはいるが，中国，インドネシアおよび韓国では2000年時点で80％以下である．他方，マレーシア，シンガポールでは同時期に100％を実現している．

（2） 環境悪化の費用

当該地域の国々では，人間の健康や経済的価値で計った環境悪化の高いコストを支払ってきた．WHO（2000）のレポートによれば，1999年に東南アジア諸国で下痢症状に関連する疾病によっておよそ100万人が死亡したが，これは世界全体の半数を占める．死亡のほとんどは，汚染された水ないし貧しい衛生施設がもたらしたものである．世界銀行（1997）は，中国の11大都市において，毎年5万件の未熟児死亡と40万件の新規の慢性気管支炎患者が，石炭の燃焼による煤煙と粉塵によって引き起こされていることを明らかにした．

環境悪化と資源減少の経済的費用は，人間の健康被害の場合にはより厳し

表 5-3-3　自然環境悪化と天然資源減少の推計されたコスト

国　名	年	内容	量	方法	出所
インドネシア	1984	資源減少	2330 ルピア (1973 価格)	Repetto	1
韓　国	1992	自然資源利用のコスト	NDP の 2.01%	SEEA	2
フィリピン	1970–1987	資源減少	GDP の 4%	Repetto	1
	1988	環境損失	GDP の 0.34%	Peskin	3
		自然資源の減少	GDP の 0.31%	Peskin	3
	1992	環境損失	GDP の 0.39%	Peskin	3
		自然資源の減少	GDP の 0.9%	Peskin	3
タ　イ	1970–1990	資源減少	GDP の 1.5%	user cost	1
			GDP の 2.2%	Net price	1

出所: 1. Hamilton and Lutz (1996), 2. Uno and Bartelmus (1998), 3. USAID (1996).

い．過去数十年にわたって，環境コストを国民所得勘定に統合させて貨幣価値で計ろうという動きがあった．表 5-3-3 は環境悪化や自然資源の減価の推計値を表わしている．たとえば，フィリピンの環境損失コストは 1988 年と 1992 年には，それぞれ GDP の 0.34% あるいは 0.39% であり，資源の減価費用はそれぞれ 0.31% と 0.9% であった．韓国では 1992 年の自然資源の利用は，およそ NDP の 2.01% になると推計されている．これらの推計値は，しかしながら環境悪化の最小の価値をあらわしていると見るべきである．なぜならば，生物多様性の損失など多くの重要な価値が推計から除外されているからである．

（3）　環境変化の要因

アジア開発銀行（2001）は，アジアの環境悪化の主要な原因として環境変化に及ぼすいくつかの要因をあげている[8]．環境問題を緩和させるためには環境問題の原因を知ることが大事であるから，こうした仕事は非常に重要である．

環境変化を引き起こす要因には，人口増加，経済成長と貧困，都市化と工業化，政府の政策の失敗と脆弱な制度，非効率な技術の利用，市民の社会参加の欠落，グローバリゼーションなどがある．

表 5-3-4 は，当該地域における総人口と都市人口の増加を示している．年率の人口成長率は逓減傾向を示しているが，1980 年以降 22 年間におよそ 30% の人口増大が起こり，これは総人口に対して新たに 5 億 100 万人を付け加えた

250　第Ⅱ部　アジア的経済システムを問う

表 5-3-4　人　口

	年総人口（million）				年人口増加率（％）			都市人口		
								総人口に占める割合（％）		年増加率（％）
	1980	1990	2000	2002	1985–1990	1995–2000	2001–2002	1990	2000	1990–2002
東アジア	1043.7	1214.2	1345.9	1363.9						
中　国	981.2	1143.3	1267.4	1284.5	1.6	0.9	0.6	27.4	35.8	3.7
韓　国	38.1	42.9	47.0	47.6	1.0	0.8	0.6	73.8	81.9	1.9
台　湾	17.6	20.2	22.3	22.5	1.1	0.8	0.5	55.3	60.0	1.8
東南アジア	355.1	437.4	520.3	535.8						
インドネシア	147.3	179.4	206.3	211.1	1.7	1.6	1.2	30.6	41.0	4.5
マレーシア	13.8	17.8	23.5	24.5	2.5	2.4	2.1	49.8	57.4	3.7
フィリピン	48.3	62.0	78.4	81.8	2.6	2.2	2.1	48.8	58.6	4.1
シンガポール	2.4	3.0	4.0	4.2	2.2	2.6	0.8	100.0	100.0	2.9
タ　イ	46.7	55.8	62.4	63.4	1.6	1.0	0.8	18.7	19.8	2.0
ベトナム	53.7	65.8	77.6	79.7	1.9	1.6	1.3	20.3	24.1	3.5

出所：ミレニアム開発目標（Millennium Development Goals）(2004), p. 94.

計算になる．この地域において急激な都市化が起こっている．都市人口は 1990 年から 2002 年までに年率 3.1％ で増大した．とりわけ都市人口の増加率は，中国，インドネシア，マレーシアおよびフィリピンで高かった．韓国では総人口の 82％ が都市部に居住している．

この地域の経済成長は，過去 30 年にわたって非常に速かった．表 5-3-5 が示しているように，この地域のいくつかの国では，1997 年の金融危機以降でさえも高かった．とくに，中国の経済成長がおよそ 8％ を記録したことは特筆すべきことであろう．表 5-3-6 からは，この地域の高い GDP 成長は工業，とりわけ製造業によって引っ張られていることがわかる．GDP に占める工業部門の割合は，韓国，台湾およびフィリピンを除いた大部分の国で，1990 年から 2002 年の間に農業部門のシェアの低下に呼応して上昇していった．中国での工業部門のシェアは 2002 年に 50％ を超え，韓国，インドネシア，マレーシアおよびタイでは 40％ を上回った．

この地域での社会—経済的変化は，明らかに自然環境に対してマイナスの影

表 5-3-5　GDP 成長率（%）

	\multicolumn{6}{c}{GDP 成長率}
	1997	1998	1999	2000	2001	2002
東アジア						
中　　国	8.8	7.8	7.1	8.0	7.3	8.0
韓　　国	5.0	−6.7	10.9	9.3	3.1	6.3
台　　湾	6.7	4.6	5.4	5.9	−2.2	3.5
東南アジア						
インドネシア	4.7	−13.1	0.8	4.9	3.4	3.7
マレーシア	7.3	−7.4	6.1	8.3	0.4	4.2
フィリッピン	5.2	−0.6	3.4	4.4	3.0	4.4
シンガポール	8.5	−0.9	6.4	9.4	−2.4	2.2
タ　　イ	−1.4	−10.5	4.4	4.6	1.9*	5.2*
ベトナム	8.2	5.8	4.8	6.8	6.9	7.0*

出所：Millennium Development Goals (2004), p. 102 を参照。

表 5-3-6　GDP に占める主要部門のシェア（%）

	\multicolumn{3}{c}{農業部門}	\multicolumn{6}{c}{工業部門}	\multicolumn{3}{c}{サービス部門}
				\multicolumn{3}{c}{全}	\multicolumn{3}{c}{製造業のみ}			
	1980	1990	2002	1980	1990	2002	1980	1990	2002	1980	1990	2002
東アジア												
中　　国	30.1	27.0	14.5	48.5	41.6	51.7	44.2	37.0	44.9	21.4	31.3	33.7
韓　　国	14.9	8.5	4.0	41.3	43.1	40.9	29.7	28.8	29.2	43.7	48.4	55.1
台　　湾	7.7	4.2	1.9	45.7	41.2	31.0	36.0	33.3	25.7	46.6	54.6	67.1
東南アジア												
インドネシア	24.8	19.4	17.5	43.4	39.1	44.5	11.6	20.7	25.0	31.8	41.5	38.1
マレーシア	…	15.2	9.1	…	42.2	48.3	…	24.2	30.7	…	44.2	46.4
フィリッピン	25.1	21.9	14.7	38.8	34.5	32.5	25.7	24.8	22.8	36.1	43.6	52.8
シンガポール	1.3	0.4	0.1	38.1	33.0	33.6	29.1	25.8	26.5	60.6	67.8	66.9
タ　　イ	23.2	12.5	9.0	28.7	37.2	42.5	21.5	27.2	33.8	48.1	50.3	48.5
ベトナム	50.0	38.7	23.0	23.1	22.7	38.5	19.2	12.3	20.6	26.9	38.6	38.5

出所：Millennium Development Goals (2004), p. 104 を参照。

響を及ぼした．生態系の能力を超えた人口増大は，環境の質を改善する努力を弱めた．経済成長は所得の不平等を一層拡大させ，この結果，人々が環境をどのように利用するかについての選択肢は制限された．人口と経済がともに増大することで，人口増加の環境へ及ぼすマイナスの効果は加速された．拡張的な都市化と工業化は，多くの大都市で，インフラ整備や責任ある都市自治の発展を超えていた．もっとも重要な環境変化の要因の1つは，弱い制度と不適切な政策である．ある範囲で，それらは経済活動の外部性を内部化することに失敗し，内在的に非効率性を助長した．政策の失敗や弱い制度は，事実上この地域の貧しい環境状態の主たる原因となってきた．環境政策の改革ペースは依然として遅い．ほとんどの環境規制当局は，いまでも権威や資金および政策や確固たる遂行システムをもっていないのである．

この地域のほとんどの経済は，エネルギーや原材料の使用あるいは廃棄物の処理に関して非効率な技術を使っている．主なエネルギー源には石炭を利用し，労働集約的な技術や陳腐化した輸送方法を用いている．経済成長にともなうよりクリーンな技術への移行は極めてゆっくりとしか進んでいない．

この地域の中央政府は，市民社会や民間部門および地方自治体に，ゆっくりとしかその役割や権限を委譲してこなかったし，重要なステーク・ホルダーを除外する統治形態しかとってこなかった．この事実は，経済発展や環境保全などの社会的目標を統括させる政府本来の役割とは相容れないものであった．ガバナンスがより包括的なものになりつつある傾向のなかで，近年，アジア諸国の政府もより包括的なタイプのガバナンスにむかって変化しつつある．

近年，経済的グローバリゼーションが資源消費の面で生じており，それが環境悪化の主要な要因になっていると思われる．しかしながら，経済的グローバリゼーションは，環境に対してプラスにもマイナスにも作用する変化の加速因子であるという議論もある．経済的グローバリゼーションは地域および国際経済の統合を深め，当該地域での環境分野を含むさまざまな分野でのグローバルスタンダード化を加速させる．この傾向は，むしろこの地域での政策立案者にとっては，環境の質を改善させるための政策，ガバナンスおよび制度に関する

新しいシステムを構築することへの挑戦と考えられる．

3-2 アジアにおける経済システムと環境規制の動向

これまで，東アジアおよび東南アジア諸国における環境問題とその原因について検討してきた．この地域の環境問題は全体として他の地域に比して厳しい状態にあり，またより悪化しつつある．以前に議論した環境問題の要因は，この地域のほとんどの経済において多くの点で似通っている．こうした事実にもかかわらず，環境悪化の状況は国によって異なっている．言い換えれば，ある国の環境問題は他の国に比してよりよい場合があるので，当然ながら次のような疑問が浮かぶ．何がこの地域の国々の環境状態を違ったものにしているのか．経済システムは，考察対象の地域における環境規制の動向に差異を与えるのに重要な役割を演じたか．もしそうだとすれば，経済システムのどの部分が環境問題について重要な役割を演じたのであろうか．そこで，アジア諸国の経済システムと環境問題に関する事項を議論しよう．

（1） アジアにおける環境規制に関する社会・経済的および政治的視点

この地域のほとんどの国は開発途上国であり，環境資源を含む経済的資源はかなり制限され，しばしば不平等に配分されているために，この地域を経済的に考察することは高度に政治的な問題となる．たとえば，経済成長に伴う問題の多くは，権力の不公平な配分や国の経済的問題を導く政府の役割から生じている．経済システムは別としても，選挙制度，法律や行政制度，いくつかの他の社会システムといったサブシステムが多く存在する[9]．したがって，経済的システムの環境問題への影響を分析するためには，国の経済システムと他の社会的および法律的なサブシステムの社会経済的および政治的観点を分析する必要が不可欠である．

このような環境問題に関連して経済的システムの政治的および社会動学的な議論を行なう場合には，政府の役割，経済的および社会的政策，その他社会的政治的システムなどいくつかの要素を含まなければならない[10]．これらの要素は，しかしながら相互に関連しあっており，そのほとんどは統合や調整役を

演じる政府機能に含まれるように思われる．政府の役割は，希少資源を供給し，より重要なこととして，統一的な社会目標を実現する個人と公共の努力を統合し調整することであると言われる．おのおのの政府がその役割をどのように遂行するかは，しかしながら，その現在の社会的経済的システム，その歴史的背景，人々の要求や選好などのさまざまな条件に依存している．

本稿で考えているアジア地域の国々のほとんどで，経済発展は部門間，産業間，地域間で極めて不均衡な発展を遂げてきた．この不均等な経済発展は発展のもたらす勝者と敗者との間で社会的な対立を生み出した．さらにこの社会的対立は，社会目標を実現させるための社会的コンセンサスに脅威を与えるものであって，このことは，人々が私的利益の追求に走り，経済の諸資源の誤った利用を行なうことを意味している．これらの問題は，地域の多くの部分で急速な経済成長によって一層加速されてきた．というのは，歪んだ成長のインパクトや急激な経済成長のもたらしたさまざまな対立を緩和させるように，市場や政府が調整を行なう時間がなかったらかである．

この地域の国々では，経済の改革に関して段階的（gradual）なアプローチをとったように思われる．中国とベトナムは，旧ソ連における直接的で急激な改革アプローチに比べて段階的なアプローチを採用したことで，社会主義市場経済への移行を成功裏に導いた．さらにこのような方法は，工業化を推進する多くの国で有利に作用した．もちろんそうした成功にもかかわらず，段階的アプローチは固有の問題を引き起こした．原則と目標の対立が同時に存在し，それによって古いシステムと新しいシステムが共存する結果となった．この混ざり合ったシステムのもとでは，混乱と非効率な行動が生じると考えられる．加えて，このゆっくりした段階的な改革戦略は，アジアの厳しい環境状態に対峙する環境規制にとっては適切であるようには思えない．

不均等発展やゆるやかな改革戦略は，この地域のいくつかの国には経済的成功をもたらした．しかし，それにもかかわらず，付随する問題——とりわけ環境問題はより大きくなっており，環境管理政策において政府のより強力な統合と調整の役割が，マイナス効果を最小にするためにいまや必要なのである．

（2） アジア諸国の環境規制に関する社会・政治的変化の比較

前節で明らかになったように，アジアにおける環境状態は環境問題やその要因について共通点があるけれども，環境悪化の程度や環境問題の内容はそれぞれ異なっている．同様に，環境問題を引き起こす原因の範囲や程度も国ごとに異なっている．したがって，環境問題を引き起こす原因や環境規制戦略の差を生み出すいくつかの要素があるに違いない．これらの要素は，しかしながら，以前に議論した経済システムの伝統的な区分とはほとんど関係が無いように思える．なぜなら，環境問題は市場の失敗によるものであり，ある国の公害規制は社会・政治的条件および環境問題を解決しようとする政府の能力と意志にかかっているからである．この推測は，以下の事例研究で正しいことが証明されるであろう．

Rock（2002）は，東アジア6か国（中国，インドネシア，マレーシア，シンガポール，台湾およびタイ）が，なぜ異なる汚染管理戦略を採用し，なぜこれらの戦略を維持したり変化させたりしたかについて事例研究を行なった．ここでは，個々の国の環境規制の変化を彼の議論にそって紹介しよう[11]．彼は，汚染対策の圧力，政治体制，政府の新たな環境政策を制定，遂行および維持させる能力，ならびにOECDから得た環境認識の範囲などの差異に焦点をあてた．それらのなかでも，政府の能力は，これら4要素は互いに関係しあっているとはいえ，環境規制管理政策の成功を作用する上でもっとも重要な要素であるという．彼はさらに，よりよい環境規制に向けた政府能力について5つの決定因を分類した．それらは，企業や産業政策当局といった禁制権限（veto power）からの独立性，政府の意思決定構造のまとまり，政策担当者が利用可能な政策手段の範囲，政府部門と民間部門の間で制度化された交流チャネルと自立性，政府の環境政策遂行能力を高める選挙制度や政党制度などの政治的諸制度の構造，などである．新たな環境政策手段を制定し実施および強制するために，どれだけ強く適切で実践的かつ公平な環境規制当局が設立されるかは，これら政府能力を決定する5つの要因に依存している．

Rock（2002）は，汚染規制の状態に依拠して，これら6か国を2つのグルー

プに分けた．すなわち，シンガポール，マレーシア，台湾を良いグループ，中国，インドネシア，タイを悪いグループとした．

シンガポール，マレーシア，台湾：このグループは，強く自立した政府があり，民間部門にもかなりの自立性がある．前者は，新しい政策を制定し実行させることを容易にするし，後者は，政府と民間部門の結びつきを強くし，政府が民間企業に対して排出を減じるよう説得することを容易にさせる．こうした関係が，このグループの規制政策を相対的に成功へと導いている．3か国の間に共通の特色があるにもかかわらず，初期の条件や，浄化の圧力，開発水準，国内の政治および政治制度などにいくつかの違いが見受けられる．

シンガポールは，この地域では環境規制がもっとも成功している国である．その固有の開発戦略は，「環境が浄化している間は成長する（growing while cleaning up the environment）」というものであった．シンガポールでは，強力な首相が環境規制計画を主導し，1972年にはすでに強い権限をもった伝統的な環境規制当局を設立していた．環境規制当局には，統一的で専門技術をもった官僚による実践的な意思決定構造があり，民間部門とも制度化された交流チャネルがあった．その成功の陰には，環境当局のプラグマティズムがあり，拒否権力とのコミュニケーション，環境技術情報の提供，国際的な最善の技術に基づいた合理的な排出基準の設定，および企業が新しい基準に調整させる十分な時間を認めるといった措置が行なわれた．

マレーシアは半民主主義的（semi-democratic）であるが，重要な有権者であった地方のマレー系住民による環境浄化の要求の強まりを受けて，支配政党が強い規制当局のもとで汚染規制管理計画を始めた．「急速に成長している間は環境浄化する（clean up while growing rapidly）」ことが，それ以来の主要な成長戦略となった．マレーシアで比較的汚染規制に成功したのは，やはり統一的で専門技術をもった官僚による実践的な意思決定構造，その自律性や民間部門との間で制度化された交流チャネルがあったからである．

環境規制について成功した経済の1つである台湾では，政府の開発戦略は，民主化前の「成長が先，浄化は後（grow first, clean up later）」から民主化後

には「成長する間は浄化する（clean up while growing）」に変わっている．この変化は，民主化後の政治的自由によってもたらされた報道機関や環境保護活動および反対政党による環境浄化の要求増大に起因している[12]．産業政策当局は，かつて相対的に強力かつ自律的で民間部門との制度的な交流チャネルを保っていた．産業政策が民間企業部門と密接に関係していたことが，低い環境質をもたらしていた．民主化後，台湾政府と支配政党（KMT）は強力な産業政策を避けて，排出基準をつくる強い規制当局を設置した．環境基準を設定する決定プロセスに参加したのは，産業政策当局でもなく企業の代表者でもなかった．代わりに，政府の官僚たちが民間人の環境エキスパートや市民社会のコミュニティおよびNGOと新たな関係をつくり上げた．このことが，産業政策当局に対して彼ら自身の環境改善戦略を展開させるように作用し，結果として台湾全体の環境質の改善につながった．

<u>中国，インドネシア，タイ</u>：このグループは，あまり実践的でなく技術専門的かつ目標設定型でもない官僚制，弱い民間部門の自立性（すなわち，政府と産業部門の密接な関連），レントシーキングならびに汚職によって特徴付けられる．

Rockは，タイでは，すべての環境問題が2つのことに起因していることを示した．すなわち，国家の民主主義への移行という性格と，その民主主義的制度の構造の2つである．民主主義への移行は，幅広い階層ではなくエリートによって先導され，公共部門と企業部門が密接な関係にある古い官僚制度を新しい民主主義に統合した．結果として，個々人ではなく，民間企業やNGO，弱いステーク・ホルダーが，民主化後であっても意思決定プロセスに深くかかわることになった．選挙制度や政党政治といった民主主義制度の構造が，企業を背景に持つ候補者による地方での投票買収を広め，弱く壊れやすい多数党の連立政府を助長した．これら2つの要素は，政府における潜在的な拒否権を増大させた．実際，タイ政府は，環境規制のための強力な規制当局を作ることができなかったし，また作る意志ももたなかった．Rockは，このタイの教訓から，民主主義は環境改善を必ずしも保証しないということを強調している．

中国やインドネシアは，特有の専制国家であるが，前に掲げたグループとは違って強力な自治州をもっていない．Rock（2002）は，これら両国における専制主義が，公共部門と民間部門の密接な関係や企業利益による国家の発展，および重大なレントシーキングをともなっていることを明らかにした．それゆえ，両政府ともに強力な環境規制当局を作ることができず，限定的な環境管理しかできていない．両国ともに，環境当局の権限をアップグレードし，いくつかの新しい汚染規制プログラムを制定および遂行するといった方法で，ゆっくりと成果を挙げつつある．両経済ともに成功事例は限られているが，それらは，政治的リーダーやより強力な経済エージェントが最小限支持する必要はあったが，比較的弱い環境当局の管理者能力がもつ情報戦略に依存していた．

結論

本稿の最初で，経済システムが環境問題の制御に影響を及ぼすか否かを問うた．アジアでの環境規制の現状に差を与える経済システムの役割を分析することでその答えを得ようとした．そのために特に東アジアおよび東南アジア諸国における環境問題を議論し，その諸要因を検討した．この地域のほとんどの国には他の地域に比してより厳しい環境問題があり，環境問題とその要因について多くの共通の性質があった．しかし，いくつかの社会・経済指標および環境指標から，環境悪化の状況や環境問題のタイプは国ごとに異なっていることが看取された．そこで，この地域の国々の環境問題に偏差をもたらし，環境問題の諸要因や環境規制戦略に差を生じさせている要素を識別しようと試みた．

Rockの研究から，アジアにおける環境規制の実態は，その国の経済システムの伝統的性格ではなくその社会・政治的性格に多くを依存していることがわかっている．換言すれば，ある国で環境管理が成功するかどうかは，伝統的な経済システムの分類というよりはむしろ，社会・経済および政治的諸条件，および強力かつ自立的な環境規制当局を創ろうとする政府の能力や意思に依存しているのである．

Rockはよりよい環境規制に向けた政府能力を強化させる5つの決定因を示

した．それらは，拒否権力（veto power）からの独立性，政府の意思決定構造のまとまり，政策担当者が利用可能な政策手段の範囲，政府部門と民間部門の間で制度化された交流チャネル，および政治的諸制度の構造などである．彼によれば，シンガポール，マレーシアおよび台湾は，このような決定因からみて，中国，インドネシアやタイなどのグループよりもよりよい状態にあるという．そのため，表5-3-1で示されているように，前者の環境状態は後者よりもはるかに優れていると考えられる．これらの国々をこうした観点から分類することは，しかしながら，伝統的な経済システムの分類と合致しないことはいうまでもない．

1) Kyoko (1998) の p.5 を参照．
2) Tietenberg (1988) の第3章を参照．
3) Goldman (1972), pp. 211–224, Goldman (1985), PP. 725–45.
4) Asian Development Bank (2001), Chapter 1.
5) ここでの議論については，Asian Development Bank (2001), Chapter 2 を参照．
6) Asian Development Bank (1997).
7) 詳細については，表5-3-2を参照のこと．
8) Asian Development Bank (2001) の Chapter 3 を参照．
9) Kyoko (1998), p. 4.
10) Kyoko (1998), pp. 304–311.
11) Rock (2002) の第1章および第7章参照．
12) 台湾において環境規制計画を形成する手段は韓国のそれと非常に似ている．加えて，いくつかの影響力をもった NGO や企業の不注意による環境事件，および国際的な市場圧力が，1990年代初期以降より厳格な環境政策プログラムを制定し実行させた．Rock (2002) は彼の事例研究に韓国を含んでいない．

参考文献

Asian Development Bank, 1997, *Emerging Asia : Changes and Challenges.*
Asian Development Bank, 2000, *Philippines : Country Environmental Policy Analysis Report.*
Asian Development Bank, 2001, *Asian Environmental Outlook 2001.*
Asian Development Bank, 2004, *Millennium Development Goals.*
Goldman, M., 1972, "The Convergence of Environmental Disruption," *Ecology and Economics : Controlling Pollution in the 70's*, M. Goldman, ed. Englewood Cliffs : Prentice-Hall.

Goldman, M., 1985, "Economics of Environmental and Renewable Resources in Socialist Systems", in A. V.

Kneeze and J. L. Sweezney, eds. *Handbook of Natural Resource and Energy Economics : Vol. II*, Amsterdam : North-Halland.

Hamilton, K. and E. Lutz. 1996. *National Accounts : Policy Uses and Empirical Experience*. Paper No.39. Environmental Economics Series. Washington D.C. : World Bank.

Kyoko, S. 1998, *Emerging economic system of Asia : a Political and Economic survey*, Allen & Unwin, London.

Lugo. 1988. *The Last Extinction*. L. Kaufman and K. Mallory, Editors. M. T. Press. Cambridge, England.

MacKinnon, J. and K. MacKinnon. 1986. *Review of Protected Areas System in the Indo-Malayan Realm*. IUVN. Gland, Switzerland.

Sheridan, K., 1998, *Emerging Economic systems in Asia, A Political and Economic Survey*, Allen & Unwin.

Rock, M., 2002, *Pollution Control in East Asia*, Resources for the Future.

Tietenberg, T., 1988, *Environmental and Natural Resource Economics*, Scott, Foresman, and Company. Philippines : Country Environmental Policy integration Analysis Report p. 3.

Uno, K. and P. Bartelmus. 1998. *Environmental Accounting in Theory and Practice*. London : Klewer Academic Publishers.

USAID. 1996. *ENRAP Phase III Main Report*. Manila : USAID.

Walton, T. and D. Holmes. 2000. "Indonesia's Forests Are Vanishing Faster Than Ever." *International Herald Tribune*. January 25. New York, New York, USA.

World Bank, 1997. *Five Years after Rio : Innovations in Environmental Policy*, Washington, DC.

World Resources Institute, 1998 a. *A Guide to Global Environment*. Washington, DC, USA.

World Resources Institute, 1998 b. *World Development Report*. Oxford University Press. New York.

〔金一中，訳：薮田雅弘〕

コメント

　まず，第1点．金報告は，環境をよくするために何が必要かということについて，強いそして早い対応をする中央政府が必要であると主張し，緒方報告は，もちろん政府のガバメントも大事だけれども，むしろローカルコモンズが大事であると主張している．そうすると当然ながら，金教授にはローカルコモンズのことを，緒方教授には中央政府の役割についてどのように考えるのかを聞きたくなる．これがまず第1点である．

　それから第2点．エコノミーがエコロジーより勝っているから，エコロジーをエコノミーより優るようにするという方向が正しいだろうと思うが，このために何が必要かというと，金報告では権力バランス——これはたとえば住民と国，住民と地方自治体，あるいは産業界と住民団体の関係であるが——について，それを適切に変化させることが大事だろうという主張がなされた．他方，緒方報告では，ガバナンスをより一層効果的にするために人間的な開発が必要だろうと論じられた．それぞれのコメントが欲しい．

　さらに，3番目の論点として，これは時間の関係で省いたのかもしれないが，各国の外圧をどうとらえるか．先ほどの田中報告のなかで，ボランタリーアプローチというものが重要であり，それは市場を通じて成就するという話があった．たとえば日本の自動車産業が環境に対してやさしくなっていったという背景には，アメリカの自動車産業の，あるいは自動車の環境の改善があったということである．したがって，日本は外圧によって環境を改善せざるを得なくなったという現実がある．そうなるとアジアの外とアジアのなかとの関係で，それぞれの国がこれから外圧との関係でどのような環境政策が必要になってくるのか，むしろそれを強めていく方向になると先ほどのボランタリーなアプローチとは少し対立するものになるだろうと考えられる．この点をどのように考えるか．

　また，4番目の論点としては，本日の報告で非常に感銘を受けた点であるが，コモンズの発生というか，宇沢先生が主張されているように，コモンズの

形成というのはアジア的なものであると考えたいと思う．その意味で，アングロサクソンの方法とは違う．つまり租税や規制といったいわば上からの環境規制というよりは，むしろ人々の自発的な地域の環境保全による草の根の，第3の道だろうと思う．そうであるならば，このコモンズの形成過程を実際に実践されているベトナムのなかでこれが成功すれば，アジア的な環境システムの追求によって，もしかしたら，税や規制という従来の方式によらないかたちでの新しい環境保全や環境修復に役立つ，つまり世界をリードするような状態になると考えられる．以上4点である．

〔薮田雅弘〕

リプライ

【田中報告のコメントに対するリプライ】

　私に課された質問は，外圧的な要素についてである．たとえば，わかりやすい例として，近年燃料電池の開発が非常に進んでいるということもアメリカがNASAの研究で培った研究成果を無料で公開したことが重大な契機となった．それによって，日本の自動車メーカーが非常に大きな利益をあげることも可能になったという有名な話がある．おそらく，国際的協力にはそういうかたちもありうるということだと思う．それから，今回の報告では，日本の環境税が，たとえば，環境に悪い外国の製品に高い税率を課すということである．これは，自発的解決方法とはいっても，実際には高い税率の対象となる外国の製品は日本の市場から締め出されるわけである．ですから，ボランタリーに見えても，実は外圧的な強力な手段であるということである．したがって，市場のメカニズムというのは，経済学を勉強されている方はわかると思うが，ボランタリーなものと懲罰的なものとが非常にうまく組み合わされた仕組みなのである．今回の提案はこのインセンティブスキームを経済システムと環境問題の両者に同時に適用しようということである．それからコモンズについていえば，

結局，先ほどの報告要旨としては，日本だけではだめで，アジア全体でコモンズの経営と管理を考えるべきだということである．この分野での，薮田教授の研究が期待されている．最後に，私の勝手な独断で全体のまとめをすれば，アジア的な経済システムを問うといっても，結局アジアの経済システムは非常に多様で混沌としている状況にあると思う．この現状に対応しようとすれば，色々なアイディアを出さなければならない．それも，本日，金教授の報告にあるように，非常に戦略的によく練られたアイディアをみなで競い合うことで出していく必要がある．まずはじめに，アイディアの競争が必要で，しかもその競争の実質的内容がアジアの地域全体に活力をもたらすということである．そういう意味で，アジア全体で調和がとれたチャレンジングな試みが必要なのである．

〔田中廣滋〕

【緒方報告のコメントに対するリプライ】

論点は色々あるが，提起された論点について気付いたことを回答したい．

アジアといっても，先ほどから出ているように多くの国で，歴史が違えば経済状況も色々違うということなので，アジア的経済システムそれ自体は大変複雑な問題だと思う．私自身は，そういうアジアのなかで持続可能な開発が行なわれていれば，あえて環境問題など取り上げなくともよいと思っているが，私の研究しているインドシナ諸国を訪問すると，いたる所で環境破壊が起こっている．そこで，最初に出された問題，とくに政府の位置づけについて，私の議論に対して質問等について若干コメントする．1つは，いま私が調査しているインドシナ半島，ベトナム，ラオス，カンボジアの社会主義国，そして中国でも調査していますが，政府の方あるいは政府関係者と話をしたり，また大体大学は国立大学ですが大学の研究者と話すときには，意思決定が大変遅いという特徴に気づきます．それから，公表されているデータと現実とが少しずれている．実際に村へ行ってみると人口数が違っていたり，そういう制度的ギャップの問題がある．私は現地の研究者とまず共同研究をするということから始めて

いる．つまり，同じデータを作る，そして，そのデータに基づいてどのような政策提言をしていったらいいかを考えるということである．

　第1の論点としては，日本と違う政治体制をとっている国で突然政府に何か提案しても，それはなかなか実現可能性がないわけで，ちょうどベトナムの場合ではハノイ国民経済大学の方々が同時に政府の顧問をしているので，そういう方々を通じてわれわれが共同で作ったデータを政府に吸い上げてもらい，適切な政策を打ってもらうための政策提言をする，そんなプロセスに力を入れている．

　2番目の質問については，経済優先かエコロジー優先かということだが，経済については今まで市場経済の経験のない社会主義国がいま急速に市場経済化している．しかし，市場経済の精神はアダム・スミスに戻るべきだと思う．スミスの『諸国民の富』，あの書物の前には『道徳感情論』という有名な本を出版している．経済システムの背後には，経済社会を支えているモラルソサエティ，「同感」といったような概念をベースにして，経済運営をすると主張しているが，そういうことが可能なように制度設計をしてゆく．しかし，現在の場合では，それが利己主義，営利主義に走ってしまっていて，開発第一主義になっているということを先ほど指摘した．

　それから最後にコモンズの話ですが，アジア的コモンズができればそれに越したことはない．先ほど報告したように，現地ではよくアジアでは参加型開発が望ましいといわれるが，現地の大学機関を通じて学生，それから現地農民，こういう人達と意見を交換・対話をすることでわれわれも学ぶことがあるし，われわれの経験を現地の人々に理解してもらうことを通じて，社会開発の実現に向けて対応しているというところである．

〔緒方俊雄〕

【金報告のコメントに対するリプライ】

　言われた通りだと思う．私の報告のなかで言ったように，環境問題の解決にあたって1つ鍵になるのは，とくにこの地域においてはそうだが，政府の役割

であると思う．とくに，強力な規制当局が必要であると報告した．しかし，そうは言っても，その他にも役割を果たすべき主体は当然あると思う．たとえば自治体とか，場合によっては非政府組織であるNGOなど，地域各地にあると思う．それからまた，その他のいわゆる利害関係者，ステーク・ホルダーもそうである．この場合のステーク・ホルダーとは，とくに，環境問題の影響を受けてその代償を払っている人達という意味である．私が報告しようと思ったのは，こういう全ての主体，圧力団体と呼べると思うが，これら全ての圧力団体が政府に圧力をかけることによって，強力な規制当局が生まれると思う．そして，そういった機関が環境政策を実施する，このような形に繋げていくということである．したがって，政府に強力な規制権限がなければ，マスコミやNGOや，その他の圧力団体が強い行動をとったとしても，また，政府の方に意思と能力がなければ，環境問題は悪化し，それが蔓延するばかりであると思う．そして，こういったこと全てがみな，強力なアジア型の中央統制型の権威を形づくる要因であると思う．それからまた，緒方先生が報告した人間開発，能力開発はやはり重要であると思う．中国においては，ゆっくりではあるが，環境規制にかかわる当局の能力の向上に努めている．しかしながら，こうした取り組みは限定的な成功にしか繋がっていない．情報技術を基礎にすることで，政府の担当者の能力向上を図ろうと思っても，やはり政府の権威は相対的に限られていると思う．確かに政府指導者や経済主体の強い後押しはあるが，中国では政府部門の人材開発，とくに環境保護にかかわる当局での人材開発は不十分であると思う．政府指導部からの後押しもまだ足らない．したがって，環境規制当局の権威も権限もやはり強さを欠いていると思うわけである．緒方先生の報告はまさしくその通りであって，私の報告と矛盾するものではないと思う．

〔金一中，訳：藪田雅弘〕

第5章 まとめ

「アジア的経済システムと環境問題」といういささか挑戦的なテーマで開催されたセッションであった．テーマからみて，国々のマクロやミクロの経済システムが，それぞれ時間的・空間的な影響を受けて形成され展開されるなかで異なる経済発展の段階にあり，同時に現行の環境問題の発現形態もそうした経済システムに規定されているのではないか，という自然な観想をもつと思われる．その意味では，経済的土台と上部構造の規定関係を想起するかもしれない．緒方教授の「インドシナ半島の生態系と社会開発」，金教授の「アジアの経済システムと環境問題」ともに，基本的にはこの上下の関係について，それを規定する要因と影響を及ぼすもろもろの作用因について分析を行なっている．まずコメンテーターの役割として簡単な要約を与えよう．

まず，図1において，縦軸に環境，横軸には，金報告で示された環境を規定する諸要因である人口や所得——特に所得は要素として大きい——などが描かれている．

経済発展の方向は，図1にあるように人口や所得の増加，技術の発展やガバ

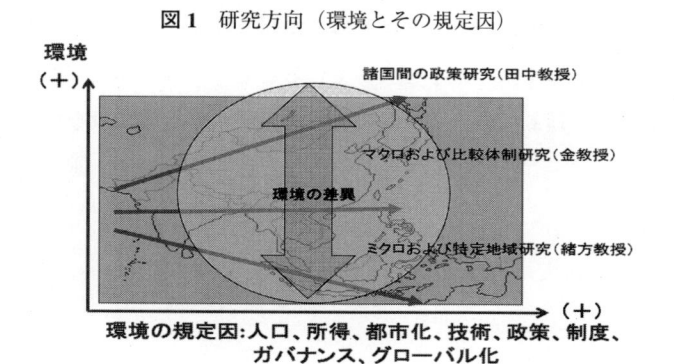

図1 研究方向（環境とその規定因）

環境の規定因：人口、所得、都市化、技術、政策、制度、ガバナンス、グローバル化

ナンスの拡充という意味で,右方向がよりよい状況であることを示している.重要なのは,これらさまざまな方向へ向かう経済に,どのような違いが出てくるのだろうかという点である.特に,環境パフォーマンス,つまり,環境の状況がどのように違ったものになるのかということで,これを方向づけている諸力はいったい何か.結局,金報告は,これをマクロ的かつ比較研究によって明らかにしようとし,緒方報告では,ミクロ的に特定の地域研究によってこれを明らかにしようとした.いずれの方法も正しいし,かつ必要な分析アプローチであろう.また,田中報告では,この2つの報告を挟んで,違いがある国々,特に先進国と発展途上国は環境パフォーマンスに大きな違いがあり,この違いを超えて政策研究というものはどうあるべきであるかということを論じたものである.図2はよく知られている図で,一国の資源は有限で,それを環境財に振り分けるかそれとも生産財(あるいは所得)に振り分けるかということを示している.

図2で,①の曲線は生産フロンティアである.成長にともなって外側にどんどん膨らんでいくが,現実の経路は,②の社会選好に関係している.つまり,人々は環境を欲しているのかそれとも所得を欲しているのか,ということである.緒方報告のなかで開発主義という言葉があったが,われわれはこのなかでどのような経路をとっていくのだろうかという問題であると考えられる.

これに関連して,環境の水準に関して現在われわれがどの位置にいるのかを確認しておくことは重要であろう.韓国や日本は,アジアのなかではベストな環境パフォーマンスをしている国だろうということだが,実はとんでもない間

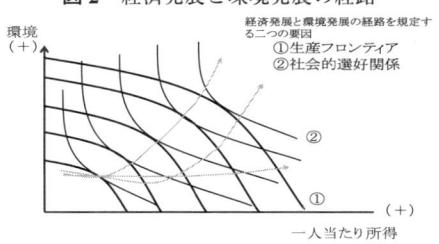

図2 経済発展と環境発展の経路

違いかもしれない．ベトナムが，そして東南アジアのタイが，日本より環境が悪いということは，いえないかもしれない．最近，イェール大学とコロンビア大学は ESI（Environmental Sustainable Index（2002年））というものを提案した．これにはさまざまな要素が含まれているが，全部で20の要素を1つのインデックスに当てはめたものである．これによれば，日本は48.6ポイントである．ちなみに1位から4位までは，スウェーデン，デンマーク，ノルウェー，そしてカナダといった国々で80ポイント近い得点を得ており，日本は50ポイントに達していない．つまり，問題は，確かに川の水をわれわれは飲むことができるけれども，川の水質を守れず，それを消毒して飲むという状態をもって，私達は安全な水にアクセスすることができるということで，環境がよいといえるかどうかということである．他方，韓国は35.9ポイントで日本より悪く，タイは51.6と日本を上回っている．つまり，もう1度環境が本当にどうであるのかということを，アジアという視点から考え直さなければならないのではな

図3　KKZ指標と ESI の相関

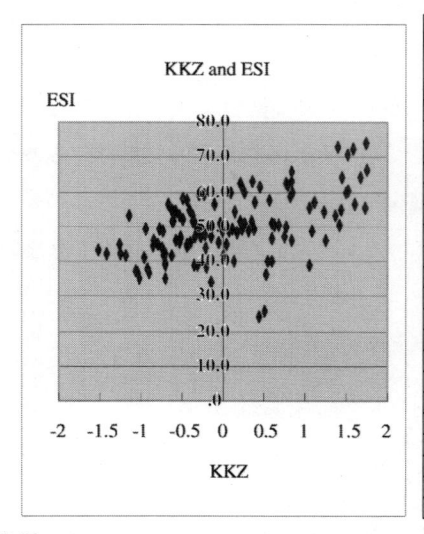

	GNI per capita, Atlas method (current US$)	average of KKZ	ESI
	2001	2001	2002
Bangladesh	360	0.27	46.9
China	890	-0.2	38.5
India	460	0.003333	41.6
Indonesia	690	0.795	45.1
Iran, Islamic Rep.	1680	0.44167	44.5
Japan	35610	1.081667	48.6
Korea South	9460	0.523333	35.9
Kuwait	18270	0.435	23.9
Laos	300	0.665	56.2
Malaysia	3330	0.233333	49.5
Mongolia	400	0.375	49.1
Nepal	250	0.43833	45.2
Oman	6180	0.59	40.2
Pakistan	420	0.70167	42.1
Philippines	1030	0	41.6
Saudi Arabia	8460	0.13833	34.2
Sri Lanka	880	0.37167	51.3
Thailand	1940	0.206667	51.6
Vietnam	410	0.39667	45.7

出所：Kaufman, D. A, Kraay, and P. Zoido-Lobaton, 2002, *Governance Matters II*, Policy Research Working Paper, The World Bank, 2772, 他により作成．

いか．このほかに，KKZ 指標（世界銀行が出したガバナンス指標）と呼ばれる政治の安定性や民意の反映度などを表した指標があるが，この KKZ と ESI の間には正の相関があるように見える（図3参照）．つまり，ガバナンスのしっかりしているところは，高い環境持続性があるのではないかという主張が可能であるように思える．

　これについて，緒方報告では，先ほどの①生産フロンティアと②社会選好の関係をどのように見たかという点を示しておこう．まず，経済発展がおかしい－何がおかしいのかというと，コモンズが崩壊しているということ，もともとあった地域社会の優れた管理運営システムを破壊することによって経済開発が行なわれている．これが問題ではないか．さらに，エコノミーがエコロジーより優先されている．これは，緒方教授が専門の生態経済学に関する主張であるが，これを解決するための方向性として社会的共通資本の必要性を展開する．特に，人的な開発やガバナンスを改善するという方向性が望ましいのではないかと主張した．他方，金報告では，①と②の関係を次のように見た．まず，環境を規定する諸要因（driving force）がある．経済的な発展を促しているものは人口などさまざまであるが，もう1つ，グローバリゼーションがある．そして，このようなことは比較的共通のものである半面，社会的政治的な動学構造や社会経済的諸条件が非常に大事であるということ，そしてもう1つ，社会のさまざまなグループの力（権力）やそれらの間のバランス――これは民主化が非常に大事だということであるが――が重要であるという視点は重要な論点である．この2つの側面から見て失敗した地域が中国，インドネシア，タイであり，成功とまではいえないが，一定の水準に達しているのがシンガポール，台湾，マレーシアだということになる．ではどうしたらいいか，どうすればこの失敗を取り戻せるのであろうか．これはガバナンスの相対的な力を改善することだということであったが，こうした論点は，先述の KKZ 指標とつながるところがある．

〔薮田雅弘〕

あとがき

　本書は，中央大学経済研究所創立40周年の記念事業として行われた2度のシンポジウム，すなわち第1回「戦後東アジアの経済発展－21世紀の視点から」(2003年11月29日開催) と第2回「アジア的経済システムを問う」(2004年6月26日開催) の内容をまとめたものである．シンポジウムではアジア経済について，さまざまな角度から検討がなされた．シンポジウムの開催趣旨については，本書第Ⅰ部と第Ⅱ部のはしがきに示されているので，そちらを参照していただきたい．

　さて，私の専攻分野は会計学である．会計基準は，以前は国家間で大きく異なっていたが，その弊害が問題視されるようになり，会計基準を調和化すべきであるという考えが強まってきている．ここでいう「会計基準の国際的調和」とは，事実上，各国の会計基準をアングロ・サクソン流の基準に収斂させることを意味する．わが国でも近年，会計基準が大きく変化し，日本基準は英米の基準に近づいた．だが，会計基準の調和化は完全には達成されていない．日本基準が独自性を有する例として企業結合会計がある．企業結合の会計処理には持分プーリング法 (複数の企業がそのまま合体したとする処理) とパーチェス法 (ある企業が他の企業を取得したとする処理) があり，国際的にはパーチェス法に一本化される方向にある．しかし，わが国が2003年に公表した「企業結合に係る会計基準」では，持分プーリング法の適用を一部容認している．これは，対等合併が多く存在するわが国の状況を鑑みた場合，持分プーリング法を全面的に排除すべきではないという主張によるところが大きい．

　会計制度は経済システムの一部を構成している．歴史・文化・環境面など，会計をとりまく諸条件は国によって大きく異なる．会計基準を設定する際に，国による諸条件の相違をどの程度考慮すべきであるのか．あるいは，どの程度

考慮してもよいのか．また，アングロ・サクソン流の会計基準が普遍的なものとして存在しうるのか．シンポジウムでは企業会計そのものはテーマにはなっていないが，アジア経済に関する多様な研究報告・コメントを拝聴し，これらの問題について再考する必要があると強く感じた．

本書の出版にあたっては，実に多くの方々のお世話になった．シンポジウムのコーディネーター・パネリスト・ディスカッサントの先生方には，ご多忙のなか，シンポジウム当日だけでなく，その後の原稿執筆においても，多大なるご協力をたまわった．中央大学研究所合同事務室の細井孝雄・新橋雅敏・宮下隆三郎の各氏は，シンポジウムの準備段階から本書出版の最終工程にいたるまで，裏方として献身的に作業を担当してくださった．同事務室を退職された加藤由美氏には，第2回シンポジウムの開催まで，ご尽力いただいた．中央大学出版部の平山勝基・小川砂織の両氏には，本書の出版にあたり，お手をわずらわせた．これらすべての方に心からお礼申し上げる．多くの方々のご協力により刊行することができた本書は，アジア経済研究の発展に寄与するものであると信じている．

中央大学経済研究所は2014年に創立50周年をむかえる．それに向けて，当研究所が一層活性化することを願っている．研究所のメンバーである私自身，微力ではあるが，そのための努力が義務づけられていると考える．

2005年6月

中央大学経済研究所研究員
編集委員　田　村　威　文

中央大学経済研究所
創立40周年記念シンポジウム

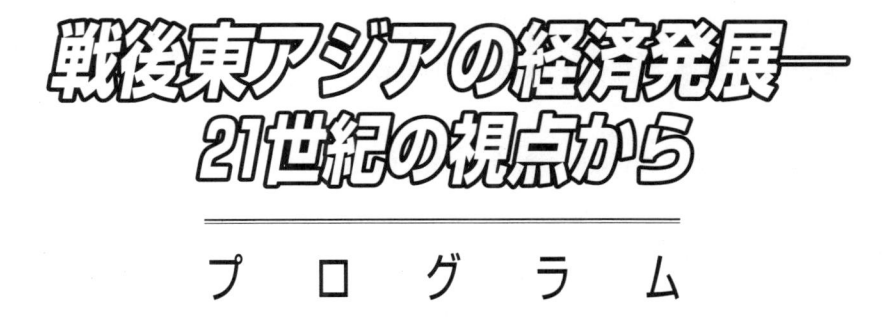

戦後東アジアの経済発展—
21世紀の視点から

プ ロ グ ラ ム

開催日　2003年11月29日（土）

場　所　多摩キャンパス　1406号室
　　　　　　　　（1号館4階）

主　催　中央大学経済研究所

戦後東アジアの経済発展―21世紀の視点から

11月29日（土曜日）13：00開会

開会挨拶　長野ひろ子（経済研究所所長・経済学部教授）
趣旨説明　深町英夫 研究員（経済学部助教授）

1. 毛沢東時代の工業化戦略の再検討（13：15～14：00）
　　　パネリスト：呉　暁　林 氏（法政大学工学部助教授）
　　討　論（14：00～14：15）
　　　ディスカッサント：長谷川幸生 客員研究員（中央大学名誉教授）

2. 東アジア諸国の経済発展とその成果―NIESを中心に（14：15～15：00）
　　　パネリスト：文　大　宇 氏（拓殖大学国際開発学部助教授）
　　討　論（15：00～15：15）
　　　ディスカッサント：栗林　世 研究員（経済学部教授）

　　　　　　　　休　　憩（15：15～15：30）

全体討論（15：30～16：30）

総　　括（16：30～16：45）　姫田光義 研究員（経済学部教授）

閉会の辞　大須眞治（元経済研究所所長・経済学部教授）

懇 親 会（17：00～18：30）
　　　中央大学多摩キャンパス1号館4階　1408号室

中央大学経済研究所
創立40周年記念シンポジウム

アジア的経済システムを問う

プログラム

開催日　2004年6月26日(土)

場　所　多摩キャンパス　3552号室
　　　　　　　　　　　(3号館5階)

主　催　中央大学経済研究所

共　催　中央大学経済学部
　　　　創立100周年記念事業委員会

アジア的経済システムを問う

6月26日（土曜日）10：30開会

総長挨拶　外間　寛 総長
所長挨拶　長野ひろ子（経済研究所所長・経済学部教授）
趣旨説明　井村進哉 研究員（経済学部教授）

第Ⅰ部　アジア的経済システム・アジア的コーポレートガバナンス
（10：50〜12：30）

司会：井村進哉 研究員（経済学部教授）

1. アジアと日本—企業統治制度の農業・農村的基礎—
    パネリスト：寺西重郎 氏（一橋大学経済研究所教授）
    ディスカッサント：金子貞吉 研究員（経済学部教授）

2. The Asian Crisis and Corporate Governance：
   Ownership Structure, Debt Financing, and Corporate Diversification
    パネリスト：花崎正晴 氏（日本政策投資銀行設備投資研究所副所長）
    ディスカッサント：首藤　恵 客員研究員
    　　　　　　　　　（早稲田大学大学院ファイナンス研究科教授）
    討論・総括：井村進哉 研究員（経済学部教授）

休　憩（12：30〜13：30）

第Ⅱ部　アジアの地域経済統合と経済成長（13：30〜15：00）

司会：今川　健 研究員（経済学部教授）

3. 日中地域経済統合とアジアの経済成長—日本経済への影響—
    パネリスト：長谷川聰哲 研究員（経済学部教授）

4. 中国経済は脅威か
  パネリスト：阿部茂行 氏（同志社大学政策学部教授）

 ディスカッサント：木村福成 氏（慶應義塾大学経済学部教授）
 討論・総括：長谷川聰哲 研究員（経済学部教授）

     休　　憩（15：00～15：30）

第Ⅲ部　アジア的経済システムと環境問題（15：30～17：00）
 司会：田中廣滋 研究員（経済学部教授）
5. インドシナ半島の生態系と社会開発
  パネリスト：緒方俊雄 研究員（経済学部教授）
6. Asian Economic System and Environmental Problem
  パネリスト：金　一　中（Kim Il-Chung）氏
         （韓国東国大学国際貿易学科教授）

 ディスカッサント：薮田雅弘 研究員（経済学部教授）
 討論・総括：薮田雅弘 研究員（経済学部教授）

閉　　会（17：00）

記念祝賀会（17：30～19：00）
  中央大学多摩キャンパス2号館4階　研究所会議室4

中央大学経済研究所

創立40周年記念事業企画委員会委員

長 野 ひろ子	所 長（経済学部教授）
井 村 進 哉	研究員（経済学部教授）
大 須 眞 治	研究員（経済学部教授）
佐 藤 　 清	研究員（経済学部教授）
田 村 威 文	研究員（経済学部教授）
深 町 英 夫	研究員（経済学部教授）
松 本 昭 夫	研究員（経済学部教授）

Contents

Part 1 Postwar East Asia's Economic Development

Preface

Chapter 1   A re-examination of Maoist Development Strategy ······WU Xiao Lin
    Comment   Yukio HASEGAWA
    Reply   WU Xiao Lin

Chapter 2   The Expansion of the Economic Presence of the East Asian Countries and the Progress of Trade-Investment Interdependency in the Region ······················MOON Daewoo
    Comment   Sei KURIBAYASHI
    Reply   MOON Daewoo

Conclusion ···Hideo FUKAMACHI
Conclusion ··Mitsuyoshi HIMETA

Part 2 Reconsideration of Asian Economic System

Preface

Chapter 3   Asian Economic System, Asian Corporate Governance

   1. East Asia and Japan : Rural and Agricultural Origin of Corporate Governance ·······························Juro TERANISHI
    Comment   Sadayoshi KANEKO
    Reply   Juro TERANISHI

   2. Corporate Governance in East Asia : The Structure and Characteristics of Family-Controlled Firms ··················Masaharu HANAZAKI
    Comment   Megumi SUTO
    Reply   Masaharu HANAZAKI

    Conclusion   ···Shinya IMURA

Chapter 4 Regional Economic Integration and Economic Growth in Asia
    1. Japan–China Regional Economic Integration and
        Asian Economic Growth : Influence on Japanese Economy
                                  Toshiaki HASEGAWA Yasuhiko SASAI
                                  Takeshi IMAGAWA Mitsuhito ONO
    2. Emergence of China and Japan : Perspectives and
        Challenges ··Shigeyuki ABE
    Comment Fukunari KIMURA
    Reply Toshiaki HASEGAWA, Shigeyuki ABE
    Conclusion ··Toshiaki HASEGAWA
Chapter 5 Economic System and Environmental Problem
    1. Environmental Governance in Asian Region ······Hiroshige TANAKA
    2. Eco–economy and Social Development in Indochina
        ·· Toshio OGATA
    3. Asian Economic System and Environmental Problem
        ··Il–Chung KIM
    Comment Masahiro YABUTA
    Reply Hiroshige TANAKA, Toshio OGATA, Il–Chung KIM
    Conclusion ··Masahiro YABUTA

Symposium Program

編者・執筆者紹介（掲載順）

深町 英夫 (ふかまち ひでお)	研究員	（中央大学経済学部教授）
呉 暁林 (ご ぎょうりん)	客員研究員	（法政大学工学部教授）
長谷川 幸生 (はせがわ ゆきお)	客員研究員	（中央大学名誉教授）
文 大宇 (むん でーう)	拓殖大学国際開発学部助教授	
栗林 世 (くりばやし せい)	研究員	（中央大学経済学部教授）
姫田 光義 (ひめた みつよし)	研究員	（中央大学経済学部教授）
井村 進哉 (いむら しんや)	研究員	（中央大学経済学部教授）
寺西 重郎 (てらにし じゅうろう)	一橋大学経済研究所教授	
金子 貞吉 (かねこ さだよし)	研究員	（中央大学経済学部教授）
花崎 正晴 (はなざき まさはる)	日本政策投資銀行設備投資研究所副所長	
首藤 恵 (すとう めぐみ)	客員研究員	（早稲田大学大学院ファイナンス研究科教授）
長谷川 聰哲 (はせがわ としあき)	研究員	（中央大学経済学部教授）
篠井 保彦 (ささい やすひこ)	客員研究員	（共栄大学国際経営学部教授）
今川 健 (いまがわ たけし)	研究員	（中央大学経済学部教授）
小野 充人 (おの みつひと)	客員研究員	（国際貿易投資研究所研究主幹）
阿部 茂行 (あべ しげゆき)	同志社大学政策学部教授	
木村 福成 (きむら ふくなり)	慶應義塾大学経済学部教授	
田中 廣滋 (たなか ひろしげ)	研究員	（中央大学経済学部教授）
緒方 俊雄 (おがた としお)	研究員	（中央大学経済学部教授）
金 一中 (きむ いるちゅん)	韓国東国大学国際貿易学科教授	
薮田 雅弘 (やぶた まさひろ)	研究員	（中央大学経済学部教授）
田村 威文 (たむら たけふみ)	研究員	（中央大学経済学部教授）

アジア経済のゆくえ　　中央大学経済研究所研究叢書 40

2005 年 7 月 20 日　発行

編　者　　井村　進哉
　　　　　深町　英夫
　　　　　田村　威文

発 行 者　　中央大学出版部
　　　　　代表者　辰川　弘敬

東京都八王子市東中野 742-1
発行所　中央大学出版部
電話 0426（74）2351　FAX 0426（74）2354

© 2005　　　　　　　　　　　　　　　　電算印刷

ISBN 4-8057-2234-7

==中央大学経済研究所研究叢書==

6.	歴 史 研 究 と 国 際 的 契 機	中央大学経済研究所編 A5判　　定価1470円
7.	戦 後 の 日 本 経 済──高度成長とその評価──	中央大学経済研究所編 A5判　　定価3150円
8.	中 小 企 業 の 階 層 構 造 ──日立製作所下請企業構造の実態分析──	中央大学経済研究所編 A5判　　定価3360円
9.	農 業 の 構 造 変 化 と 労 働 市 場	中央大学経済研究所編 A5判　　定価3360円
10.	歴 史 研 究 と 階 級 的 契 機	中央大学経済研究所編 A5判　　定価2100円
11.	構 造 変 動 下 の 日 本 経 済 ──産業構造の実態と政策──	中央大学経済研究所編 A5判　　定価2520円
12.	兼業農家の労働と生活・社会保障 ──伊那地域の農業と電子機器工業実態分析──	中央大学経済研究所編 A5判　　定価4725円 〈品切〉
13.	アジアの経済成長と構造変動	中央大学経済研究所編 A5判　　定価3150円
14.	日本経済と福祉の計量的分析	中央大学経済研究所編 A5判　　定価2730円
15.	社 会 主 義 経 済 の 現 状 分 析	中央大学経済研究所編 A5判　　定価3150円
16.	低成長・構造変動下の日本経済	中央大学経済研究所編 A5判　　定価3150円
17.	ME技術革新下の下請工業と農村変貌	中央大学経済研究所編 A5判　　定価3675円
18.	日 本 資 本 主 義 の 歴 史 と 現 状	中央大学経済研究所編 A5判　　定価2940円
19.	歴 史 に お け る 文 化 と 社 会	中央大学経済研究所編 A5判　　定価2100円
20.	地方中核都市の産業活性化──八戸	中央大学経済研究所編 A5判　　定価3150円
21.	自動車産業の国際化と生産システム	中央大学経済研究所編 A5判　　定価2625円
22.	ケ イ ン ズ 経 済 学 の 再 検 討	中央大学経済研究所編 A5判　　定価2730円
23.	AGING of THE JAPANESE ECONOMY	中央大学経済研究所編 菊判　　定価2940円
24.	日 本 の 国 際 経 済 政 策	中央大学経済研究所編 A5判　　定価2625円

━━━━━━━━━━━━中央大学経済研究所研究叢書━━━━━━━━━━━━

25. 体　制　転　換──市場経済への道── 　　中央大学経済研究所編　A5判　定価2625円
26. 「地域労働市場」の変容と農家生活保障 　　中央大学経済研究所編　A5判　定価3780円
　　　──伊那農家10年の軌跡から──
27. 構造転換下のフランス自動車産業 　　中央大学経済研究所編　A5判　定価3045円
　　　──管理方式の「ジャパナイゼーション」──
28. 環　境　の　変　化　と　会　計　情　報 　　中央大学経済研究所編　A5判　定価2940円
　　　──ミクロ会計とマクロ会計の連環──
29. ア ジ ア の 台 頭 と 日 本 の 役 割 　　中央大学経済研究所編　A5判　定価2835円
30. 社　会　保　障　と　生　活　最　低　限 　　中央大学経済研究所編　A5判　定価3045円
　　　──国際動向を踏まえて──　　　　　　　　　　　　　　　　　〈品　切〉
31. 市　場　経　済　移　行　政　策　と　経　済　発　展 　　中央大学経済研究所編　A5判　定価2940円
　　　──現状と課題──
32. 戦　後　日　本　資　本　主　義 　　中央大学経済研究所編　A5判　定価4725円
　　　──展開過程と現況──
33. 現　代　財　政　危　機　と　公　信　用 　　中央大学経済研究所編　A5判　定価3675円
34. 現　代　資　本　主　義　と　労　働　価　値　論 　　中央大学経済研究所編　A5判　定価2730円
35. APEC 地 域 主 義 と 世 界 経 済 　　今川・坂本・長谷川編著　A5判　定価3255円
36. ミクロ環境会計とマクロ環境会計 　　小口好昭編著　A5判　定価3360円
37. 現　代　経　営　戦　略　の　潮　流　と　課　題 　　林昇一・高橋宏幸編著　A5判　定価3675円
38. 環境激変に立ち向かう日本自動車産業 　　池田正孝・中川洋一郎編著　A5判　定価3360円
　　　──グローバリゼーションさなかのカスタマー・
　　　　　サプライヤー関係──
39. フランス──経済・社会・文化の位相 　　佐藤清編著　A5判　定価3675円

＊定価は消費税5％を含みます。